融资租赁学

李漫云 杨波 编著

山西出版传媒集团
山西经济出版社

前 言

随着我国经济发展的不断深入，近年来，融资租赁业在我国取得长足发展，市场规模和企业竞争力显著提高，在推动产业创新升级、拓宽中小微企业融资渠道、带动新兴产业发展和促进经济结构调整等方面发挥着重要作用，成为我国金融创新的又一新引擎。

我国融资租赁的迅猛发展源于融资租赁业务自身的特性。融资租赁的业务特性是“融资”加“融物”。“融资”体现在解决企业资金短缺难题，便于企业将资金优先投入到更需要的地方，改变单一的银行贷款融资方式，买不起设备租得起。“融物”体现在“物”的生产、制造、销售、使用、维护、处置的各个环节中。围绕“物”，融资租赁的实际意义就在于能够提供设备，提供与设备相关的技术支持和服务保障。从行业特性上看，无论是对于解决资金进入实体经济还是为民间资本拓展投资渠道问题，还是加快企业生产，促进产品销售流通问题，发展融资租赁，都是一个不错的选项。为此，2015 年 8 月国务院以常务会议的形式，对融资租赁在缓解融资难、融资贵、拉动企业设备投资、带动产业升级、推动外贸进出口、盘活国有资产、支持实体经济等方面的作用给予明确肯定，提出加快融资租赁业发展的指导意见。

面对我国快速发展的融资租赁行业，如何提高社会对融资租赁业的认知，提高业务操作能力，就成为当前发展融资租赁的现实问题。由于融资租赁横跨金融、贸易和服务多领域，兼具融资与融物的创新特性，目前对融资租赁行业全面、切合实际阐述的书籍寥寥无几。

本书的编写目的就在于从理论和实务的角度，阐明融资租赁的基本特征原理和主要业务模式，并在此基础上，对融资租赁合同、租赁物管理、资金来源、风险管理及监管等内容进行详尽阐述，从而形成一套较完整的融资租赁学理论体系。

该书写作特点：一是内容完整、结构严谨。该书从融资租赁的概念特征开始到融资租赁业务各环节，涵盖了融资租赁学的基本方面，较系统完整地分析研究融资租赁交易，以便增强对融资租赁的认识，更好地把握融资租赁交易。二是突出原理性、理论性。该书从阐述融资租赁交易特征原理开始，深入探讨有关融资租赁的理论，进一步诠释融资租赁交易存在的客观性、科学性。三是突出现实性。本书根据国家相关新规定，更新、补充、调整资料、数据、图表，使读者了解融资租赁发展的新动态，具有很强的现实性。四是定位清晰，适应面广。该书定位于融资租赁学教材，全书条理清晰、逻辑严谨，将金融、贸易理论融合在一起，是学习掌握融资租赁交易的一本基本教材，适用于金融学、国际贸易、工商管理、财务管理等财经管理类专业的本科生，也可供工商企业从业人员、银行从业人员、政府有关部门使用。

作 者

2017 年 5 月

目 录

第一章　融资租赁概论

20 世纪中期以后，伴随世界经济的长足发展，一个新的商品交易形态应运而生，这就是融资租赁。

第一节　现代经济与融资租赁

一、融资租赁的产生与演变

（一）融资租赁是商品经济发展的产物

随着商品生产的增多，商品交易规模扩大，安全、方便、快捷交易目的的需求，商品交易方式也随之不断创新变化。融资租赁交易的产生就是商品经济发展的必然产物，是商品交换方式发展的必然结果。

商品经济发展史表明，商品交易方式经历了五种主要交易形态变化。

第一种交易形态是物物交换，即原始社会末期和奴隶社会时期以物物交换为主的商品交易形态。

第二种交易形态是现金买卖，即货币出现以后以货币为交易媒介的一手钱一手货的商品交易形态。

第三种交易形态是以土地出租为标志的传统租赁发展而来的租赁交易形态。随着商品生产的发展，货款两清的交易方式出现不便，加之不同所有制的制约，不同物品有着不同所有权。为满足彼此需要，获取供求方各自利益，人们就采取商品所有者暂时出让商品使用权、收取一定使用费用的交易行为，从而产生了租赁交易。租赁交易是一种不让渡所有权，只让渡使用权，以一定使用费用借贷实物的经济行为。租赁交易行为是：出租人将自己所拥有的某种物品交与承租人使用，承租人由此获得在一段时期内使用该物品的权利，但物品的所有权仍保留在出租人手中。承租人为其所获得的使用权需向出租人支付一定的费用（租金）。

第四种交易形态是货币作为支付手段的预支预付的信用交易形态。信用方式的交易形态是随着社会生产力的提高，劳动剩余产品出现，社会分工导致私有制出现，经济运行中产生供求矛盾，贫富差别。为使生产生活继续下去，交易中的信用方式随之产生。最早的信用活动为实物借贷，如种子、牲畜等。随着货币的产生，信用形式日益多样化，不仅存在于商品的购销中，而且越来越多地演变为货币的借贷。信用行为连接起了供与求，构成了商品交易的又一种交易形式。

第五种交易形态是以“融资”和“融物” 为特征的融资租赁交易形态。随着信用方式的不断变化发展，一方面促进扩展交易的深度和广度，另一方面，信用方式其内在根本独特的价值单向转移的特征，又使得由此伴随着的信用风险屡屡发生。资金的需求者种种原因不能如期履约，而资金的提供者又以种种考量拒贷、惜贷，造成资金供求链条的断裂，各种诸如“中小企业融资难”问题发生，制约经济快速发展。融资租赁交易形态的出现，就在于解决信用方式中价值单向转移的价值去向不可控的弊端，将购买和租赁有机结合，将“货币”和“物品”有机结合，成为信用方式的创新，适应当代商品经济发展的新态势。

上述五种交易形态的产生和发展，均源于商品生产的繁多和交易规模的扩大，适应安全、方便、快捷交易方式需要的相应创新变化。每一种交易形态都伴随着相应的商品生产发挥了积极作用，促进了人类经济社会的向前发展。

（二）融资租赁交易的发展演变

融资租赁交易形式作为商品经济发展的必然产物，作为一种商品交易形式，随着商品生产的种类繁多、功能技术的提高，其发展也经历了一个由低到高、由简单到复杂、由缓慢到快速的发展过程，经历了古代租赁、传统租赁、融资租赁三个演变发展阶段。

1. 古代租赁

作为一种古老的租赁形式，古代租赁最早出现在公元前 2000 年前西亚古巴比伦地区，幼发拉底河流域苏美尔人对船只的出租和承租的行为。公元前 20 世纪以楔形文字撰写的《苏美尔法典》中对租赁船只费用就有相关规定。在其他文明古国也出现过租赁交易。在古巴比伦的《汉谟拉比法典》中，对土地、房屋、船舶、牲畜等租赁做了详细的规定，其中甚至规定了租赁顺流之船和逆流之船的租金。公元前 5 世纪中叶著名的《十二铜表法》中也有关于租赁的规定。

中国的租赁历史悠久，起源可追溯到原始社会（约 4000 多年）。当时产品的剩余产生了产品的交换，而在很多场合下人们需要频繁交换闲置物品，用后再归还，而不必让渡该物品于对方。这种仅仅涉及物品使用权的交换，是最原始形态的租赁。在中国历史上，文献记载的租赁可追溯到西周时期。《卫鼎（甲）铭》记载，邦君厉把周王赐给他的五田，出租了四田。据历史学家们考证，涉及租赁纠纷的诉讼，在西周中期以后已不少见了。

古代租赁是一种原始的信用形式，其特征是出租人与承租人之间一般缺少固定的契约形式，出租人出租物品的主要目的是为了换取自己暂时短缺的商品使用权，除法律有明确规定外，租赁的报酬是不固定的。因此，古代租赁主要表现为物与物的交换使用。

2. 传统租赁

传统租赁又称经营性租赁，传统租赁是随着生产力的发展而发展起来的。随着物品的增多，在中世纪的欧洲，租赁标的的范围发展到几乎所有可以用的闲置物品。在我国，这种传统租赁的历史也非常悠久，绝大部分的传统租赁交易都属于消费性质。

与古代租赁相比，传统租赁具有明显的特点：一是租赁目的主要不是为了盈利；二是租赁标的主要为闲置物品（土地出租除外）；三是租赁交易行为受契约约束，报酬也相对固定。

虽然，传统租赁产生的年代较为久远，但并未随经济的发展而消失。在现代社会中，传统租赁仍具有很强的生命力。当前，包括我国在内的大量企业从事出租服务的传统租赁业务。经营对象包括住房、钢模板、通用设备、建筑施工机械、医疗设备、汽车、电脑、办公设备、电视、音像制品、健身器材和儿童用品等众多品种。传统租赁在方便人民生活、满足消费需求等方面发挥着积极作用。

3. 融资租赁

融资租赁也称现代租赁，融资租赁是现代租赁的代表，是随着工业革命的出现而产生的，是社会化大生产和资本主义生产关系的产物。英国在近代史上率先实现了工业革命，现代融资租赁最早产生于英国。现代融资租赁作为一个行业得到迅猛发展是在第二次世界大战之后。

（三）融资租赁发展的动因

1. 战后经济重建，资金供求矛盾加剧

第二次世界大战后，第三次科技革命的兴起，一方面引起了原有的工业部门中大批设备相对落后，另一方面也产生了一系列以资本和技术密集型产业部门为特点的耗资巨大的新兴工业部门（如宇宙工业等），从而使固定资产投资规模急剧扩大，设备更新速度空前加快。

科技革命还导致了生产分散化、专业化和中小型企业数量的增加，数量增加的企业不可避免地要增加投资购买新设备。此外，随着科技革命的迅速发展，市场竞争不断加剧，企业为保持有力的竞争地位，也不得不增加投资更新设备，加紧研制新产品，不断把新技术运用到生产上去。再加上第二次世界大战后，从军需品生产向民用品生产的转换，战时经济向和平建设经济的转换出现的经济起飞。

战后经济重建，使企业对资金产生了前所未有的庞大需求，包括资金雄厚的美国大企业，资金普遍不足，中小企业更为明显。工业发展的增速和规模所需资金已超过了私人筹资和资本市场提供资金的能力。尤其是欧洲大陆国家，由于其资本市场本来就不太发达，以股票、债券筹资更为困难，于是出现了工业日益依赖银行长期贷款和投资的趋向。可是，传统的中长期贷款条件却十分苛刻，银行从安全与盈利考虑，对投资和贷款做了种种规定：如必须对红利、奖金、长期贷款、设备投资加以限制。因而，一般只有少数大企业方能从银行借到贷款。原有融资渠道和手段不能满足为数众多的企业对于资金的数量和融资方式多样化的需求。

因此，客观上要求必须改革现有的信贷方式，开辟新的融资渠道，以弥补传统中、长期贷款方式的不足。在这种背景下，新型的信贷方式——以融物形式达到融资目的的设备融资租赁应运而生了。

2. 融资租赁产生发展的标志

第二次世界大战以后，美国经济面临着由战时生产向和平时期生产的转变和军用技术向民用生产的转变，美国工业化生产出现过剩。生产厂商为了推销自己生产的设备，开始以分期付款、寄售、赊销等方式销售自己的设备。由于推销初期设备所有权和使用权同时转移，资金回收的风险比较大，于是有人开始借用传统租赁的做法，将销售的物件所有权保留在销售方，购买人只享有使用权，直到出租人融通的资金全部以租金的方式收回后，才将所有权以象征性的价格转移给购买人。这种将物权和使用权分离的分期付款方式被称为“融资租赁”。

美国加利福尼亚一位名叫杰恩费尔德的食品生产商接到一笔订单，数量很多，超出了他的生产能力，他急需添置设备，增加生产能力，才能完成该笔订单。但苦于流动资金短缺，无法一次性购买生产所需设备，他迫不得已向供货商提出先租用设备、最后再购买设备残值的交易模式。在设备厂商的支持下，顺利完成了生产供应的订单。这种创新的交易模式突破了原有租赁模式中的租赁物的物权不进行实质性转移的局限，使租赁交易产生了与分期购买类似的模式，既满足了自身的设备使用需要，又不损害设备厂商的利益取得，是一次双赢的交易模式。在这种背景下，新型的信贷方式——以融物形式达到融资目的的设备融资租赁应运而生。

这次成功尝试，杰恩费尔德捕捉到了商机，1952 年 5 月筹建了世界上第一家专司融资租赁业务的现代租赁企业——美国租赁公司。美国租赁公司的成立，开创了现代融资租赁的先河，开启了现代融资租赁发展的新纪元。该业务模式使公司迅速在美国发展，积极推动了当时经济的繁荣局面，并于 20 世纪 50 年代后期发展到西欧，20 世纪 60 年代发展到日本，20 世纪 70 年代发展到韩国等发展中国家，20 世纪 80 年代发展到中国，迅速成为一个具有全球意义的崭新的高速发展的行业。

由于租赁融资能提供其他中、长期信贷方式不能提供的支付灵活、租金率固定、融资期长、受限制少等融资便利，使企业能更有效地利用资金，从而成为资本投资市场上一种有利的新资金来源。同时，通过租赁，企业不必追加大批投资购买设备，便可以获得新的技术设备。这就刺激了企业对租赁的需求，使租赁日益成为一种新的融资手段，为企业界、金融界所普遍采用。

以美国租赁公司的设立为标志的融资租赁，促进了金融资本与产业资本的结合，改变了原有传统租赁中“我有什么，你租什么”的模式，而是采用“你租什么，我买来租给你”、“你租我才买，我买你必租”的模式，充分确立了融资租赁中融资的意义，强化了设备的使用而非拥有的概念，并分散了各个环节的风险。

3. 融资租赁在中国的产生与发展

中国的融资租赁是改革开放政策的产物。改革开放后，为扩大国际经济技术合作与交流，开辟利用外资的新渠道，吸收和引进国外的先进技术和设备，1980 年中国国际信托投资公司（简称中信公司）引进融资租赁方式。1981 年 4 月第一家合资租赁公司中国东方租赁有限公司成立，同年 7 月，中国租赁公司成立。这些公司的成立，标志着中国融资租赁业的诞生。

2007 年后，国内融资租赁业进入了几何级数增长的时期。业务总量由 2006 年的约 80 亿元增至 2015 年 6 月底约 36550 亿元。截至 2016 年底，全国融资租赁企业（不含单一项目公司、分公司、子公司和收购海外的公司）总数约为 7120 家。2016 年底，全国融资租赁企业注册资金总额达 25567 亿元人民币，全国融资租赁合同余额约 53300 亿元人民币，比 2015 年底的 44400 亿元增加约

8900 亿元，同比增长 20.0%。

未来融资租赁在我国经济发展中的作用和地位将越来越重要，融资租赁业在中国经济中的分量将越来越大。随着中国经济的持续发展，依托越来越强大的中国实体经济，未来融资租赁业必将成为我国服务业中的主流业态。而随着经营水平和能力的不断提升，将有一批租赁公司能够脱颖而出跻身中国乃至世界一流企业行列。

二、融资租赁的含义及特点

（一）融资租赁的含义

融资租赁，又称设备租赁或现代租赁。一般而言，融资租赁具体是指出租人根据承租人对租赁物件的特定要求和对供货人的选择，出资向供货人购买租赁物件，并租给承租人使用，承租人则分期向出租人支付租金，在租赁期内租赁物件的所有权属于出租人所有，承租人拥有租赁物件的使用权。租期届满，租金支付完毕并且承租人根据融资租赁合同的规定履行完全部义务后，设备可以由承租方按合同规定留购、续租或者退回出租方。

尽管在融资租赁交易中，出租人也有设备购买人的身份，但购买设备的实质性内容，如供货人的选择、对设备的特定要求、购买合同条件的谈判等都由承租人享有和行使，承租人仍然是租赁物件实质上的购买人。

在定义融资租赁时，相应的国际组织和不同国家对融资租赁的定义、性质也有不同的提法和规定。

1. 国际融资租赁公约对融资租赁的定义

1988 年 5 月 28 日在加拿大渥太华签订的《国际融资租赁公约》，其中第一章第一条明确写明：本公约管辖第 2 款所指的融资租赁交易，在这种交易中，一方（出租人）：

（1）根据另一方（承租人）提供的规格，与第三方（供应商）订立一项协议（供应协议）。根据此协议，出租人按照承租人在与其利益有关的范围内所同意的条款取得工厂、资本货物或其他设备（设备），并且：

（2）与承租人订立一项协议（租赁协议），以承租人支付租金为条件授予承租人使用设备的权利。

2. 国际租赁会计对融资租赁所做的定义及分类

国际会计标准委员会所制定的国际会计标准 17 中对金融租赁所做的定义是：“金融租赁是指出租人在实质上将属于资产所有权上的一切风险和报酬转

移给承租人的一种租赁。至于所有权的名义，最终时可以转移也可以不转移。”

国际会计准则对租赁的分类，是按照与租赁资产所有权有关的风险和报酬归属于出租人或承租人的程度为标准，将租赁分为融资租赁和经营租赁两大类。

融资租赁，指实质上转移了与资产所有权有关的全部风险和报酬的租赁。至于所有权，最终可能转移，也可能不转移。其中，风险包括由于生产能力闲置或工艺陈旧可能造成的损失，以及由于经济状况的改变可能造成的回报变动。报酬包括资产在其经济寿命期间对盈利活动的期望，以及因资产增值或余值变现可能产生的利得。

租赁被认定为融资租赁还是经营租赁，依赖于交易的实质而不是合同的形式。在融资租赁下，虽然从法律形式上看租赁资产的所有权并没有发生转移，但从交易的实质来讲，承租人在租赁资产使用寿命的大部分时期内，获得租赁资产在使用上的各种经济利益，同时，作为取得这项权利的代价，需支付大致相等于该项资产的公允价值的金额和有关的财务费用。对出租人来讲，在资产使用寿命期间的大部分时期内，让渡资产的使用权，同时取得租金作为回报。通常，租赁如具有下列情况之一，应认定为融资租赁:

(1) 在租赁期结束时，资产的所有权转让给承租人；

(2) 承租人有购买租赁资产的选择权，其购价预计将远低于行使选择权时租赁资产的公允价值，因而在租赁开始时就可合理确定承租人将会行使这项选择权；

(3) 即使资产的所有权不转让，但是租赁期承租人占资产使用寿命的大部分；

(4) 在租赁开始时，最低租赁付款额的现值几乎相当于租赁资产的公允价值；

(5) 租赁资产性质特殊，以至于如果不做较大修改，只有承租人才能够使用。

除上述情况以外，以下某一情形或某几种情形下，也可以将租赁认定为融资租赁：

(1) 如果承租人撤销该租赁，则撤销所导致的出租人的损失由承租人承担；

(2) 资产余值的公允价值波动形成的利得或损失归承租人（例如，以相当于租赁结束时让售价额的绝大部分金额作为租金退还）；

(3) 承租人能以大大低于市场租价的租金继续租赁至下一期间。

没有满足以上标准的租赁，认定为经营租赁。

需要指出的是，目前国际会计准则理事会正在研究不再将租赁区分为融资租赁和经营租赁，而是全部按目前融资租赁的办法核算。我们应密切关注国际会计准则的这一动态。

3. 美国的租赁会计对融资租赁所做的定义及分类

美国会计准则分别从承租人和出租人的角度对租赁进行了分类。

第一，承租人角度。租赁分为融资租赁和经营租赁两类。如果在租赁开始日符合以下 4 条标准中的一条或多条，应将其认定为融资租赁：

(1) 租赁期结束时，资产所有权转移给承租人；

(2) 租赁包含有优惠购买选择权；

(3) 租赁期不短于租赁资产的预计经济寿命的 75%。但是，如果租赁资产是旧资产，在开始租赁前其已使用年限超过资产全新时可使用年限的 75%时，则本标准不适用；

(4) 在租赁期开始时最低租赁付款额（不包括履约成本，例如保险费、维修费和出租人支付的税金，以及由履约成本产生的任何利润）的现值不小于在租赁开始日出租人的租赁资产的公允价值减去出租人保留的和预期会实现的任何相关投资减免税后的余额的 90%。但是，如果租赁资产是旧资产，在开始租赁前其已使用年限超过资产全新时可使用年限的 75%时，则本标准不适用。

不满足以上 4 条标准的租赁，应认定为经营租赁。

第二，出租人角度。租赁分为销售型租赁、直接融资租赁、杠杆租赁和经营租赁四类。

(1) 销售型租赁，顾名思义，指具有销售性质的租赁，即租赁开始日租赁资产的公允市价或最低租赁付款额的现值大于或小于资产的成本或账面价值。销售型租赁的出现，主要是因为制造商或经销商成为出租人，将租赁作为其营销商品的一条途径。这种情况下，出租人获取的收益中，除融资收益以外，还包括产销差价或进销差价。因此，销售型租赁在租赁开始日会对出租人产生销售损益。主要从事金融业务的出租人通常不会形成销售型租赁，而往往是形成直接融资租赁。根据美国会计准则，如果租赁在满足上述承租人融资租赁的 4 条标准之一的同时，还满足以下 2 条标准，则应认定为销售型租赁；否则应认定为经营租赁。

①最低租赁付款额的收账可能性能够合理估计；

②应由出租人负担的成本金额不存在重大不确定性。这种重大不确定性包括：出租人向承租人保证租赁资产性能良好，或在租赁期内不会因技术进步而

淘汰。

（2）直接融资租赁。直接融资租赁的标准与销售型租赁基本相同，唯一的区别是直接融资租赁不会在租赁开始日对出租人产生销售损益。换言之，在租赁开始日，租赁资产的公允价值，等于其成本或账面价值。

（3）杠杆租赁。杠杆租赁是指满足以下标准的租赁：

①租赁至少涉及三方当事人：承租人、长期贷款人、出租人（通常称为权益参与人）；

②长期贷款人提供的融资是无追索权的，就如提供给出租人一般性贷款一样；

③出租人的净投资在投资完成后的前几年会减少，在租赁期满前的后几年又会增加。

4. 英国的租赁会计对融资租赁所做的定义及分类

英国会计准则按照与租赁资产所有权有关的风险和报酬归属于出租人或承租人的程度为标准，将租赁分为融资租赁和经营租赁两类。

英国会计准则指出，融资租赁与经营租赁之间的差别通常可从出租人与承租人之间订立的合同条款得到证明。融资租赁，指实质上将与资产所有权有关的全部风险报酬转移给承租人的租赁。在租赁开始日，如果最低租赁付款额（包括任何初始付款）的现值实质上等于租赁资产的公允价值（通常为90%以上），则可假定风险和报酬转移给了承租人。如果资产的公允价值不能确定，则应采用估计值。融资租赁以外的租赁则为经营租赁。

5. 中国香港的租赁会计对融资租赁所做的定义及分类

中国香港会计准则按照与租赁资产所有权有关的风险和报酬归属于出租人或承租人的程度为标准，将租赁分为融资租赁和经营租赁两类。这一分类与国际会计准则完全相同。

6. 中国的租赁会计对融资租赁所做的定义及分类

综合以上各有关国家、地区或国际会计准则对租赁的分类，可以看出，国际会计准则、美国、英国、中国台湾和中国香港均将租赁分为融资租赁和经营租赁两大类。只是美国和中国台湾分别从承租人和出租人的角度进行了分类。中国的租赁会计准则为了适应租赁合同安排多样性的要求，采用了国际通行的标准，以与租赁资产所有权有关的风险和报酬是否转移作为基本标准，采用二分法，将租赁分为融资租赁和经营租赁两类。

（1）分类时点。承租人和出租人都应当在租赁开始日将租赁进行分类，分为融资租赁和经营租赁。

租赁开始日，是指租赁协议日与租赁各方就主要租赁条款做出承诺日中的较早者。租赁开始日对于会计处理有三个作用：一是出租人和承租人的租赁分类日；二是租赁资产公允价值的确定日；三是在融资租赁下，确定承租人在租赁期开始日应确认的租赁资产的成本和出租人在租赁期开始日应确认的融资租赁债权的金额的日期。

在会计处理上特别强调时点。对于租赁来讲，承租人和出租人履行了租赁协议，必须要根据会计准则规定认定该项租赁属于融资租赁还是经营租赁。因此，在租赁会计准则中必须要明确规定什么时候承租人和出租人应当对租赁协议进行认定和会计处理。租赁开始日就是用来确定租赁分类的时点，同时，在租赁开始日也就确定融资租赁下承租人租赁资产的成本和出租人租赁债权的金额。

租赁实质上是以融物来实现融资，租赁协议通常会涉及三方，分别是承租人、出租人和出卖人。承租人需要设备，但是缺乏资金；出租人有资金；出卖人有设备。为了实现承租人和出租人各自的需要，出租人根据承租人的需求向出卖人购买设备出租给承租人使用，承租人则不必一次性全额支付货款即可以直接使用所需设备，而是分期向出租人支付租金。根据这种租赁安排，在租赁协议日或是租赁各方（承租人、出租人和出卖人等）就主要租赁条款（如付款金额、付款条件、租赁资产的规格、标准、租金支付的时间、违约的惩罚条款等）做出承诺日两者中的较早者，租赁各方实际上已经明确了各自在租赁协议中享有的报酬和承担的风险。因此，将租赁开始日作为分类日，符合租赁以融物实现融资的目的这一实质。

(2) 分类原则。租赁会计准则对租赁的分类，是根据租赁的目的，以与租赁资产所有权相关的风险和报酬归属于出租人或承租人的程度为依据，将其分为融资租赁和经营租赁。如果实质上转移了与租赁资产所有权有关的全部风险和报酬，则该项租赁为融资租赁。反之，则为经营租赁。一项租赁应否认定为融资租赁，不在于租赁合同的形式，而应视出租人是否将租赁资产的风险和报酬转移给了承租人。如果实质上转移了与资产所有权有关的全部风险和报酬，那么无论租赁合同采用什么形式，都应将该项租赁认定为融资租赁。如果实质上并没有转移与资产所有权有关的全部风险和报酬，那么应将该项租赁认定为经营租赁。

可见，对租赁进行分类首先要理解与租赁资产所有权相关的风险和报酬的含义。所谓与资产所有权相关的风险，是指由于经营情况变化造成相关收益的变动，以及由于资产闲置或技术陈旧而发生的损失等；所谓与资产所有权相关的报酬，是指在资产可使用年限内直接使用资产而获得的经济利益、资产增值，以及处置资产所实现的收益等。对租赁项目而言，只有在实质上转移了与资产所有权有关的全部风险和报酬，才能认定为融资租赁。

应该注意的是，在融资租赁业务中，风险和报酬的转移与所有权的转移并不一定是同时的，所有权的转移更多的是一种法律形式，从租赁分类角度看，这只是充分条件，而不是必要条件。租赁期届满后，如果承租人购买了租赁资产，则租赁资产所有权转移给承租人，否则，租赁资产所有权一般不会转移给承租人。但不能就此认定这不是融资租赁。一般情况下，如果租赁资产的效益大部分已在租赁期内为承租人所获得，租赁期满后，即使租赁资产归还给出租人，这项资产的价值与其出租前相比，已不重要，这时应将该租赁作为融资租赁。

除融资租赁以外，其他都作为经营租赁。通常情况下，在经营租赁中，租赁资产的所有权不转移，租赁期届满后，承租人有退租或续租的选择权，而不存在优惠购买选择权。

（3）分类具体标准。租赁会计准则规定，符合下列一项或数项标准的，应当认定为融资租赁：

①在租赁期届满时，租赁资产的所有权转移给承租人。

②承租人有购买租赁资产的选择权，所订立的购买价款预计将远低于行使选择权时租赁资产的公允价值，因而在租赁开始日就可以合理确定承租人将会行使这种选择权。

③即使资产的所有权不转移，但租赁期占租赁资产使用寿命的大部分。

④承租人在租赁开始日的最低租赁付款额现值，几乎相当于租赁开始日租赁资产公允价值；出租人在租赁开始日的最低租赁收款额现值，几乎相当于租赁开始日租赁资产公允价值。

⑤租赁资产性质特殊，如果不作较大改造，只有承租人才能使用。

需要说明的是，对于标准③中的“大部分”，通常掌握在租赁期占租赁资产使用寿命的75%以上（含75%）。但是，这条标准强调的是租赁期占租赁资产使用寿命的比例，而非租赁期占该项资产全部可使用年限的比例。如果租赁资产是旧资产，在租赁前已使用年限超过资产自全新时起算可使用年限的75%以上时，则这项判断标准不适用，不能使用这项标准确定租赁的分类。对于标准

④中的“几乎相当于”，通常掌握在90%以上（含90%）。

不符合以上五项标准中任何一项，则不能认定为融资租赁。不能认定为融资租赁即为经营租赁。从会计准则的角度，通常把融资租赁以外的租赁都认定为经营租赁。从其租赁目的看，这种租赁主要是承租人出于经营上的临时需要，或由于季节性需要。在经营租赁下，出租人保留了与资产所有权有关的大部分风险和报酬，而且，按照租赁协议，由于将资产使用权转让给承租人，因而出租人有权向承租人收取租金。作为另一方的承租人就有义务因取得资产的使用权而支付租金。一般情况下，这种租赁的租赁期明显短于资产的使用寿命。

由于承租人和出租人的权利和义务是以双方签订的租赁合同为基础确定的，因此，通常情况下承租人和出租人对同一项租赁所认定的类型应当一致。即如果出租人将其划归为融资租赁，原则上承租人也应将其认定为融资租赁，而不应认定为经营租赁，反之亦然，从而避免同一项资产在承租人和出租人之间作不同的认定。但是，对于标准④，由于分别从承租人和出租人的角度加以认定，在最低租赁付款额的现值不等于最低租赁收款额的现值的情况下，也可能会出现出租人和承租人对同一项租赁作不同的认定，这种情况应该是极少见的。

中国《合同法》对融资租赁的表述是，融资租赁通常的做法是出租人出资购买承租人选定的技术设备或其他物资，作为租赁物出租给承租人，承租人按合同约定取得租赁物的长期使用权。在承租期间，按合同约定的期限支付租金，租赁期满按合同约定的方式处置租赁物。

（二）融资租赁的基本特征

根据上述对融资租赁定义的分析，必然导致融资租赁业务的特征如下：

1. 融资和融物相结合

以融物的形式实现融资的目的是融资租赁最基本的特征。融资租赁以租赁物本身作为担保物，将融资与融物融合在一起，承租方在租赁设备的同时解决了一次性付款购买设备的资金问题，实际上相当于出租人提供了金融服务。出租人出资购买，承租人使用物品。借助于融资租赁的不同形式，即实现由货币资产向实物资产的顺向转变，又可实现由实物资产向货币资产的逆向转变。融资租赁具有银行贷款和商品贸易的双重职能，使贸易、服务和融资同时进行，减少了流转环节，提高了效率，也增加了社会融资渠道，使交易方式多样化。与传统意义上的金融手段相比，与商品贸易相比，与传统的租赁相比，融资租赁具有独特的“融资融物”功能，为提高社会经济效益提供了条件，有利于实现资源的优化配置。

2. 租赁资产的所有权与使用权分离

租赁资产的所有权与使用权分离是融资租赁显著的特征。在租赁资产约定的租期内，出租人保留租赁物件的所有权，这是作为租赁物购买人的一种权利，也是商品等价交换原理决定的，购买者付出一定量的价值，就应获取相应价值的物品需求所有。在融资租赁中，租赁物的使用者是承租人，承租人获得租赁物的使用权、经营权和收益权。在租赁期内，承租人占有租赁资产使用寿命的大部分，也因此形成租赁物的购买由承租人选择，维修保养也由承租人负责，出租人只提供金融服务的特征。

租赁物的所有权与使用权的分离状态，这与商品买卖中所有权与使用权不可分离有很大的不同，也是银行抵押贷款中银行对抵押物仅在一定条件下拥有所有权有较大区别。

3. 融资租赁是三方当事人，两个合同的交易

融资租赁中的三方当事人、两个合同，全面反映融资租赁交易的安排。承租人需要设备，但是缺乏资金；出租人有资金；出卖人有设备。为了实现承租人和出租人各自的需要，出租人根据承租人的需求向出卖人购买设备出租给承租人使用，承租人则不通过一次性全额支付货款也可以直接使用所需设备，分期向出租人支付租金。出租人和承租人的关系由租赁合同加以安排和保障，出租人与出卖人的关系由买卖合同加以安排和保障。根据融资租赁协议的安排，融资租赁交易就涉及三方当事人，分别是出租人、承租人和出卖人。这三方当事人的关系就需要两个合同加以确定，即租赁合同和租赁物的购买合同。

因此，一个完整的融资租赁交易必然涉及三方当事人、两个合同，这样才能完成融资租赁整个交易。

4. 租赁合同具有不可解约性

租赁合同具有不可解约性，是指在租赁期间任何一方均无权单方面撤销合同。《国际融资租赁公约》中明确规定：如果承租人撤销该租赁，则撤销所导致的出租人的损失由承租人承担。在融资租赁下，虽然从法律形式上看租赁资产的所有权并没有发生转移，但从交易的实质来讲，承租人在租赁资产使用寿命的大部分时期内，获得了租赁资产在使用上的各种经济利益。同时，作为取得这项权利的代价，需支付大致相等于该项资产的公允价值的金额和有关的财务费用。对出租人来讲，在资产使用寿命期间的大部分时期内，让渡资产的使用权，同时取得租金作为回报。因此，只有租赁物毁坏或被证明为已丧失使用价值的情况下方能中止执行合同，否则，无论对出租人还是承租人，无故毁约

除要支付相当重的罚金外，各自付出的代价也承受不起。巨大的毁约代价，形成了融资租赁合同的不可解约性特点的内在制约。

5. 承租人选定供货商和租赁物件，出租人出资购买

在租赁期内，承租人占有租赁资产使用寿命的大部分，又由于租赁资产的特殊性，只有承租人才能够使用，而且在合同结束时最终有可能转移给承租人。因此，在融资租赁交易中，租赁物件的购买由承租人选择，维修保养也由承租人负责，出租人只提供金融服务。《国际融资租赁公约》中的第一章第一条也明确写明：本公约管辖第 2 款所指的融资租赁交易中，一方（出租人）根据另一方（承租人）提供的规格，与第三方（供应商）订立一项协议（供应协议）。根据此协议，出租人按照承租人在与其利益有关的范围内所同意的条款取得工厂、资本货物或其他设备（设备）；并且与承租人订立一项协议（租赁协议），以承租人支付租金为条件授予承租人使用设备的权利。

6. 租赁期限长

所有的融资租赁交易的绝对期限，均在一年以上。中长期租赁是基于租赁物品的特殊性而言的。我国商务部 2005 年通过的《外商投资租赁业管理办法》中第六条规定租赁财产包括：（1）生产设备、通信设备、医疗设备、科研设备、检验检测设备、工程机械设备、办公设备等各类动产；（2）飞机、汽车、船舶等各类交通工具。2007 年我国施行的《金融租赁公司管理办法》中明确："适用于融资租赁交易的租赁物为固定资产。"从中可以看出，可当作租赁物的物品均为大型、价值高的商品。而融资租赁的定义中规定，租赁期不短于租赁资产的预计经济寿命的 75%。这样一来，一年期以上的中长期租赁就成了融资租赁的一个显著特征。

7. 租金分期归流

在租赁资产所有权和使用权分离的前提下，租金分期收回是融资租赁的一大特点，也是其存在和长足发展的原因。租金是出租人投资成本和投资收益的分期收回，并充分考虑了出租人的合理利润和资金时间价值。而分期偿付租金对承租人而言可以较少的一次性投入获得设备使用权，保证企业的资金流动性；同时，承租人用设备的创新价值来偿付租金，也会取得较大的收益。

8. 具有节税功能

融资租赁是一种节税融资，通过一定的交易安排，融资租赁可使承租人在税法允许的条件下，达到延迟纳税、减免纳税等降低实际税负水平的目的。如一些国家的税法允许通过融资租赁方式获得的资产，折旧时间上选择租赁年限，

当租赁年限小于设备的实际使用年限时，则可以实现节税功能。

9. 租期结束，承租人对租赁物有留购、续租和退租三种选择

承租人一般对租赁物有留购、续租和退租三种选择。

(1) 留购法。在承租人支付名义货价后获得出租物的所有权。这种方法对出租人、承租人均有利，所以，融资租赁合同期间届满后，对租赁物的处理一般多采用这种方式。

(2) 续租法。在租赁合同期间届满前的合理时间内，承租人应通知出租人，就租赁物的继续租用进行协商，确定续租期限、租金等内容，在融资租赁合同期间届满时签订续租合同。

(3) 退租法。在租赁合同期满，承租人按租赁合同约定的要求将租赁物退还给出租人，由出租人自行处理出租物，由于租赁物在出租期满内一般均已达到使用期限，出租人收回后难以再租或转让，所以，对租赁物期限届满后的处理，一般不采用这种方式。

(三) 融资租赁的基本构成要素

一个融资租赁交易全过程包含“一个标的物、两个合同、三方当事人、四个支柱”，通过“融资与融物相结合，使用权与所有权相分离”的契约，以出租人为纽带，将供货人、承租人与资本市场连接起来，是集合了生产、投资、贸易、租借、担保、按揭、服务等若干重要功能属性的特殊交易工具与平台。

1. 一个标的物

融资租赁是以融物的方式达到承租人融资目的的一种投融资方式。由此“物”变得对融资租赁非常重要，“物”不仅是融资租赁中租金计算的基础，也是融资租赁的收益来源、 租金安全回收的保障。融资租赁的“标的物”只有一个，一个相同的标的物将融资租赁交易的三方当事人紧密地连在一起。融资租赁是以租赁物的所有权为基础，以承租人支付租金为条件，将物的占有、使用权让渡承租人的交易。反之，没有明确的租赁物，只有资金流动就不是融资租赁。

2. 两个相关合同

两个相关的合同，是指租赁合同和租赁物购货合同。租赁合同确定融资收益，购货合同确定融资成本。两个合同确定了三方当事人的权利和义务。

出租人、供应商、承租人三方当事人的权利和义务是在两个合同中交叉体现的。在购买合同中主要体现出租人的义务——支付租赁物的货款，承租人行使买方的租赁物件选择权，供货商行使收取租赁物货款的权利，其义务主要是

对承租人负责；在租赁合同中，主要体现了出租人的权利——收取租金，承租人要承担租赁物瑕疵风险。

《国际融资租赁公约》定义融资租赁交易是指：出租人根据承租人的规格要求及其所同意的条件同供货人缔结一项供货协议，据此，出租人取得工厂、资本货物或其他设备；并同承租人缔结一项租赁协议，授予承租人使用该设备的权利，以补偿其所付的租金。其特征是：

（1）承租人不是根据出租人的技能和意见来指定设备和选择供货人；

（2）出租人订立的设备购买协议与该设备的租赁协议相联系，亦即根据租赁协议取得设备，供货人知道租赁协议已经或即将在出租人和承租人之间缔结；

（3）根据租赁协议计算的应付租金考虑了全部或大部分设备成本的摊提。

融资租赁交易的两个相关合同构成要素的特殊性原理是产权理论，这是与分工理论相呼应的理论。其核心竞争力一是买卖不破租赁，二是物权保护下的债权更加安全。两个合同都离不开物，离不开物权的设立与回收。融资租赁就是通过“两个相关合同”的安排，把债权和物权通过租赁物有机地结合起来，将“融资”和“融物”有机连接在一起，将价值的货币表现与实际物品紧密连接在一起，增强了信用承诺的可靠性，实现了风险转移的可能性。正是利用产权的安排保护了交易实施，促进了交易发展。

把握应用好上述两个理论，即所有权与使用权两权分离理论和产权理论，就能清晰理解融资租赁行业的特殊性。这个特殊性主要在于租赁物的所有权分为法律所有权和经济所有权（可以理解为用益物权），法律所有权由出租人掌握，经济所有权由承租人掌握。这种财产所有权和使用权的分离模式，是融资租赁行业所特有的。

3. 三方当事人

融资租赁包括出租人、承租人和供货商三方当事人。有时出租人同时担当供货商的角色（委托租赁或厂商租赁），有时承租人同时担当供货商的角色（售后回租），还有时承租人同时担当出租人的角色（转租赁）。围绕着租赁物，三方当事人中出租人是租赁物的出资购买者，也是租赁物的所有者。承租人是租赁物的使用者，供货商是租赁物的生产者。

三者之间，租赁物的所有者不是使用者，租赁物的使用者又不是出资金的购买者和所有者，而租赁物的供货商并不把租赁物交付给购买者即所有者，而是交付给租赁物的使用者。融资租赁交易中三方当事人对租赁物产生的错位，弥补了通常交易双方当事人产生的局限性，即资金短缺者实现不了对物的需要，物品的生产者又因找不到销路而困惑。融资租赁中的三方当事人，将交易中的资金和商品，融资、交易和生产经营各环节有机联系在一起，使生产交易方便快捷进行下去。

融资租赁交易中三方当事人对租赁物的错位定位，在理论上是所有权与使用权两权分离理论的应用。两权分离理论即公司所有权与使用权分离理论，它随着股份公司产生而产生。1932 年，贝利和米恩斯在对美国 200 家大公司分析后，发现在这些大公司中，多数是由并未握有公司股权的高级管理人员所控制，现代公司已经发生了“所有与控制的分离”，公司实际已由职业经理组成的“控制者集团”所控制。著名学者钱德勒认为，股权分散的加剧和管理的专业化，使得拥有专门管理知识并垄断了专门经营信息的经理，实际上掌握了对企业的控制权，导致“两权分离”。租赁物所有权与使用权的分离是融资租赁行业特殊性的第一层基础，也是融资租赁交易有别于普通交易和传统租赁的独特特征表现。

4. 四个支柱

国际著名租赁专家、美国的阿曼波先生在经多年的租赁理论与实践研究后，提出了融资租赁的四大支柱学说，将法律、税收、会计和监管称为融资租赁的四大支柱。融资租赁行业的健康发展，靠“法律法规保护、会计准则界定、税收优惠鼓励、监管制度适度”来支撑和保障。没有法律保障，租赁业务难以正常开展；没有会计准则，无法准确界定经营活动是否属于融资租赁的法律保护范围；没有税收上的优惠，融资租赁成本高，没有吸引力；没有监管，融资租赁的无序发展有可能扰乱金融市场秩序。

目前中国四大支柱在 1999 年以后已陆续建立并不断完善。随着改革的进一步深入，中国建立的这些支柱将越来越与国际趋向一致，租赁的政策环境也会随之得到改善。

三、融资租赁的行业属性

融资租赁交易所造成的特有的三边关系这一事实，使融资租赁是集金融、贸易、服务为一体的一项综合性金融产品，其借助租赁这个载体，对金融、贸易进行创新，融资租赁是金融与贸易结合的复合产业，具有多重性。

（一）融资租赁行业的金融属性

融资租赁的金融业务属性，业界一直存在争论，有观点认为，融资租赁的融资和租赁是两种市场行为，由于最终的租赁不是资金的融通而是一种物的融通，因此融资租赁本质上不是金融活动。但从融资租赁交易来看，融资租赁通过以融物为载体实现融资的目的，在融资手段、融资期限、融资风险管理等方面都体现了信用的特点，具备了金融交易的特征。

1. 融资租赁是信用融资与传统租赁有机结合的产物

融资租赁起源于信用销售，以还本付息为条件的信用方式进行的融资，仍是其基本属性。一是出租人为购买租赁物的资金来源，除了自有资金外就是在金融市场上进行以货币为载体的信用融资。二是虽然融资租赁交易中出租人没有给承租人直接提供信贷，但因承租人购买租赁物的资金是出租人出资购买，就相当于租赁公司给承租人提供了一笔长期信贷资金，在操作上类似一种按揭贷款。承租人以租赁物为载体融入资金，通过支付租金的方式逐步偿还本金，相当于承租人借租赁变相贷款融资。

当然，与原有的各种信用融资方式相比，这种融资将信用融资与租赁交易结合起来，赋予了传统信用融资形式全新的内涵。并且融资租赁的出现，由满足用户短期使用变为以中长期融资为目的，使其具备了金融投资属性，给古老的租赁行为赋予融资的功能，衍生出全新的金融理念。融资租赁本质上是一种金融服务，融资租赁一切管理的出发点必须遵循金融信用的运行原则，是“融资”（目的）+“租赁”（手段）的金融创新。

所以，融资租赁自其在美国产生以后，不仅迅速得到美国企业，而且也得到其他国家的企业的普遍的接受，由此而形成了大量的需求，带动了全球融资市场的迅速扩大与发展。

2. 资金来源方式与金融业务紧密关联

租赁公司的资金筹措和资产盘活，需要大量的金融市场业务操作。如：租赁公司前期的运作筹措资金，间接融资的银行借款，直接融资的杠杆租赁、租赁基金，结构融资、应付账款保理等资金来源方式，都和金融业务有关。又如：租赁公司形成租赁资产的后期融资，如间接融资的应收账款保理、理财、转租赁，直接的资产证券化、债权掉期，汇率、利率掉期，远期等交易，都属于金融业务。

因此，租赁公司虽然不能吸收存款，但通过杠杆租赁等方式达到吸收外部资金的目的。虽然不能投资，但通过结构化共享达到投资的目的；虽然不能从境外借款，但通过国际融资转租赁达到从境外融资的目的。融资租赁交易的全过程无不与金融业务关联。

3. 租金结构中含有利息

融资租赁的所谓“金融属性”是指租赁资产含有利息，且具备收益性、安全性和流动性的特质。只有符合全部条件的租赁资产才算是“金融资产”，才具备金融属性。

从融资租赁的租金构成结构看，包括有租赁设备购置成本、融资成本、手续费和利润。其中的融资成本，即是租赁公司向金融机构融资支出的利息支出，而且这部分费用以市场利率水平的高低、承租人占用出租人资金的时间来计算。租金含有利息，就意味着其资产是随时间推移而增值的金融资产，理论上可以在资金市场或资本市场上交易。

4. 售后回租业务归类“贷款服务”

融资性售后回租，是指承租方以融资为目的，将资产出售给从事融资性售后回租业务的企业后，从事融资性售后回租业务的企业将该资产出租给承租方的业务活动。融资租赁中的售后回租业务，更可直接地感觉到承租人用售后回租的方式直接进行融资。也正因为此，融资性售后回租业务在财政部和国家税务总局联合发布的《关于全面推开营业税改征增值税试点的通知》（财税〔2016〕36号文）中被划分在“贷款服务”范畴，这意味着“售后回租”按贷款的税率6%征税。

从本质上看，在回租交易中租赁公司给承租人的资金并不是放款资金，而是购买租赁物的资金。但这是唯一让承租人能得到资金的租赁交易，操作上像是一笔金融的信贷业务。所以，站在融资租赁公司角度看，其虽然不可以放贷，却可以通过售后回租达到放贷的目的。

5. 金融租赁公司定性归属金融机构

我国的融资租赁公司分为两类：一类商业类型的融资租赁公司，一类金融类型的金融租赁公司。两类的划分有明显的标准，其一看出身，其二看名称。商业类型的融资租赁公司由商务部审批和管理，名称中没有“金融”字样；金融类型金融租赁公司由银监会审批和管理，名称上有“金融”字样。融资租赁公司属性划分不同，享有待遇不同。金融属性的金融租赁公司不管其如何操作融资租赁业务，资金来源可以使用银行间同业市场资金，因为金融监管部门银监会将金融租赁公司看作金融机构，按监管银行信贷的方式监管金融租赁公司及其业务，这也是税务部门给予银行信贷的优惠政策，同时也给予金融租赁公司归属金融机构的一项重要依据。但由商务部审批和管理的商业类型的融资租赁公司，则不能进入银行间同业拆借市场拆借资金，也不享有给予银行信贷的税收优惠。

但是不管名称属性怎样不同，两类租赁公司做的业务都是相同的，同质的。既然金融租赁公司能归为金融机构，就说明融资租赁业务具有金融的属性，这是不容置疑的。所以无论从我国的现行法律法规、工商税务部门的定性、国家有关部门对行业的划分还是国际通行的行业标准，融资租赁应被归为金融行业中的一类。即便由于特殊的历史原因，我国融资租赁行业存在不同的监管或者管理部门，也并不能改变融资租赁业务本身的金融性质。

（二）融资租赁行业的贸易属性

融资租赁和其他信贷方式的不同点就是与贸易的紧密结合。贸易是什么？简单地说就是商品的购买和销售。从融资租赁交易操作全过程看，融资租赁交易中有贸易买卖行为，主要表现为两点：一是采购租赁物，二是出租承租人选定的租赁物给承租人。这两点都离不开物，离不开物的采购和销售，离不开物权的设立与回收。租赁资产的确立要通过贸易来实现，许多利润也从贸易环节中来获得，如租赁物的购买价格差价。如果融资租赁交易中没有贸易环节，就不是真正的融资租赁。

在融资租赁期内，出租人通过购买拥有租赁物的完全物权，无论承租人支付了多少本金，都未获得租赁物的所有权，必须经过专门的所有权转让的“仪式”（比如支付一元钱的象征性价格），才能最终获得所有权。换一种说法，无论承租人支付了多少租金，只要本金未付清，出租人都当然地可以取回租赁物。所以，按照购买的等价交换原则，如果在采购环节率先丢失了关键的物权，租赁债权的安全性基本上就已经丧失了。租赁债权是附着在租赁物的处分物权上，租赁的债权交易一定与租赁物权有关，还要伴随物权转移或交易。将债权和物权分离交易，一旦出现问题，租赁物权和债权的归属就难以分清。融资租赁的特点就是两权（物权、债权）在手，物权保护下的债权更加安全。融资租赁与其他信贷方式的不同点就是与贸易的紧密结合，具有贸易性质。

（三）融资租赁行业是金融与贸易结合的复合产业

融资租赁行业是金融与贸易结合的复合产业，融资租赁公司所从事的业务具有既融资又融物的特点，兼具金融和贸易的双重性质。同一般工商企业相比，融资租赁公司的业务活动从商品的流动延伸到资金的融通领域，直接表现为资金的运动。但同金融企业相比，它又有着金融企业所缺少的“物”的经营，还有大量的物资运动，物资在企业内部进行资本化。融资租赁交易中既有资金运动，又有物资运动，这种交易就是对金融、贸易进行的创新，是融资融物相结合的业务形态。其核心竞争力一是买卖不破租赁，二就是在物权保护下的债权更加安全。融资租赁三方当事人的权责在两个交易环节中交叉履行，两个交易互为前提同时成效。

融资租赁的金融与贸易的结合，决定了融资租赁交易是一种资产归属和利用可以分开的配置机制。传统的一种资产归属和利用都是一个主体的配置，现在在这个主体上的权力可以分解，不同的主体根据各自的核心优势可进行换位配置，改变了传统的自行决策、自管自用、自行处置、损益自担的资源配置方法，是市场配置资源的一种创新交易。

第二节　融资租赁的职能作用

融资租赁的业务特性是“融资”加“融物”。“融资”体现在解决企业资金短缺难题，便于企业将资金优先投入到更需要的地方，改变单一的银行贷款融资方式，买不起设备租得起。“融物”体现在“物”的生产、制造、销售、使用、处置的各个环节中。围绕“物”，融资租赁的实际意义就在于能够提供设备，提供与设备相关的技术支持和保障。从行业特性上，无论是对于解决资金进入实体经济和为民间资本拓展投资渠道问题，还是加快企业生产，促进产品销售流通问题，发展融资租赁，应该是一个不错的选项。基于融资租赁的这种特性功能，融资租赁在经济发展中发挥着重要作用。

一、第二资金供应渠道

融资租赁的第二资金供应渠道功能作用，源于其特有的融资与融物相结合的最基本特性。融资租赁将生产、贸易、金融紧密地结合起来，沟通了这三个市场，引导了资本的有序流动。既为企业以较少的投入而迅速获得设备的使用权提供了一笔中长期贷款，又为银行及其他资金提供了一条安全的放款渠道，成了现代经济发展中仅次于商业银行的第二资金供应渠道。

（一）融资租赁是传统信用方式的创新

1. 融资租赁是银行信用和商业信用的有机融合

传统金融中的信用，即信贷方式是以还本付息为条件、价值单向转移为基本特征的资金借贷行为。一个信用行为涉及两个行为当事人，一方为债权人，一方为债务人，签订一份借贷合同。这份借贷合同约束着双方当事人，尤其是债务人承担着不能违约的法律责任。融资租赁是现代化大生产条件下产生的商业信用与银行信用相结合的新型金融服务形式。

通过前面对融资租赁属性的分析可以看出，融资租赁行为就其本质而言，也是一种债权债务关系，也是一种要还本付息、价值单向转移的信用方式。从融资租赁的定义看，一个融资租赁行为主要有两步：第一步由承租人选定拟租赁投资物件，由出租人融通资金购买，这其中涉及一个购买款的“融资”行为，这是银行信用行为。第二步是出租方将标的物购买后租给承租方使用，承租人以支付租金形式获得设备使用权，这个“融物”行为又是赊销商品分期付款的商业信用行为。一个融资租赁交易全过程，是通过“融资”与“融物”相结合，将银行信用和商业信用有机融合的信用方式创新过程。承租人通过融资租赁交易直接获得租赁物使用价值的同时，出租人通过保留租赁物的所有权以担保其对承租人租金债权的实现，这就是融资租赁的“以资融物，以资收租，以物避险，以物增值”的一种全新资金运作模式。

融资租赁开创了“资产信用”这一新金融理念，具有集金融、贸易、服务为一体的全新金融功能特点，侧重于发掘租赁物本身具有的信用价值。因此，即使在银行贷款中不完全符合要求的项目和企业，也能通过租赁获得所需设备、设施和资金，得到发展机会。从资金供给和需求角度，融资租赁能够打通资本与产业的连接通道，成为产业与金融结合的最佳纽带。因此，大力发展融资租赁业，就成为我国构筑科学稳定的资金供给系统，推进金融市场业务多元化、综合化、专业化发展，以及深化金融改革的必然要求和重要选择。融资租赁作为区别于传统信贷和资本市场的投融资方式，已经得到了社会各方面的认可和肯定。

2. 融资融物相结合，信贷融资更安全

融资租赁是融资与融物结合在一起的一种服务。其“融物”中的租赁物就是物化的资金，围绕“物”来获得资金保障和风险控制。融资租赁交易将物权和债权结合在一起，更好地保护债权人的利益，是信贷市场中较为安全的融资方式。

对银行来说，通过融资租赁公司的设备租赁的“物流”解决了企业中长期贷款的“资金流”，将租赁公司作为受信主体，突破了许多企业负债率偏高的融资“瓶颈口”，提高了银行的市场拓展能力和金融创新；同时，又通过融资租赁的所有权和使用权相分离的原则，利用残值变现和物权保护的手段，使租赁公司成为银行与融资客户之间的真正的“防火墙”，有效地规避了金融风险，信贷融资更安全。

3. 融资融物相结合，贷款去向有保障

融资租赁以为客户专门购置设备为基础进行融资，更有利于控制贷款去向，也有利于促进设备贸易的发展。

一方面，融资租赁由出租人出面，依据承租人指定的设备（品牌、规格、型号及价格等）向供货商直接采购。在融资的同时也购置了物品，这就严格锁定了贷款的用途，防止了转移资金用途，无疑很好地保证了贷款的安全和投向。

另一方面，融资与购物直接联系，又极大地促进了贸易发展，直接支持了实体经济。目前，在发达国家的飞机、信息设备、工程机械、商用车辆、船舶和通用加工机械等贸易额大多通过融资租赁来实现。据统计，通过融资租赁实现的贸易额最低占 50%，最高达 80%左右。

4. 融资融物相结合，创新发展传统信用方式

融资租赁交易，是一种特殊的金融工具。它和贸易结合在一起，不同于传统的信用方式。

（1）融资租赁创新发展商业信用。商业信用是企业间以商品形式提供的，以赊销商品、分期付款、预付货款、预付定金等形式进行的信用。融资租赁与商业信用中分期付款形式相比，有很多相同类似的地方。例如，它们都是物品使用者先获得商品，然后在一段较长的时期内分期归还商品的价款及利息，二者都是以商品形态提供信用。

但就其实质而言，融资租赁与商业信用分期付款也存在着显著的区别，突破了商业信用的局限性。

第一，商品的所有权归属不同。在分期付款的商业信用中，交易合同签订后，买方即获得了物品的所有权和使用权，卖方只有在货款未付清之前，双方保持债权与债务的商业信用关系，卖方手中保留的实际只是物件的抵押权，除了相信买方的信守承诺外，没有更实质的债权保证。而在融资租赁建立的信用关系下，虽然物件的使用权和经济所有权属于承租人，但法律上的所有权并没有发生转移，此项资产仍是出租人所有的资产。承租人负有把租赁物件维护完好的义务，承租人未经出租人同意，不得进行任何侵犯租赁物件所有权的行为，例如将租赁物件出售、转让，或作为抵押等。一旦发生侵犯所有权的行为，出租人有权终止租赁合同，并要求承租人支付租金和违约金，而租赁合同规定承租人的违约成本是很高的。

第二，涉及的业务关系人不同。商业信用当事人只局限在有交易业务的买卖双方。双方既有买卖关系，又有借贷关系。融资租赁的信用关系则不然，信

用与买卖行为分别由三方当事人承当。租赁公司作为租赁中介，它既联系租赁物件的供货方，又联系租赁物件的使用方承租人，还要联系资金提供方，还要履行融资者的职责。在办理租赁业务时，必须签订购货合同和租赁合同，两个合同使签约的三方利益相连，任何一方违约，势必影响其他两方的利益，制约力度比商业信用二方约束力强。

第三，会计处理不同。分期付款的商业信用是商品所有权的转移，买方为购进的设备设置资产账户，并按期提取折旧。而融资租赁交易中，不涉及所有权的转移，仍由出租人提取折旧。相比商业信用债权人资金的回收较为稳妥安全。

第四，税收待遇享受主体不同。商业信用分期付款中，买方可直接享受投资税收抵免等税收政策。融资租赁中，则由出租人享受相关待遇，对于债权人的资金来说同样是有利的。

(2) 融资租赁创新发展银行信用。银行信用是银行向社会公众以货币形态提供的信用。因此，从承租方设备需求企业的角度看，融资租赁与银行信用一样，都是间接地向设备需求企业提供资金，收取利息。从筹资人融资的角度看，融资租赁与银行信用无实质差异，两种形式都是单纯的债权和债务关系。融资租赁采取的是以租金的方式偿还本息，银行信贷是以约定的还款方式偿还本息。但就其实质而言，融资租赁与银行信用还是存在着很大的区别：

第一，融资目的不同。银行信用一般表现为纯粹的资金运动形式。在发生贷款业务的同时，不会伴随有物资运动。例如，通过贷款购物往往是先贷款筹措资金，然后购置所要的货物。这时，融资与购物往往是分别进行的，融资与购物两笔业务是独立的、互不约束。在银行信用条件下，贷款的直接目的是获得资金，借款人获得的仅仅是货币资金的使用权。至于资金的用途，在贷款合同中并没有特别的限制，只有通过购买才能获得设备的所有权。而融资租赁则是一种融资与融物相结合的形式，资金运动紧紧伴随着物资运动，以融物而达到融资目的的信用形式。在租赁交易合同中，一般对融资用途做了专门的限制，如用于购买某项设备，经承租人认可，资金由出租人直接支付给设备供应商，不经过承租人的账户。租赁物品是出租人向承租人提供资金信用的等价物，在承租人得到租赁物的同时，相当于获得了租赁物件购置成本的信贷资金。

第二，融资数额不同。借款人向银行贷款，银行通常要求借款人必须有一定的自有资金，提供抵押和担保，对抵押品的评估是相当低，为公允价值的一定比例，而且一部分贷款还要作为存款存于银行，因而相对抵押品的价值，贷款数额较小。而融资租赁提供的资金数额，一般等于融资租赁资产的价值，因而相对融资数额较高，且通常不再要求其他担保。

融资租赁由于其融资与融物相结合的特点，出现问题时租赁公司可以回收、处理租赁物，因而在办理融资时对企业资信和担保的要求不高，所以非常适合中小企业融资。此外，融资租赁属于表外融资，不体现在企业财务报表的负债项目中，不影响企业的资信状况。这对需要多渠道融资的中小企业而言是非常有利的。

第三，交易涉及的关系不同。银行信用只涉及贷款人和借款人双方的信贷关系，而融资租赁要涉及出租人、承租人和供货人三方的关系。他们的关系既有租赁关系，又有买卖关系。

第四，合同数量和标的物不同。在银行信用中，只有一项贷款合同，贷款合同的标的物是“资金”；在融资租赁中，有两项合同，合同的标的物都是“物”化的租赁资产。虽然在偿付时无论是本金利息还是租金，都是以“钱”来清偿，但二者在标的物上确实是不同的。

表 1–1 融资租赁、分期付款和贷款购买的特征之比较

项目	融资租赁	商业信用	银行信用
合同	买卖合同+租赁合同	买卖合同	借款合同+买卖合同
标的物	物（设备）	物（设备）	资金
物件所有权	出租人	买方	买方
当事人	出租人、承租人、卖方	买方、卖方	买方、卖方和银行
融资人	出租人	卖方	银行
融资能力	100%	一定比例首付款	一定比例自有资金
期限	与标的物的经济寿命相联系，期限较长，且不可撤销	期限通常较短	根据信贷政策和借款协议确定
税收待遇享受者	出租人	买方	买方
折旧提取者	出租人	买方	买方
费用	租金	物件价款	本金+利息
会计处理	经营性租赁不列入承租人的固定资产和负债，租金列费用支出；资本性租赁列承租人的固定资产和长期应付款，租金税前支出	属于买方的固定资产和应付货款，分期摊销	属于买方的固定资产和负债，利息税前支出

第五，会计处理方式不同。银行贷款对借款人而言，会计处理上是直接计入借款人负债。但融资租赁则不一样，会计处理上承租人应付租金记入以长期应付款企业负债，分期摊销。

第六，税收待遇不同。融资租赁中出租人是设备的购买者，可享受投资税收抵免等税收政策；银行贷款则由借款人享受投资税收的优惠待遇。

(3) 融资租赁创新发展传统经营租赁。和传统租赁相比，融资租赁是租赁发展的更高形式，与传统租赁有很大的不同。

第一，租赁物品的购买选择。融资租赁合同中，出租人是根据承租人的要求，从承租人选定的制造商或批发商购入承租人选择的租赁物；而传统经营租赁合同中，出租人的财产一般是根据出租人的意愿拥有或购买的，从而使融资租赁合同具有明显的融资性质。

第二，承租人的不可解约性。融资租赁合同中，租赁物是出租人特别为承租人的使用目的而购买的，具有很强的专属性。出租人一旦根据承租人的指定购买了租赁物，就有权从该承租人那里收回全部成本和利润，而不管承租人是否继续使用、租赁物是否有瑕疵及发生损毁的危险，也不允许承租人中途解约或拒付租金。租赁物因意外事故的灭失危险和维修义务由承租人承担，并且出租人享有瑕疵担保免责的权利。而在传统经营租赁中，出租人是按照自己的需求和意愿购置租赁物，承租人仅仅依据出租人所拥有的租赁物来选择是否承租。出租人按期收回租金与承租人的使用租赁物之间是一种对价关系，当承租人不能继续使用时，可以拒付租金。租赁物因意外事故的灭失危险和维修义务要由出租人承担。

第三，会计准则的有关规定。某笔业务是融资租赁还是经营租赁，依赖于交易的实质而不是合同的形式，根据会计准则的有关规定，具有下列情况之一，认定为融资租赁:

一是在租赁期结束时，资产的所有权转让给承租人。二是承租人有购买租赁资产的选择权，其购价预计将远低于行使选择权时租赁资产的公允价值，因而在签订合同时就可合理确定承租人将会行使这项选择权；三是即使资产的所有权不转让，但是租赁期占资产使用寿命的大部分；四是如果承租人撤销该业务，则撤销所导致的出租人的损失由承租人承担；五是资产余值的公允价值波动形成的利得或损失归承租人；六是承租人能以大大低于市场租价的租金继续租赁至下一期间。

表 1-2　传统经营租赁与融资租赁比较

项目	传统经营租赁	融资租赁
当事人	出租人、承租人	出租人、承租人和供货商
承租人的目的	短期、临时使用	中长期使用融资
投资决策权	出租人	承租人
维修保养服务	出租人	供货商或承租人
租金与投资回收之间关系	一次非全额清偿，通过多次租赁回收投资	一次交易全额清偿
出租人的风险	资产风险	承租人信用风险
期末租赁物件处理方式	退租	退租或廉价购买、续租
中途可否解约	可以	不可以
会计处理	不纳入承租人资产负债表，租金列费用支出	融资租赁列承租人的固定资产和长期应付款，租金税前支出

(4) 融资租赁与楼宇按揭联系与区别。融资租赁与楼宇按揭的主要区别就在于交易标的的所有权、使用权、收益权和处置权的表现形式不同。

在楼宇按揭业务中，按揭人通过按揭贷款获得房产后，即获得了房产的使用权和收益权，但却没有完全的处置权和所有权。因为在执行按揭合同期间，按揭人必须将房产证和土地证质押给银行，一直到支付完应支付的本息后，银行将两证退给按揭人，按揭人才有了实际的所有权和处置权。

而在融资租赁业务中，租赁标的的所有权和处置权原本就属于出租人，这和楼宇按揭中按揭人只有名义上的所有权和处置权而没有实际上的所有权和处置权截然不同。相同的只是，在交易合同签订后，承租人和贷款人一样，都拥有使用权和收益权。

(二) 融资租赁是第二资金供应渠道

融资租赁从其本质上看是以融通资金为目的的，它是为解决企业资金不足的问题而产生的。融资租赁以“融物”的方式实现了传统意义上的“融资”，在传统银行信贷之外为客户增加了一条融资渠道。需要添置设备的企业只需付少量资金就能使用到所需设备进行生产，相当于为企业提供了一笔中长期贷款，解决企业资金短缺难题。融资租赁创造了企业筹措中长期设备资金的新工具，促进了企业筹资方式多元化和金融资产多元化。融资租赁是与实体经济结合最为紧密的金融工具。

在欧美等经济发达国家，实体经济的资金来源主要有三个来源。第一是银行业，约占 50%，第二是融资租赁业，约占 30%，第三是证券业，约占 20%。在这些国家，飞机、船舶、工程机械、通信设备、楼宇等，60%以上不是通过银行贷款、证券筹资或直接买卖实现，而是通过融资租赁实现的。特别是美国、日本和欧洲，融资租赁的渗透率已达到 15%~30%。融资租赁已成为仅次于银行信贷的第二大资金供应渠道。

1. 融资融物相结合，有效地弥补金融服务体系的空白

以融物的形式实现融资的目的是融资租赁最基本的特征，它将融资与融物融合在一起，承租方在租赁设备的同时解决了一次性付款购买设备的资金问题。借助于融资租赁的不同形式，即可实现由货币资产向实物资产的顺向转变，又可实现由实物资产向货币资产的逆向转变。融资租赁具有银行贷款和商品贸易的双重职能，使贸易、提供劳务和融资同时进行，减少了流转环节，提高了效率，也增加了社会融资渠道，使交易方式多样化，为提高社会经济效益提供了条件，有利于实现资源的优化配置。

从筹措资金的角度来说，对于中小企业和新兴产业的成长阶段的公司，融资租赁更是可行的融资手段。中小企业没有优良的信用记录和强大的资本实力，不能像发展稳定的大企业那样容易获得银行贷款、发行债券和股票。但融资租赁的机能是以租赁物为核心，依托建立在租赁物价值判断基础上的资产信用，是重视企业未来的现金流量，发挥企业未来的增长潜力，着眼于为企业的未来发展筹集资金。融资租赁公司通过向制造业的销售端提供资金支持，帮助中小企业在不承担巨大资金压力的前提下，可以提前使用设备。融资租赁有效地弥补了原有金融服务体系的空白，适应了金融市场发展的需求，具有独特的资金服务空间。融资租赁从产生那一天起，这种融资特性对现代经济的发展来说就预示了旺盛的生命力。

融资租赁提供融资的方式主要有以下几种：

（1）通过直租方式提供设备融资。大型企业建设所需的设备，地方政府基础设施建设所需的设备，包括地铁等轨道交通、城市供水和污水处理、集中供热、电网、公交车辆等。融资租赁公司可以按照企业或项目业主与供货商确定的型号标准和价格直接将购买价款支付给供货商，然后将所购买设备出租给企业或项目业主，租赁到期，租赁物归承租人即企业或项目业主所有。典型的成功项目如武汉地铁、长春地铁、西安市公共汽车等。

(2) 通过售后回租盘活固定资产，补充企业营运资金。融资租赁可以通过售后回租的模式，将企业已有设备卖给租赁公司，租赁公司支付企业一笔资金，同时再将设备回租给企业，通过这种方式将企业的固定资产盘活，补充企业营运资金。典型案例如天津开发区管委会大楼、重庆地铁等。

2. 丰富金融业务，推动金融产品创新

从丰富金融业务、推动金融产品创新来说，租赁产品的推出与银行产品优势互补，不断创新丰富银行的金融产品，将资金流向实体经济。如租赁资产的期限较长，租赁资产的投放一般是三到五年，甚至是十年，它的整个资产规模的组合里面，80%以上都是中长期的。那么这种中长期的资产，它与保险、信托、基金等金融业态就会有巨大的合作空间。因为，我国的保险行业的资金基本上都是长期资金，这个长期资金必然希望寻找到一个长期的资产跟它相匹配。所以，长期资金的使用就为租赁与保险、信托，包括基金等资金的合作留下了巨大的空间。同时，租赁通过与银行、保险、信托、基金等金融机构开展创新合作，还可以联手推动金融服务升级，可以有效防止资金游离于实体经济之外。

3. 提高企业资金流动性，改善财务状况

对承租企业而言，融资租赁具有相对其他融资方式的一些独特优势。

首先，承租人可达到分期付款的目的。对企业而言，保持较高的资金流动性是财务管理追求的重要目标之一。但现实中，并不是每个企业都能有充足的现金和流动资产，而且融资能力也受到多方面因素的限制，因而一种能很好提高企业资金流动能力的途径必会受到企业的欢迎。融资租赁由于其分期付款的特点解决了企业的投资需要，在不占用过多资金的前提下使其流动能力得到提高，是企业融资的一种较好方式。

其次，承租方可以取得税收优惠，这是众多企业采取这种工具的重要原因。一些国家为鼓励投资，专门为融资租赁提供了税收优惠。有些国家在融资租赁发展初期，采取了特定领域投资的税收减免政策。承租人通过融资租赁可以直接或分享出租人在特定领域进行租赁投资获得的投资税收减免。

最后，承租方可利用融资租赁改善财务状况。现代租赁的特点是其创新性，各种租赁方式被创造出来，为具有不同需要和偏好的投资者所运用。回租即是其中一种重要的方式，承租人通过将现有资产出售给出租人，出租人再将该资产出租给资产出售企业，通过这种方式，承租人仅付出当期租金，但获得了出售资产的现金流，实现了当期现金状况的改善；另外很多企业通过利用经营性租赁方式实现表外融资，既实现了投资的目的，又改善了表内财务状况。

因此，在企业进行资本结构设计，选择融资工具时，通常根据资产负债情况，财务杠杆的运用和风险情况来选择。融资租赁工具提供了一种较好的选择，在企业财务决策中，融资租赁往往被一些现金流不足、财务风险较高的新企业和中小企业所采用。

4. 优化资产结构，降低金融资产风险

一方面因为融资租赁资金用途明确，因而减少了出租人在信息方面的不对称，从而降低了风险。与银行贷款相比，由于融资租赁已经确定了资金的用途，并事先经过周密的项目评估，出租人参与设备购买、安装、使用的全过程，可以掌握承租人的更多商业信息，大大减少出租人的风险。同时，出租人还可以利用拥有的所有权随时监督企业利用租赁设备经营的状况，即使发生风险，由于融资租赁中租赁资产所有权并不归承租人所有，在存在完善的二手设备市场条件下，可以通过出售的方式部分收回投资，减少出租人的损失，大大降低其投资风险，因而吸引了大量金融机构进入这个行业。

另一方面，金融租赁公司相对于一般企业具有更大的规模、更好的资信水平，更完善的风险管理制度，银行更愿意向这些金融租赁公司融资而不愿意直接向一般企业融资，从而一定程度上优化了银行的资产结构，降低了金融风险。

总之，融资租赁的“融资”加“融物”的业务特性，形成融资租赁的实际意义在于能够提供设备，提供与设备相关的技术支持和保障，解决企业资金短缺难题，便于企业将资金优先投入到更需要的地方。无疑，从行业特性上，无论是对于解决资金进入实体经济和为民间资本拓展投资渠道问题，还是解决中小企业融资难问题，发展融资租赁，应该是一个不错的选项。

我国从 2014 年以来，融资租赁业步入迅速发展的轨道。企业数量、行业实力和业务总量都呈现出大幅增长的态势，为整个经济社会的持续稳定发展做出了贡献。据统计，截至 2016 年底，全国 31 个省市区都设立了融资租赁公司。金融租赁、内资租赁、外资租赁三类融资租赁企业总数约 7120 家，比上年底的 4508 家增加 2612 家，总增幅达 0.58%。截至 2016 年底，全国融资租赁合同余额约 5.3 万亿元人民币，比 2015 年底的 4.4 万亿元增加约 0.9 万亿元，增长幅度为 20.0%。我国融资租赁业现已步入迅速发展的上升轨道。

二、第二产品销售渠道

融资租赁以为客户专门购置设备为基础进行融资，同时也有利于促进设备贸易的发展。融资租赁用“以租代销”的形式，一可避免生产企业存货太多，导致流通环节的不畅通；二可扩大产品销路，加强产品在国内外市场上的竞争能力。融资租赁成为产品销售的第二渠道。

（一）融资租赁“以租代销”原理

融资租赁“以租代销”依据的原理在于融资租赁的基本特征，融资租赁业务的融资融物相结合的特点。融资租赁公司在开展业务过程中，除了存在资金周转外，始终跟一个实物资产连在一起，还有大量的物资运动，体现在“物”的生产、销售、使用、处置的各个环节中。围绕着“物”，融资租赁的实际意义就在于能够提供设备，提供与设备相关的技术支持和保障，能为社会化大生产服务，能为实体经济服务。

正是由于每一笔融资租赁业务都与设备紧紧地捆在一起，出租人将设备出租的同时也实现了设备的销售和使用。目前，在发达国家的飞机、信息设备、工程机械、商用车辆、船舶和通用加工机械等贸易额，大多通过融资租赁来实现。据统计，通过融资租赁实现的贸易额最低占 50%，最高达 80%左右。融资租赁毋庸置疑地成为连接金融和实体经济的最佳纽带。

（二）强化产品促销提高企业竞争力

融资租赁的租赁物件是生产设备，因此，围绕着租赁物，融资租赁必然一头连着设备制造企业，一头牵着广大的设备承租用户。它既帮助制造企业扩大产品的销售渠道，迅速回笼货款，扩大再生产，又能帮助企业获得设备，对促进装备制造业发展、中小企业经营、企业技术升级改造、设备进出口等方面有重要作用，成为连接金融产业与实体经济的重要结合体。

1. 有利于企业产品销售、扩大产品销售范围

现代经济运行中，不少设备所需资金巨大，设备的制造厂家和经销（代销）商家，经常遇到有需求的真实客户，但苦于缺乏一次性购买的支付能力。如果采用商业信用赊销的方式，设备供应厂商要有巨额资金为下游客户垫资，厂商往往心有余而力不足。如果采用银行提供的“设备按揭”贷款或卖方信贷实现销售，银行对设备抵押存在诸多顾忌，业务难以扩大，满足不了厂商市场扩张的需要。融资租赁在帮助企业快速获得所需设备、减少一次性支付资金压力方面具有积极作用。

融资租赁促销就是由承租方选择设备厂商，租赁公司筹措资金，全价从厂商购买设备，交给承租方使用，承租方按租赁协议在租赁期内付清租赁公司垫资的本和利，设备就属于承租方或续租或退回。通过融资租赁为承租方提供了

便捷的金融服务，也为设备厂商大大提高了产品的有效需求，提升了产品竞争力和市场营销能力。

在我国，许多融资租赁公司都在积极与国内制造企业合作，推动其产品销售。如工程机械制造企业中的中联重科、三一重工、徐工集团、玉柴重工、柳工集团、山推重工，都组建了自己的租赁公司，运用租赁方式来助推自己设备产品的销售。例如鞍山钢铁公司采用售后回租的方式将进口轧机出售给租赁公司再租回使用，解决了流动资金的需要；浙江省金融租赁公司将租赁融资与政府财政支出相结合，既支持城市公交系统基础设施建设，又提高了财政投入拉动社会投资的倍数效应。

融资租赁作为设备生产企业的一种营销载体，通过实现产品所有权和使用权的有效分离，突破了传统的买断式销售模式，因此具有较强的产品促销功能。与此同时，融资租赁模式对于促进国内生产企业扩大出口规模，扩大海外市场份额也有重要促进作用。随着我国经济深入发展，融资租赁行业已经在国内的航空、船舶、地铁、机械装备、医疗设备、城市基础设施、新能源汽车、海上作业平台等众多领域作用凸显，不仅促进了国内制造业的发展，为国内经济增长发挥了重要作用，而且融资租赁业逐渐成为推动我国经济增长的又一个强劲引擎。

2. 促进产业结构调整，加快高科技产业化

融资租赁可率先使用先进设备，而不用担负由于技术进步导致设备落伍淘汰的风险。对企业来说，可以及时更新技术装备，迅速采取新技术、新工艺，提高产品竞争力和市场占有率。

一是加快传统产业技术改造。传统产业构成了国民经济的主要部分，传统产业的技术升级是实现国民经济产业结构调整的根本所在。租赁机构集融资、贸易于一体，能通过它们熟悉的商业渠道为企业及时购进价格合理的先进设备。而且，由于使用租赁方法可使租赁期限和设备的技术适用期限一致，可以不断对设备升级换代，保持技术领先。当租期结束时，承租人对设备有三种选择方案：退还设备、续租和留购，使在选择设备的技术水准上，有一定的灵活性。即使是退还设备，承租人也节省了处分设备时所遇到的麻烦和费用。

综观我国近几年来，通过融资租赁业务在海洋工程装备、太阳能设备、船舶的出口业务等方面，积极尝试了利用先进的技术和核心设备推动技术进步和产业升级。还比如通过引进先进的公务机，带动了国内公务机的运营、基地建设、零配件、维修服务等相关产业的发展。

二是为高科技企业提供一种有效融资机制。在现代市场经济条件下，高科技产业是一个风险极高但利润也极高的产业，在促进一国的经济快速增长和提高综合竞争力方面具有十分重要的地位。但在高科技产业领域，普遍存在着资金来源不足的情况，一方面，商业银行由于大众化的资金来源结构、稳健的经营风格和担负着社会支付中介职能等原因，不能过度涉足高风险的投资。另一方面，资本市场对融资条件的限制也使高风险投资受到很大限制，对于发展中国家而言，创业资本市场又不够发达，高科技资本供求缺口相当大。

融资租赁则在某种程度上弥补了这种不足，融资租赁实际就是一种风险资本进入退出机制。由于租赁机构极其看重项目投资的前景，而不完全是企业所能提供的抵押和担保，较银行更具主动承受风险的意识，而且比追求高额资本回报的创业投资更稳定，因而它能在科技企业白手起家的情况下，为其筹办急需的各种设施，并根据项目效益灵活安排租金偿还，使企业“速成”，从而大大促进了高科技产业的发展。

三是为高科技风险投资提供一种有效的风险保险机制。融资租赁虽然将涉及所有权的有关风险转移给了承租人，但从法律上而言，与租赁资产有关的风险并没有真正转移，而是以违约风险的方式保留在出租方，出租人承担的风险相对于以往更高。在这种情况下，租赁公司一方面利用其专业技能合适地选择风险投资项目，将可预期的风险排除，另一方面，租赁公司利用风险资产组合有效地将风险分散，从而可以为企业的风险项目进行融资，即使个别项目发生风险损失也不会影响到公司的经营，相当于一家保险公司，为高科技风险进行保险，有力地保障了高科技产业的发展。

四是可以促进节能减排，支持节能环保等战略性新兴产业发展。战略性新兴产业的起步面临资金支持不足、终端市场打造等众多瓶颈。企业通过租赁方式获得所需的先进技术设备，不必一次性全部地占有资金，使它自有资金的使用效率达到最大化。而租赁的促销功能，也能为战略性新兴产业创造终端销售市场。

五是可以化解过剩的产能，推动产业结构优化和技术进步。金融租赁公司与银行有一个非常大的区别，它可以持有资产。租赁行业的业务模式有两种，一种叫融资租赁，还有一种叫经营性租赁。经营性租赁的特点就是，所有资产的所有权是在租赁公司自己的名下，而且融资租赁和经营性租赁可以随时根据市场的发展周期、市场发展的情况不断地转换。可以以融资租赁的方式，也可以以经营性租赁的方式。而且经营性租赁和融资租赁可以根据资产价值的变化，根据整个宏观形势的变化，根据整个行业的变化，它又可以不断调整。这样来满足公司未来发展和利润增长的需要。

3. 扩大投资，引导消费

一是推动高效率的投资。经济的持续发展最终要由作为市场主体的企业投资完成。现代融资租赁在无须抵押的条件下为企业提供全额融资，能在短期内迅速扩大投资，具有极大的杠杆效应和特别优势。融资租赁将融资与企业实物投资天然结合，出租人可对项目全过程监督管理，有效地保证了项目投资效率。

二是创造消费热点。消费信贷虽种类不少，但居民参与不多。究其原因，除个人收入低、风险意识趋升外，居民对结构复杂的高价值商品了解不足，尤其是住房、汽车等，信息极不对称。租赁公司，尤其是附属于制造商的厂商租赁公司，可从引领供货商到购买以至售后服务的全过程中，为客户提供质量、价格、法律等方面的全套服务，而且因与制造商的密切联系，保证了物件品质，弥补了消费信贷只融资不融物的不足，大大推动住房、汽车、电脑等产品销售增长。

另外，随着经济社会的发展，城乡居民的消费水平的不断提高，消费需求正逐步从必需品向耐用品升级，以往的耐用品正逐步变为必需品，如自行车、缝纫机等。居民对汽车、家用电器、健身器材等耐用品的需求越来越多，耐用品和奢侈品需求的释放将成为经济增长的新引擎。转变经济发展方式中重要的一点就是提高居民消费在经济中的比重，可以预见，不久的将来，中国也将形成一个以租赁为主的第二社会消费渠道。

通过对投资和消费的拉动作用，融资租赁有力地促进了有效需求和供给，促进了国民经济供求结构的均衡。

4. 提高资源利用率

融资租赁交易中，出租人不仅可以融资购买新设备，也可以融资收购老设备。利用租赁方式可以将大中型企业的闲置设备转移到中小型乡镇企业，将发达地区的二手设备转移到不发达地区，按照经济发展的梯度转移资源，有效利用闲置设备，提高资源利用效率。

对较发达地区而言，产业结构的升级将导致一部分仍具有一定的科技水平且可以用于生产的设备淘汰，但这些设备对较不发达地区而言，却仍相当先进，而这些设备在价格上往往具有优惠。因而通过租赁的方式不仅解决了发达地区产业结构调整而带来的淘汰设备处理问题，而且解决了不发达地区科技进步与资金缺乏的矛盾，促进了全社会的资源有效运用，加快了全社会的平衡发展。

特别就我国实际情况看，东部沿海地区与西部内陆地区经济发展水平落差很大，可以利用租赁方式把东部地区的二手设备转移到西部去，促进西部大开发。

5. 帮助中国企业参与国际竞争

鉴于融资租赁融资融物相结合、贸易技术相结合且深度嵌入实体经济的内在属性，融资租赁产业彰显了其能够跨区域、跨时期配置资源的高度灵活性和实用性。从当前发展态势看，我国融资租赁产业已由早期兼具贸易和融资的输入性产业发展成为多元化发展的双向开放性产业，不仅从国外引进设备，也为全球客户提供融资服务；不仅在国内积极与外资巨头合作，共同开展业务，也积极赴海外上市、尝试多渠道利用国外低成本资金，伺机进行大规模海外并购。

当前，我国在高端装备制造业“走出去”战略指引下，由于融资租赁交易能够减轻国外订购方的资金压力，极大提升其购买的积极性，融资租赁就可支持轨道交通、海工船舶行业等迎来发展机遇，让飞机、船舶、海工平台、大型工程设备等高端装备出口到欧洲、东南亚、南美洲等地，极大提升国际竞争力。从天津的融资租赁发展经验可以看出，融资租赁近年来得到快速发展，已逐渐成为服务实体经济，帮扶小微企业以及推动高端制造业“走出去”的重要力量。

大力开拓海外市场，发展跨境租赁，是对融资租赁产业客观发展规律的有效运用。

三、全新投资渠道

融资租赁是以融物方式进行的融资，融资的便利必然会带来投资的扩大。一方面表现在承租企业可以通过融资租赁扩大设备投资，另一方面表现在社会资金可以顺利地进入融资租赁领域进行投资，使社会资金得到有效的配置。这两种投资表现使融资租赁在投融资领域具备了其他投资形式所没有的特殊作用，成为推动租赁业发展的基本因素。

（一）融资租赁扩大设备投资

从融资租赁业的特点来看，融资租赁是帮助中国企业参与竞争，扩大设备投资的最佳手段之一。承租企业在发挥传统优势的同时，积极开展包括“工程+融资”“工程+融资+运营”在内的多元化机制，开创租赁企业与厂商、金融资本与产业资本的有效互动、协同发展的“租赁+制造+服务”新模式，为扩大设备投资提供了大量市场机会。

例如，由我国主导、发起，全球数十个国家和经济体共同参与的“一带一路”建设，从大规模基础设施建设起步，在沿线各国催生了一轮大规模港口、机场、铁路、核电、电信等基础设施建设新浪潮。据相关国际机构预测，2010~2020年间，仅亚洲基础设施建设投资需求就达8万亿美元，其中，中国、哈萨克斯坦、巴基斯坦等8国占到71.3%。由于这类项目投资规模大、回报周期长、有较强外部性，特别是跨国项目还必然涉及政治外交等非经济因素，运营管理高度复杂，同时面临市场失灵和政府失灵的双重风险，难以采用传统融资方式解决巨大投资缺口，亟须得到大量长期资本的有力支持。

于是，当采用融资租赁方式进行设备投资时，就能有效解决巨大投资缺口，得到大量长期资本的有力支持。也正因为此，中巴经济走廊的重点项目巴基斯坦瓜达尔港的建设和运营就涉及大量各种形式的租赁项目，实现租赁、产业、技术、贸易、服务等多方共赢和全产业链合作。

另外，融资租赁公司对租赁项目具有选择权，可以挑选一些风险较小、收益较高以及国家产业倾斜的项目给予资金支持，极易达到政府的投资要求，能充分享受到地方政府在达到投资强度下的各项政策优惠。同时一些拥有闲散资金、闲散设备的企业也可以通过融资租赁使其资产增值。由于租赁应收债权形成的金融资产受租赁物权的担保，融资租赁作为一种投资手段，获利收益相对稳定，安全性较高。

（二）融资租赁促进金融投资多元化

随着国内经济市场化程度的不断深化，需要满足各方投资主体特别要求的交易工具层出不穷。融资租赁可使社会资金顺利地进入融资租赁领域进行投资，使社会资金得到有效的配置。

一是融资租赁创造了企业筹措中长期设备资金的新工具，促进了企业筹资方式多元化和金融资产多元化。从筹措资金的角度来说，似乎与其他金融工具没有区别。但是，对于中小企业和新兴产业的成长阶段的公司，租赁便是可行的融资手段。融资租赁的机能是重视企业未来的现金流量，发挥企业未来的增长潜力，着眼于为企业的未来发展筹集资金。融资租赁的特点是重视发展更甚于稳定，它可以向现有金融机构所不愿顾及的领域提供机器设备，促进这些部门的发展。因此，融资租赁有效地弥补了原有金融服务体系的空白，适应了金融市场发展的需求，具有独特的服务空间，从产生那一天起，就预示了旺盛的生命力。现在融资租赁成为仅次于银行贷款的第二大筹资方式，它与银行贷款、债券、股票一起为企业筹措资金提供金融服务，促进了企业筹资方式多元化和金融资产多元化，促进了企业投融资制度的改革。

二是通过投资融资租赁来调节盈利水平，也是一个有效的金融投资工具，高端客户的理财工具。融资租赁稳定的租金流，融资租赁资产证券化，融资租赁资产交易等运行模式，使融资租赁可以成为复杂交易的基础金融工具。融资租赁这一金融工具结合信托、期权、保函等多种交易方法，可有效平衡各方交易主体的风险收益承担比例，实现多方共赢的局面。融资租赁作为一种新型的金融工具，它的产生和发展对现代金融市场产生了深远影响。

四、全新资产管理手段

资产管理功能是融资租赁“融资”“融物”特点产生的衍生功能。

（一）融资租赁全新资产管理原理

融资租赁将资金运动与实物运动联系起来，具有优化金融资产结构，降低金融资产风险的作用。因为租赁物的所有权在租赁公司，所以租赁公司有责任对租赁资产进行管理、监督，控制资产流向。而且融资租赁业务中的设备生产者承担为设备的承租方提供维修、保养和产品升级换代等特别服务的义务，三方当事人的权责在两个交易环节中交叉履行，两个交易互为前提同时成效。融资租赁当中这种资产归属和使用可以分开的配置机制，使得不同的主体根据各自的核心优势进行了换位配置，改变了传统的自行决策、筹资、自管自用，自行处置、损益自担的资源配置方法。

（二）融资租赁全新资产管理手段

资产管理功能建立在不断创新的租赁业务的基础上，具体手段在以下几个方面：

一是通过经营性租赁方式实现表外融资的目的。经营性租赁进行中长期设备融资，租赁资产不记入承租人的资产负债表，不影响承租人的举债能力，承租人也不必承担设备残值的处理，既实现了投资的目的，又改善了表内财务状况。

二是通过售后回租，实现固定资产变现。售后回租即是承租人通过将现有资产出售给出租人，出租人再将该资产出租给资产出售企业。通过这种方式，承租人仅付出当期租金，但获得了出售资产的现金流，实现了当期现金状况的改善。现实中，对于已有设备的企业，大多数银行不接受设备抵押，设备最多只能作为房地产抵押的补充，而且抵押率仅 30%~40%。融资租赁通过类似于“设备抵押”贷款的售后回租业务方式，盘活已有设备（厂房）存量资产，企业可融到设备现值 70%~80%甚至 90%及 100%的资金，不仅减少了固定资产占用，而且提高了企业收益率。

企业经营中，对于那些自有固定资产比例大，流动资产比例偏小，流动资金压力大；或者企业处于快速发展期需要新上项目，而新项目在银行融资而自有资金不足的企业，就需要盘活已有资产，筹措现金。那么，通过融资租赁公司作回租业务交易，就是一不错的选择。

三是通过融资租赁可以使承租人更有效地使用设备，减少设备闲置浪费。资产管理功能使融资租赁突破了单一融资功能的局限，极大地扩展了融资租赁的发展空间。

融资租赁崇尚“占有不是目的，使用方有价值”的理念，只要这一理念更加深入企业，就能切实解决企业的资金困难，发挥更大功能。

第二章　融资租赁与经济发展

近年来，我国融资租赁业取得长足发展，市场规模和企业竞争力显著提高，在推动产业创新升级、拓宽中小微企业融资渠道、带动新兴产业发展和促进经济结构调整等方面发挥着重要作用。

第一节　融资租赁与实体经济

高度重视实体经济，是经济发展内在规律使然。实体经济是社会生产力的集中体现，是创造社会财富、保障和改善民生的物质基础。而融资租赁起着连通金融和实体经济的作用，能够有力地推动实体经济的发展。

纵观世界发达经济国家，其融资租赁业的发展与本国的经济发展无一例外都是相互促进的。一方面，国家经济的飞速发展需要融资租赁这种特殊金融工具的强有力支持，而另一方面，随着融资租赁在国家各个实体产业中的相继渗透，大量资本被精准地投资到了本产业的核心固定资产，满足了产业发展的巨大融资需求，从而促进了整个国家的经济发展。

国务院办公厅 2015 年 9 月印发了《关于加快融资租赁业发展的指导意见》68 号文，全面系统部署加快发展融资租赁业。引导融资租赁企业服务实体经济发展、中小微企业创业创新、产业转型升级和产能转移等，为打造中国经济升级版贡献力量。

一、中国经济进入新常态

当前我国正处于经济增长速度换挡期、结构调整阵痛期、前期刺激政策消化期三期叠加的历史阶段。2015 年底召开的中央经济工作会议指出，我国经济发展进入新常态，这是综合世界经济长周期和我国发展阶段特征而做出的重大判断。

中国经济进入新常态意味着经济增长速度的放缓和经济发展方式的转变。

现阶段中国经济面临前所未有的困难和挑战，产能过剩和债务高企等众多难题亟待解决。中国要继续迈向世界强国，保持国家繁荣，就必须进行结构调整，促进产业转型升级，形势紧迫。

（一）内外红利衰减，经济增速换挡

新中国成立 60 多年，特别是在 1978 年改革开放后的 30 多年，在经济全球化的大背景下，我国经济发展迅猛，以超出人们预期的市场化、国际化速度全面融入全球经济体系，实现了生产规模的快速扩张和经济的快速增长，跃居仅次于美国的世界第二大经济体，成就显著。

然而，中国过去这一时期高速增长，主要依赖的是国内丰富的廉价劳动力和外需的爆炸式增长这两大红利。然而，这两大红利目前正面临加速衰减的局面。这两大红利的衰减将直接导致中国经济从高速增长向中高速增长换挡，现阶段中国经济已经进入由 10%左右的高速增长向中高速增长的转换过程中，经济进入新常态。事实上，自 2010 年以来中国经济增速一直面临下行压力，直到 2016 年降至同比增长 6.7%，为 26 年来最低，全年经济运行呈前低后稳特征。

（二）结构调整从需求侧管理到供给侧改革

旧模式下的中国经济增长依赖于大规模投资，即依靠投资形成强大的生产能力，再以低成本产品占领国内外市场。这一简单粗放式的增长模式存在技术水平较低、产品同质化严重等重大局限，因此随着国际经济低迷、国际市场对“中国制造”的需求萎缩，这种低技术水平的大规模投资就直接导致了供给的绝对过剩。

针对 2008 年国际金融危机而出台的 4 万亿计划实现在总量上的粗放刺激，虽然短期内保住了经济增速，但同样也引发了现今的产能严重过剩和债务危机。中国目前的经济减速反映的问题并非简单的经济周期性波动，而是更加反映出国内高尖端的生产能力不足，因此以短期调控为主的需求管理已无法适应新的要求，亟待着力加强供给侧结构性改革。而供给侧改革的主要目标则主要是通过针对结构性问题的改革主动释放金融风险，一方面退出“僵尸企业”，化解产能过剩问题，通过调整、优化和升级改革传统产业，另一方面加快培育有市场竞争力的新兴产业，释放新的经济增长动力。

二、经济新常态下的重要趋势方向

当前中国面临巨大的经济下行压力，推动产业结构调整和转型升级是中国经济发展的当务之急，其中去产能、培育战略性新兴产业、“一带一路”国家战略成为新常态下的重要趋势和方向。

（一）去产能

2002~2013 年这一期间，中国都处于一个产能快速扩张周期，2008 年爆发的国际金融危机破坏了原有的供需平衡，使得国内以重工业产能过剩为主的矛盾开始凸显。随着处于产能过剩行业的企业盈利状况恶化，潜在的金融风险也在不断积聚，另一方面，产能过剩行业占用了大量的土地、劳动力和金融资源，进而挤压了其他新兴高科技产业的生存空间，产能过剩已经成为中国经济亟待解决的问题。

在经济新常态下，对产能过剩问题显然已经无法再继续拖延。2016 年 2 月 16 日中国人民银行等八部委联合印发的《关于金融支持工业稳增长调结构增效益的若干意见》，对引导金融业支持优质骨干企业、推动妥善处置过剩产能和“僵尸企业”等方面做出重要部署。在产能过剩问题倒逼之下，中央和地方正切实加大产业结构调整的力度，以巨大的决心坚定化解产能过剩。

（二）战略性新兴产业起步

推动产业结构调整，除了要坚决遏制重复建设和解决产能过剩问题之外，另一方面还需要推动战略性新兴产业发展。由于金融危机的深刻影响，美国、欧洲等发达国家和地区纷纷推出“再工业化”计划，着力打造信息化背景下国家制造业竞争的新优势。

对于我国而言，虽然当前已经是全球制造业第一大国，但工业发展大而不强，在核心技术及产品附加值等方面与发达国家相比还有很大差距。中国在“十二五”规划和战略性新兴产业发展规划中确定了七大战略性新兴产业，即节能环保、新一代信息技术、生物、新能源、新能源汽车、高端装备制造业和新材料。虽然当前起点较低，规模基础仍然较小，但同样也应看到，我国战略性新兴产业发展的政策环境正在改善，而且市场需求空间巨大，具备加快发展的条件，迫切需要把握住这一轮科技革命和产业变革的战略机遇。

（三）推进“一带一路”国家战略实施

解决产能过剩问题除了继续增强内部消化能力，扩大内需之外，另一方面则需要大力增强出口消化能力，输出国内过剩产能。随着中央提出的“一带一路”这一直接拉动基建、能源产业链的全球大战略的实施，通过大规模基础设施建设，以及资源能源开发利用，为国内企业带来多产业链的投资机会，将极大地改变目前国内产能过剩的矛盾。

目前中国钢铁、电解铝、水泥、煤化工等产业产能严重过剩，“一带一路”沿线铁路建设将主要推动中国以高铁为代表的高端装备的出口，间接带动产业链上下游，包括钢铁、电子、新能源、新材料等产业的发展，可以很大程度上缓解国内供需不平衡的矛盾，带动国内过剩产能的消化。可以说“一带一路”国家战略是新常态下中国未来 10 年的重要政策红利。

可见，实体经济是构筑国民经济的根基，只有保证实体经济的健康发展，才有可能实现经济平稳较快发展、物价总水平基本稳定和社会和谐稳定等一系列的经济社会发展目标。因此，保障对实体经济的资金供应，推动实体经济的稳健发展，是提升经济质量，实现经济发展“稳中求进”的基础。

三、发挥融资租赁优势，对接企业资金设备需求

融资租赁集金融、贸易和服务为一体，具有融资与融物相结合的特点，以“资产信用”为基础，有效控制资金走向，直接服务于实体经济。因而，融资租赁在推动实体经济发展方面，具有独特的优势。

一是发挥融资租赁的融资功能。融资租赁集金融、贸易和服务于一体，以“资产信用”为基础，能有效地控制资金走向，直接服务于实体经济。因而，融资租赁在推动实体经济发展方面，具有金融业回归到与实体产业相结合的特征。

例如，天津在基础设施建设方面通过融资租赁方式取得了长足进展。2009 年以来，渤海租赁重点拓展天津滨海新区的基础设施、市政工程和空港物流设备等租赁业务，其间完成了天津滨海保税区管委会办公大楼 8 亿元的售后回租项目、蓟县 1.8 亿元环城路租赁项目以及天津空客 A320 飞机总装线厂房 36.3 亿元的融资租赁项目。同时，渤海租赁与工银租赁合作，完成了天津地铁基础设施联合租赁项目，为企业资产轻量化提供了有效的解决方案。在租赁业的大力支持下，天津的基础设施建设迈上了一个新的台阶。

通过融资租赁这种创新的金融工具，企业家们高效、快速、直接地投资到这些实体产业的核心固定资产中，实现了完美的产融结合，促进了实体产业的快速发展，进而推动了中国实体经济的发展。

二是发挥融资租赁的促销功能。融资租赁出租方将制造商的产品租赁给客户，也是被广泛普遍采用的手段。他们要么自己设立租赁公司，要么与租赁公司合作，通过租赁方式扩大产品销售渠道。

例如，中国三农发展中的农业机械设备的引进、水利设备的引进、天津航

空产业链的形成、飞机、船舶的引进以及机械设备进出口。通过融资租赁这种创新的金融工具，使得资金高效、快速、直接地投资到这些实体产业的核心固定资产中，实现了完美的产融结合，促进了实体产业的快速发展，进而推动了中国实体经济的发展。

再如，随着长江租赁、渤海租赁等融资租赁企业纷纷落户，天津已基本形成以航空制造业为核心，以航空租赁业和航空运输业为主干，涉及航空研发、航空物流以及航空金融等多个行业的较为完整的产业链。加之天津空客A320飞机总装线厂房36.3亿元的融资租赁项目，天津航空产业的集聚效应逐步显现。租赁公司在推动航空公司进行规模扩张和市场开拓方面扮演着重要的角色。

融资租赁推动实体经济发展具有独特优势，但我国制造企业普遍对租赁的积极作用认识不足，利用租赁方式服务于企业销售的程度还远远不够。这方面挑战与机遇同在，任重而道远。

第二节　融资租赁促进经济结构调整

经过改革开放30多年的高速增长，我国经济开始向形态更高级、分工更复杂、结构更合理的阶段演化，经济发展正从高速增长转向中高速增长，经济发展方式正从规模速度型粗放增长转向质量效率型集约增长，经济结构正从增量扩能为主转向调整存量、做优增量并存的深度调整，经济发展动力正从传统增长点转向新的增长点。认识新常态，适应新常态，引领新常态，是当前和今后一个时期我国经济发展的大逻辑。融资租赁作为创新性金融制度安排，在产业结构转型升级、拉动社会有效需求和促进金融市场完善等方面将发挥重要作用，可以成为新常态下推动我国经济转型升级的有效手段。

一、融资租赁促进产品结构调整

产品结构调整是企业为实现预期目标，对产品（服务）及其组合状态进行调整的活动。包括多产品企业调整产品之间各种比例关系、淘汰部分产品、增加新产品、产品升级换代。单一产品企业改变为多产品企业。

（一）融资租赁优化产品结构，提供资金支持

产品结构的优化，产品档次的提高，离不开企业的技术改造与升级。随着科学技术高速发展，机器设备的更新换代速度也日益加快，为了在市场竞争中

保持优势，企业必须不断更新自身技术，加快技术改造和升级，生产适合科技发展和人们需求的产品，只有这样才能在竞争激烈的市场中不被淘汰。但期待产品结构的优化往往面临很多瓶颈，例如资金支持不足，终端市场的打造等。融资租赁可以为消除这些瓶颈问题提供一个全新的渠道。

从资金层面来看，企业通过租赁公司租赁所需先进技术设备，不必一次性全部占有自有资金，就拥有生产所需设施设备的使用权，极大地节省了企业对设施设备的购入成本，使自有资金使用最大化。这无疑是一种投资成本最节省的商业模式，可极大促进企业产品、企业设备的更新换代，促进产品结构调整，增强企业竞争力，加快企业发展。

从提高金融效力面来看，通过融资租赁交易，所需资金可以精准投放到位。银行的融资渠道，由于无法控制资金使用去向，导致相当部分资金流入股市、房市，而需要资金的实体企业无法得到金融支持。融资租赁公司则能够控制有效资金走向，租赁公司购买企业所需要的固定资产设备，锁定资金最终用途和走向，保证资金直接进入实体经济，大大提高了金融效率。

（二）融资租赁优化产品结构，打造终端销售市场

产品结构优化是根据不同的服务方向，顺应国内外市场需求的发展趋势而生产的，适销对路是产品结构优化的前提与核心。

为新兴产业创造终端销售市场方面，融资租赁更是不可或缺的。以新能源汽车为例，不缺产品，缺的是使用者。面对新能源汽车，客户有种种疑惑，融资租赁公司可以以租赁方式让客户首先使用新能源汽车，在使用中增强信心，培育客户群体从无到有创造出市场。

以船舶租赁为例，融资租赁公司通过签订船舶、海工平台等海外订单交由国内工厂制造，降低了行业周期对国民经济的影响。近年来，国家针对船舶行业产能过剩的矛盾提出发展海洋经济，提出鼓励现有造船产能向海洋工程装备领域转移的战略指导性意见，海工装备市场迎来了大发展的新机遇。然而海工装备制造业具有投资成本高、建造周期长、风险高等特点。对国外船东来说，能否取得一个符合其意愿的融资支持是很关键的一个因素，对国内造船厂来说，能否取得一个有效的国外订单，也需要资金支持。国内造船厂往往面临着拿订单难，拿了订单后又面临交船难的困境。

2014 年 4 月 22 日，在浙江宁波奉化码头，由浙江造船厂生产的一艘海洋工程船正式交付给全球知名海洋油气服务供应商法国波邦公司下水试航。这是中国最大的金融租赁公司工银租赁与法国波邦公司签署的 51 艘海工辅助船租赁

协议中的一艘，该项目是2013年全球船舶和海洋工程领域单笔交易金额最大的项目，在国际市场上引起了广泛的关注和好评。通过创新的融资方式，将金融企业的资金优势和运营企业的技术优势完美地结合起来，切实助推多方共赢，既能够明显扩大中国船舶出口，也能够帮助国外船东得到资金融通的便利，同时帮助中国的船厂更稳定地拿到订单。

二、融资租赁促进产业结构调整

产业结构调整是未来十年中国经济“新常态”形成的重要根基。只有顺应全球产业发展趋势，把握关键性行业，形成产业优势，力争有所突破，才能在未来世界政治经济格局中具有竞争力。融资租赁是与实体经济紧密结合的一种投融资方式，是推动产业创新升级、促进社会投资和经济结构调整的积极力量。

（一）我国的产业结构调整

产业结构是指各产业的构成及各产业之间的联系和比例关系。在经济发展过程中，由于分工越来越细，因而产生了越来越多的生产部门。这些不同的生产部门，受到各种因素的影响和制约，会在增长速度、就业人数、在经济总量中的比重、对经济增长的推动作用等方面表现出很大的差异。因此，在一个经济实体当中（一般以国家和地区为单位），在每个具体的经济发展阶段、发展时点上，组成国民经济的产业部门是大不一样的。各产业部门的构成及相互之间的联系、比例关系不尽相同，对经济增长的贡献大小也不同。因此，把包括产业的构成、各产业之间的相互关系在内的结构特征概括为产业结构。

产业结构优化是指推动产业结构合理化和高级化发展的过程，是实现产业结构与资源供给结构、技术结构、需求结构相适应的状态。为此，要进行投资结构的调整，教育结构的调整，科技结构的调整等。

根据我国的实际情况，优化产业结构最显著的特点是从失衡走向优化。过剩产业在政策主导下加速出清，新兴产业在市场机制下快速发展，装备业自主创新国产化，服务业高附加值化将成为未来中国产业结构调整的四大方向。

（二）融资租赁大力促进产业结构优化升级

新常态下传统产业的改造升级是实现国民经济结构调整的关键所在。从我国经济发展情况来看，传统产业设备陈旧、技术落后等问题还比较突出，融资租赁可以加快我国传统产业改造升级。

第一，融资租赁业的发展与产业和技术革命是相伴而生的。从国际融资租赁行业的发展历程看，融资租赁业的产生与第三次科技革命息息相关。在融资租赁行业解决企业因技术革命而缺乏资金问题的同时，也通过这些企业本身对落后产能的淘汰以及市场的竞争加快了产业技术革命进程，从而催生了新的技术革命对融资租赁的进一步需求。

因此，生产过程中对设备租赁的需求过程，往往是生产结构、技术结构的调整过程，进而形成新的产业结构。在一定时期内，某一行业租赁设备的多少，在一定程度上反映了投入该行业的资金及技术状况，从而影响到该行业的发展状况和在整个国民经济中的地位，进而影响到产业结构。在产业政策的引导下，采用融资租赁的方式，能够克服引进设备的自发性和盲目性。

第二，融资租赁作为一种设备融资手段，使资金有了专用性和精准性。同样是为客户融资购买设备，租赁公司更能积极拓展新一代信息技术、高端装备制造、新能源、节能环保和生物等战略性新兴产业市场，拒绝采购与政策相违背的设备。在中国产业结构转型升级的过程中，在调整落后产能方面，融资租赁公司发挥着较为精准的作用。

第三，利用如“售后回租”等方式盘活企业资产存量，增强流动性，帮助企业把闲置设备租出去，进行资产置换和重组，提高设备利用效率，从而实现技术和设备的更新改造。

截至 2015 年末，仅金融租赁公司通过售后回租盘活企业存量资产余额 1.19 万亿元，通过直接租赁方式为企业投资设备的融资余额 3046 亿元。工银金融租赁、国银金融租赁等公司已累计订购近 300 架国产首款商用大飞机 C919，有力地支持了我国航空工业的发展。交银金融租赁等公司为国内高技术船舶和海工设备提供综合化服务，有效支持了国内船舶制造业升级换代。

因此，将国家的宏观经济发展目标，尤其是与设备投资相联系的经济目标与融资租赁业有机地结合在一起，是市场经济手段干预经济的一个有效措施，能够有效促进产业结构的合理化调整。

三、融资租赁促进区域经济结构调整

区域经济结构是指一个区域内各经济单位之间的内在经济、技术、制度等组织联系和数量关系，是影响区域经济增长的重要因素之一，它决定了区域资源配置的基本模式。当前中国的区域经济结构调整与产业经济结构调整一样，已经上升到国家战略的层面。由于自然的和历史的原因，中国各地区的经济结构发展极不平衡，调整转型是必然的选择。而区域经济结构的调整离不开金融的支持，中西部地区基础相对薄弱，所需资金缺口巨大。融资租赁作为兼具融

资与融物功能的重要金融工具，在促进国内区域经济结构调整方面，为解决区域发展不平衡的矛盾开辟了新天地。

融资租赁可以凭借以租代购的方式，促进传统产业的梯度转移，将国内发达地区的闲置设备转移到欠发达地区，促使部分产业资本从东部发达地区向中西部落后地区转移。在这一转移过程中，通过融资租赁，既可以消化东部地区资本的产能过剩，又能弥补广大中西部地区资金相对短缺、资本形成不足的劣势，实现促进中西部地区经济快速发展的目标，最终促使国内经济结构区域平衡发展。

融资租赁可实现区域产业结构的合理调整，推动“一带一路”、京津冀协同发展、长江经济带、“中国制造 2025”、西部开发、东北振兴、中部崛起等国家战略的实施，从而优化我国经济发展的区域布局，加快经济结构调整步伐。

第三节　融资租赁促进产业国际化

在欧美发达国家，大型机械设备制造商 15%~30%的机械设备，都是通过融资租赁方式销售到世界各地的。因此，融资租赁在促进产业国际化方面具有重要的作用和意义。

一、中国经济的国际化发展趋势

经过改革开放 30 多年的积累，中国经济的国际化程度日益提高。2008 年席卷全球的金融危机，进一步使中国经济的国际化出现了明显的历史性的转折，即，随着世界经济格局的剧变，新经济格局的逐渐形成，经济全球化进入了以中国经济国际化为主要变量的时代。

（一）中国主动在世界范围内合理配置资源

经济国际化本质上体现了一国主动在全球范围内整合资源、利用市场的能力。发达国家的经济国际化带动了经济全球化，在经济全球化中对外开放的发展中国家也在逐步经济国际化。经济国际化先驱的历史表明，一国的经济国际化是以要素禀赋条件的变动为前提，以知识、技术为核心，以政府支持为保障，以跨国公司为载体，需要经历由发挥比较优势到创造竞争优势的开放战略转移，从贸易大国向投资大国的阶段化迈进，并在这个过程中逐渐提升经济全球化程度。

中国开始主动地在世界范围内合理配置资源，表现为对外直接投资迅速增长，输出管理和技术。对外开放 30 余年，中国稀缺的不再是资本（包括外汇、设备）和技术，截至 2016 年 4 月末,中国外汇储备余额为 3.22 万亿元，环比增加 70.64 亿美元，已经成为世界上拥有外汇储备最多的国家。中国已经告别了盲目引资的时代，同时有选择地承接高新技术制造业的生产环节向国内转移。对外直接投资正在成为中国参与国际分工和生产要素全球化配置越来越重要的方式。当前我国已成为世界第二大经济体、世界第一出口大国，已经成为美国、欧洲、日本和众多新兴市场国家最重要的贸易伙伴。我国企业的经贸网络已经覆盖了地球每个角落。与此同时，中国的国际经济地位发生了改变，由边缘化转变为世界经济规则制定的参与者，为经济的国际化构建了有利的外部环境。

从融资租赁行业产业链角度看，融资租赁连接着包括境内外银行、证券、信托、保险等在内的金融资源和渠道，上游涵盖了设备厂商和经销商，承租人则分布在实体经济中的众多产业中，例如农业、工业、教育、交通运输、采矿、电力、热力燃气、水生产和供应等。在一个完整的产业链中，融资租赁机构起着关键性纽带作用，是优化资源配置的核心。当前中国转型要求清除过剩产能和低效产业，真正支持有核心竞争力的、创新动能的企业发展，这迫切需要融资租赁机构发挥应有的资源配置作用。

融资租赁在优化资源配置中的作用体现在，融资租赁机构可以广泛吸收国内和国外的金融资源，跟踪研究国内外的前沿技术和先进设备，并且配置到我国具有生命力的传统产业技术改造和具有发展前景的战略性新兴产业中去，从而促进我国工业整体转型升级。有些金融工具的传导路径，容易导致大量金融资源进入股市、房市等投机领域，从而推高资产价格泡沫的风险；与此不同的是，融资租赁紧密结合贸易与金融、融资与融物，能够真正引导金融资源来支持实体产业，降低实体产业融资成本，避免金融资源的低效或无效配置。

（二）中国正在构建互利共赢的开放格局

当前，中国正在走出有自己特色的经济国际化道路，中国的经济国际化是一个与发展中国家共同发展、互利多赢的经济国际化，并日益得到众多东道国的认可。构建互利共赢的开放格局，是中国经济国际化的基本战略。在中国国际经济地位不断提升的同时，经济增长也需要经济国际化为其开拓空间，需要经济国际化为其开辟道路。巨额外汇储备为中国的经济国际化提供了资本，过剩的劳动力、过剩的制造业产能与内需不足的矛盾都需要开辟海外市场寻找出路，而一些发展中国家迫切需要引进中国的资本、技术和管理来发展本国的经济，使本国的资源得以有效利用，合理配置。伴随着全球一体化发展的浪潮，随着资本和生产要素全面双向跨境流动广度、深度的拓展，中国参与全球资源优化配置的方式将逐步从“引进来”为主，向“引进来”与“走出去”并重转变。

在中国经济的国际化的大潮和格局下，国际化发展也将成为中国融资租赁业公司未来的发展方向。融资租赁公司应利用不同国家地区的环境特点，选择融资最便利、成本最低、价格最优、回报率最高、风险最小、租赁物处置交易最活跃的市场，实现租赁产品要素的最佳配置。

以海航集团为例，在飞机租赁方面，HKAC 是海航集团于 2010 年成功收购澳大利亚 Allco 公司的租赁资产后在香港成立的面向全球客户的市场化飞机租赁企业，是世界前十大航空租赁公司。根据国际航空市场的特点，前十大航空公司都具有飞机定价权，中国租赁企业因此获取了飞机采购的定价权，这是中国航空史上的巨大突破。在集装箱租赁方面，海航集团收购的 GE SeaCo 拥有并管理着近百万 TEU 的标准集装箱，其集装箱出租率、回报率均处于行业领先地位。在完成对 GE SeaCo 全部股权收购后，海航集团有望依托自身强有力的战略支持和丰富的物流及租赁产业资源，充分发挥多元经营的协同效应，完善旗下物流和租赁上下游产业链，进一步提升企业国际竞争力。

相信在不久的将来，随着中国融资租赁业的飞速发展，还会有一大批融资租赁公司相继迈出国际化发展的步伐，使得中国融资租赁业发展再次迈上一个新的台阶。

二、融资租赁推动产业国际化

在对外开放更加国际化的发展机遇期，发展融资租赁可以促进引进国外先进设备，扩大高端设备进口，提升国内技术装备水平，另一方面，可以通过融资租赁方式支持中国制造走向世界，促进国产设备出口，转移生产能力到海外。

（一）促进引进国外先进技术设备，改善产业结构

融资租赁公司开展业务必须结合合适的租赁物，这一特点有效地将融资租赁的业务范围限制在了实体经济范围内，也因此使得融资租赁开展业务，具有实体经济属性限制。因此，在进行跨境租赁业务时，即使外资租赁公司借外债，最终也都会通过购买租赁物而进入实体经济，不会变成“热钱”。

李克强总理 2015 年底视察工银金融租赁时指出，要大力支持融资租赁行业发展，并专门提到要拓宽国际化业务。2015 年 8 月 31 日，国务院办公厅下发

了68号文《国务院办公厅关于加快融资租赁业发展的指导意见》。文件明确指出：支持通过融资租赁方式引进国外先进设备，扩大高端设备进口，提升国内技术装备水平。

众所周知，中国高端制造业中精密设备如高精度机床、关键仪器设备等主要靠进口，而进口这些技术设备代价极其昂贵，收益则是细水长流。因此，中国的制造业承受的资金链压力无疑是巨大的。相较而言，银行不太愿意向这类“重资产”企业提供贷款，若是民营企业就更难了。在这种现实情况下，融资租赁的跨境租赁业务无疑是最佳辅助工具。通过跨境租赁方式租用机器设备，可大大缓解企业的资金链压力。

（二）促进商品销售国际化

融资租赁的业务特性是“融资”加“融物”。在“融物”方面，体现在“物”的生产、制造、使用、处置的各个环节中，关注围绕“物”来获得保障和风险控制。

从商品贸易角度看，通过跨境租赁，既可以解决产品滞销问题，又可满足国内外用户对设备的需求。特别在当前国内经济下行、供给侧改革势在必行的时候，融资租赁可以在去产能、去库存、去杠杆、降成本、补短板五大方面发挥效用。当前国家经济政策倡导“去产能，去库存”，通过跨境租赁让国内的优质过剩产能和库存“走出去”，是一条重要的道路。另外在国际上，就发展中国家来说，通过跨境租赁只需动用少量外汇资金，就能租到所需设备，且在租赁期满后可以低价购进。

2015年8月31日，国务院办公厅下发了68号文《国务院办公厅关于加快融资租赁业发展的指导意见》。文件明确指出：鼓励工程机械、铁路、电力、民用飞机、船舶、海洋工程装备及其他大型成套设备制造企业采用融资租赁方式开拓国际市场，发展跨境租赁。引导融资租赁公司加强与海外施工企业合作，开展施工设备的海外租赁业务，积极参与重大跨国基础设施项目建设。鼓励境外工程承包企业通过融资租赁优化资金、设备等资源配置，创新工程设备利用方式。探索在援外工程建设中引入工程设备融资租赁模式。鼓励融资租赁公司“走出去”发展，积极拓展海外租赁市场。为此，中联重科工程机械跨境租赁进入21世纪后，工程机械的产量和销量先后超过美国、德国和日本，均占到世界的30%以上。融资租赁成了中国工程机械占领国际市场的一个重要通道。在这一方面，中联重科走在各生产厂家的前面。

（三）促进国际资金融通

从金融角度看，通过跨境租赁的方式进行国际投资，比单纯的国际信贷安全可靠，成为国际间直接投资的一种特殊形式。符合资质要求的外商融资租赁公司是境内企业跨境融资的良好载体。

融资租赁公司开展业务必须有合适的租赁物，这就有效地将外资租赁的业务范围限制在了实体经济范围内。因此，即使外资租赁公司借外债，最终也都会通过购买租赁物而进入实体经济，不会变成“热钱”。同时，融资租赁行业经过多年发展，已经形成比较规范的管理体系，在资本金管理、风险资产管理、财务税务制度、法律制度、融资租赁登记系统建设等方面，已经形成了较为规范的监管体系，有利于监管当局管理。

境内企业通过租赁方式境外融资有利于有序引导境外中长期资金支持国内实体经济发展；有利于缓解境内企业融资难题，降低企业融资成本；有利于抑制“热钱”无序流动，保持国际收支稳定；有利于打破金融垄断，实现利率市场化；有利于提高人民币的国际地位，推动人民币的国际化进程；符合市场经济的发展方向，也符合目前经济的发展需求。

（四）促进企业国际化发展，开拓国际市场

企业的国际化发展，既表现在把握经济全球化的新特点，积极探索合作新模式，在更高层次上参与国际合作，从而提升产业的自主发展能力与核心竞争力，也表现在支持企业开拓和利用国际市场，提升企业适应国际市场的能力，增强企业国际竞争力，不断拓展产业的国际化发展空间。

随着我国改革的不断扩大、国际发展空间不断拓展。国务院提出要引导融资租赁公司加强与海外施工企业合作，开展施工设备的海外租赁业务，积极参与重大跨国基础设施项目建设。鼓励境外工程承包企业通过融资租赁优化资金、设备等资源配置，创新工程设备利用方式，探索在援外工程建设中引入工程设备融资租赁模式。鼓励融资租赁公司“走出去”发展，积极拓展海外租赁市场。支持有实力的融资租赁公司开展跨境兼并，培育跨国融资租赁企业集团，充分发挥融资租赁对我国企业开拓国际市场的支持和带动作用。

例如，2015 年 1 月 26 日，渤海租赁下属全资子公司 Global Sea Containers Ltd.顺利完成与 CHC 的股权交割，成功收购了全球第八大集装箱租赁公司 Cronos 80%的股权。这是公司继 2013 年底完成对全球第六大集装箱租赁公司 Seaco 的收购后后又一跨境并购。至此，渤海租赁正式成为全球最大集装箱租赁公司。据了解，Cronos 是全球领先的集装箱租赁公司之一，拥有并管理超过 82.3 万 TEU 的标准集装箱，业务网络覆盖六大洲。本次收购完成后，渤海租赁国际业务规模进一步扩大，境外业务收入占总收入的比例将超过 70%。这两次连续收购只是渤海租赁推进全球化发展战略的关键一步，未来这一战略还将进一步推进，不断通过并购加大产业整合力度。

2016 年 1 月 11 日，渤海租赁宣告完成对爱尔兰飞机租赁公司 Avolon 的资产交割，Avolon 将从纽交所退市，全盘私有化。Avolon 在 1 月 8 日宣布完成与渤海租赁的合并协议。作为渤海租赁的全资子公司，公司股票已经在纽约证券交易所停止交易。公司将成为渤海租赁及其母公司海航集团旗下的飞机租赁核心品牌，并将负责管理渤海租赁旗下另一家子公司香港航空租赁有限公司的业务。这宗并购案，渤海租赁付出了 162 亿元，这是中国民营企业最大的一例跨境并购案，也是中国上市租赁公司并购境外上市租赁公司的先例。按照资产值计算，合并后的公司是世界第四大飞机租赁企业。渤海租赁目前拥有两家世界领先的租赁企业，分别经营集装箱和飞机租赁业务。

渤海租赁海外收购兼并的成功,也带来了可观的收益。2015 年，渤海租赁海外收益占到公司总收益的 75%。

（五）促进“一带一路”建设

随着世界经济的发展，我国提出和实施“一带一路”经济发展战略。“一带一路”的经济走廊沿途的国家也正在谋划海陆空三位一体的交通网络，并不断地加强基础设施建设，资源能源，生产贸易等相关领域的投资力度。

目前，金砖国家开发银行，应急储备基金，亚洲基础设施投资银行等专业的机构相继成立，这将在国家层面为金砖国家和“一带一路”沿途国家的基础设施建设，及其互联互通等等提供资金的支持和政策的保障。但是，这些还远远不能满足市场对资金的全部需求，还将需要其他的金融机构，乃至社会的资本共同参与。这将使得跨国的金融合作要更加规范，复杂的项目风险更加可控，经济支持的力度更加全面和有效。

跨境租赁无疑将一如既往地作为重要手段，在“一带一路”战略实施过程中满足资金需求和提供业务机会，支持“一带一路”沿途国家的基础设施建设以及互联互通，促进中国跟相关的国家在能源电力、资源投资、生产贸易等方面的合作。

第四节　融资租赁促进战略新兴产业发展

战略新兴产业是新兴科技和金融、工业、商业的深度融合，既代表着科技创新的方向，也代表着产业发展的方向。在科技革新力量的推动下，一批又一批新兴产业在战胜重大经济危机的过程中孕育和成长，并以其特有的生命力成为新的经济增长点，成为摆脱经济危机的根本力量，并在危机过后，推动经济进入新一轮繁荣。中国下一轮的经济增长周期中，战略性新兴产业有很大的发展空间，融资租赁业在促进战略新兴产业发展中，能够发挥重要的作用。

一、战略性新兴产业的发展

（一）战略性新兴产业的兴起

战略性新兴产业是以重大技术突破和重大发展需求为基础，代表未来科技和产业发展新方向，体现当今世界知识经济、循环经济、低碳经济发展潮流，目前尚处于成长初期，未来发展潜力巨大，对经济社会具有全局带动和重大引领作用的产业。

国际金融危机爆发后，发展战略性新兴产业正成为各国的焦点。发达国家重新认识到将科技创新和发展新兴产业作为培育新的经济增长点，实现经济振兴、抢占新的国际竞争制高点的重要性。美国、日本、韩国、欧盟都在重要新兴领域重新进行战略布局，努力保持科技前沿领先地位，提升本国的国际竞争力。这些国家纷纷着手规划，优化新兴产业布局，推出促进政策，力图为新兴产业发展创造更多的空间，培育新的社会经济增长点。

美国近年来发布了“美国创新战略”，力图在新能源、无线网络、先进车辆、医疗卫生信息技术、基础科学和航天等领域取得突破。最近又提出其科技创新的主攻方向为节能环保、智慧地球、大数据、新材料、重振制造业等。欧盟宣布投资 1050 亿欧元，以保持在绿色技术领域的世界领先地位。德国在发展高端制造产业的同时，大力发展风能、生物能等可再生能源和各类节能环保技术。英国提出在生物制药、绿色能源等知识密集型产业，加强产业竞争优势。日本提出大力开发能源、环境技术和老龄化科技。韩国的“新增长动力规划及发展战略” 着力推动基于新一代信息技术的十大产业跃升计划等。总体来看，各国都比较注重本国实际，根据本国经济发展水平和市场需求科学地选择重点产业和优先发展的领域，从而能够发挥已有优势，抢占未来先机。

（二）我国发展战略性新兴产业的领域和意义

培育和发展战略性新兴产业，同样对推进中国产业结构升级、加快经济发展方式转变具有重要意义。首先，改革开放以来我国工业生产能力和产品产量迅速增长，已成为工业生产大国，寻找新的增长点是企业面临的共同难题。其次，我国经济发展条件出现许多变化，资源环境约束强化，劳动力成本上升，大多数加工制造业产品供大于求。第三，我国在国际产业分工体系中仍以劳动密集型和资源密集型产业为主，即使是高新技术产业也大多处于产业链低端。为解决我国经济发展中资源性产品供给不足的矛盾，提高我国产业在国际产业分工体系中的地位，增强先进制造业的竞争力，培育引领产业升级的新增长点，必须重视发展战略性新兴产业。

中国经济要想在更长时期内全面协调可持续发展，想要尽快走上创新驱动、内生增长的轨道，科学选择战略性新兴产业非常关键。选对了就能跨越发展，选错了将会贻误时机。战略性新兴产业必须掌握关键核心技术，具有市场需求前景，具备资源能耗低、带动系数大、就业机会多、综合效益好的特征。为此，国家“十三五”规划纲要就将我国战略性新兴产业的范围调整为七个方面，进一步发展壮大新一代信息技术、高端装备、新材料、生物、新能源汽车、新能源、节能环保、数字创意等战略性新兴产业，推动更广领域新技术、新产品、新业态、新模式蓬勃发展，建设制造强国，发展现代服务业。

根据战略性新兴产业的特征，立足我国国情和科技、产业基础，现阶段重点培育和发展节能环保、新一代信息技术、生物、高端装备制造、新能源、新材料、新能源汽车等产业。

1. 节能环保产业：重点开发推广高效节能技术装备及产品，实现重点领域关键技术突破，带动能效整体水平的提高。加快资源循环利用关键共性技术研发和产业化示范，提高资源综合利用水平和再制造产业化水平。示范推广先进环保技术装备及产品，提升污染防治水平。推进市场化节能环保服务体系建设，加快建立以先进技术为支撑的废旧商品回收利用体系，积极推进煤炭清洁利用、海水综合利用。

2. 新一代信息技术：加快建设宽带、数字、融合、安全的信息网络基础设施，推动新一代移动通信、下一代互联网核心设备和智能终端的研发及产业化，加快推进三网融合，促进物联网、云计算的研发和示范应用。着力发展集成电路、新型显示、高端软件、高端服务器等核心基础产业。提升软件服务、网络增值服务等信息服务能力，加快重要基础设施智能化改造。大力发展数字虚拟等技术，促进文化创意产业发展。

3. 生物产业：大力发展用于重大疾病防治的生物技术药物、新型疫苗和诊断试剂、化学药物、现代中药等创新药物大品种，提升生物医药产业水平。加快先进医疗设备、医用材料等生物医学工程产品的研发和产业化，促进规模化发展。着力培育生物育种产业，积极推广绿色农用生物产品，促进生物农业加快发展。推进生物制造关键技术开发、示范与应用。加快海洋生物技术及产品的研发和产业化。

4. 高端装备制造业：重点发展以干支线飞机和通用飞机为主的航空装备，做大做强航空产业。积极推进空间基础设施建设，促进卫星及其应用产业发展。依托客运专线和城市轨道交通等重点工程建设，大力发展轨道交通装备。面向海洋资源开发，大力发展海洋工程装备。强化基础配套能力，积极发展以数字化、柔性化及系统集成技术为核心的智能制造装备。

5. 新能源产业：积极研发新一代核能技术和先进反应堆，发展核能产业。加快太阳能热利用技术推广应用，开拓多元化的太阳能光伏光热发电市场。提高风电技术装备水平，有序推进风电规模化发展，加快适应新能源发展的智能电网及运行体系建设。因地制宜开发利用生物质能。

6. 新材料产业：大力发展稀土功能材料、高性能膜材料、特种玻璃、功能陶瓷、半导体照明材料等新型功能材料。积极发展高品质特殊钢、新型合金材料、工程塑料等先进结构材料。提升碳纤维、芳纶、超高分子量聚乙烯纤维等高性能纤维及其复合材料发展水平。开展纳米、超导、智能等共性基础材料研究。

7. 新能源汽车：着力突破动力电池、驱动电机和电子控制领域关键核心技术，推进插电式混合动力汽车、纯电动汽车推广应用和产业化。同时，开展燃料电池汽车相关前沿技术研发，大力推进高能效、低排放节能汽车发展。

二、融资租赁促进战略性新兴产业的形成发展

战略性新兴产业来源于基础研究和原始创新，其发展过程严格遵循着科技创新成果产业化的基本规律，不确定性是战略性新兴产业形成期最突出、最典型的本质特征。在战略性新兴产业的逐步形成过程中，首先是重大的新技术应用推动在原来不同产业之间的技术扩散，促进技术融合，而技术融合则能够使不同产业之间技术性进入壁垒逐渐消失，使不同产业间的技术边界趋于模糊，促进新一波的产业融合，进而使以前独立的技术创新变异所引发的多项技术创

新整合，形成革命性的新产品，并使之不断完善，最终推动新的产业变革。

在战略新兴产业的形成阶段，产品开始得到应用，市场得以初步开发，但技术还不成熟，主流产品和商业模式还未形成。从事战略性新兴产业的企业在发展初期，往往很难获得金融机构的信贷支持，究其主要原因在于：一是新兴技术及其商业模式存在巨大的风险，银行出于控制风险考虑而不愿提供信贷支持；二是高新技术企业往往规模较小，有专利技术但缺乏固定资产，导致难以从银行获得抵押贷款；三是企业在初创阶段往往没有盈利记录或缺乏良好信用历史，又难以找到合适的担保人，因而也难以获得担保贷款。另外，现有法律规定金融机构对高新技术企业的信贷支持只能要求固定利率，即收益是固定的，这导致其在承担新兴技术创新成果产业化高风险的同时，无法实现与高风险相对等的高收益，从而降低了金融机构对高新技术企业的信贷积极性。

而融资租赁由于其自身“融资”功能的优势，恰好能够为发展战略新兴产业的初创企业提供所需的资金，有利于把资金精准地引入战略新兴产业，从而促进战略新兴产业的形成。融资租赁还可利用其自身“融物”功能，为新兴产业终端销售市场提供新渠道。

例如，以新能源汽车为例。2014 年 11 月，APEC 会议在北京举行，在 APEC 雁栖湖会议中心，一批新能源汽车承担了内部通勤任务，取得了良好的示范效果。这一新能源汽车项目成功推进的背后，是金融租赁公司在积极协助融资。当前新能源汽车已然呈现“爆发式”增长。从全球能源状况及全球经济形势看，新能源汽车的发展肯定会被推快。据分析，至 2020 年欧、美、日、韩及中国的新能源汽车年产量预计将占到乘用车总量的 9%~20%，中国的年产销量将达 120 万辆到 240 万辆左右。到那时，中国必将成为全球最大的新能源产销国。采用融资租赁模式能成功达到物尽其用的目的。

第五节　融资租赁促进中小企业发展

中小企业是中国国民经济和社会发展的重要力量，发挥着推动国民经济发展，增强经济抗波动能力的重要作用。但是，由于中小企业自身存在基础薄弱、信誉差、经营风险大、偿债能力低等制约因素，其融资具有需求量少、次数频繁、信息不对称等特点，使得中小企业融资成为世界性的难题。而融资租赁作为一种新的融资方式，则可以突破传统融资方式的限制，使中小企业筹集到所需资金，促进中小企业的发展。

一、中小企业的资金难题

中小企业的健康发展，是保持国民经济平稳较快发展的重要基础，也是关系民生和社会稳定的重大战略任务。有数据显示，中国中小企业占全国企业总数达 99%，提供了全国 80%的城镇就业岗位，上缴的税收约为国家税收总额的 50%。这充分表明，没有量大面广的中小企业的平稳较快发展，就没有整个国民经济的平稳较快发展。此外，目前中国 65%的发明专利、75%以上的企业技术创新、80%以上的新产品开发，都是由中小企业完成的，以中小企业为代表的非公有制经济在中国经济社会发展中的地位和作用不断增强。

但长期以来，融资难成为制约中小企业发展最为突出的问题，抑制了中小企业创新的活力。中小企业融资难的主要原因一般在于：一是中小企业的风险大、不确定性大、破产率高，通常创办期 5 年的时间内，破产率高达 30%~50%；二是信息不对称，中小企业的规模小，决定了固定成本可分摊性弱，规范信息的成本支出是不经济的，为此难以提供规范和标准信息以供决策判断；三是财务不透明，财务缺乏必要的账务，财务制度不正规、不规范，无法正确地判断财务状况；四是交易费用高，即贷款的运作费用高，通常信息收集、调研、分析、决策的费用是大企业费用的 6~8 倍。

融资困扰几乎是各国中小企业的共同难题，并非中国独有，经济学理论和一些发达国家的实践都证明，市场对中小企业的生存发展和技术创新等活动的调节，还存在着明显的缺陷。即使是一些发达国家，比如美国，也只有 1/3 的中小企业能够得到商业银行的贷款。因此，发达国家围绕解决小企业资金来源问题采取了多种措施。在美国，小企业管理局作为一个永久性的联邦政府机构，解决小企业资金不足问题；日本有三家政府直接控制和出资的小企业金融机构；德国则有专为缺乏资金但有市场前景的小企业提供低息融资的银行。中国中央政府和地方政府，以及各级政府的职能部门、金融机构为了解决民营经济融资难的问题，给予了足够的重视，也出台了一些具体政策措施，如组建民营股份制银行和地方商业银行，鼓励和支持四大商业银行增加对中小企业贷款，建立健全担保体系，建设中小企业风险投资体系，开辟中小企业直接上市融资等等。但是，从实施效果来看，这些措施还没有使中小企业融资难的问题发生根本性的改变，中小企业尚未建立起外部市场融资体制，基本仍是靠内部融资实现自我滚雪球式发展，致使企业很难形成规模生产。许多有项目有盈利的企业由于难以筹措到必需的资金，而不能最大规模地发挥其能力，中小企业所面临的资金难题，已经成为制约其发展的“瓶颈”。

二、融资租赁业助力中小企业发展

融资租赁是基于“资产信用”的融资方式，通过对租赁物的所有权控制和专业化管理，在一定程度上克服了中小企业风险“难识别、难控制、难防范”的障碍。与传统银行信贷相比，融资租赁服务中小企业具有审批门槛低、放款时效快、融资比例高、还款安排灵活等特点，可以为中小企业缓解融资难题发挥积极作用，因此备受社会关注。2009 年《国务院关于进一步促进中小企业发展的若干意见》中针对中小企业融资难的问题明确提出：“完善创业投资和融资租赁政策，大力发展创业投资和融资租赁企业。发挥融资租赁、典当、信托等融资方式在中小企业融资中的作用。”

融资租赁的重要特征之一，就是承租人无须立即支付所需机器设备的全部价款，就可利用租赁物所产生的利润支付租金。另外，融资租赁还具有对企业信用要求较低、还款方式灵活的特点。在促进中小企业发展方面，融资租赁有如下的作用：

第一，有效降低信息不对称程度。融资租赁中的出租人对承租人的财务、经营等信息的披露要求不高。出租人考虑项目可行性的因素主要有：承租人的诚信程度、投资项目的市场前景、技术发展速度等。这些信息基本外部化，容易获得，出租人在对这些信息做出技术分析后，就可以决定项目的可行性。此外，由于融资租赁的设备通常具有特定用途，出租人变更其用途没有任何经济意义。国外的成功经验显示，在风险的物权处理上，融资租赁的回笼率在 97% 以上，大大高于银行流动资金贷款的回收率。因此，融资租赁可以为中小企业，特别是那些信用度低、不易以举债方式融资以及未在银行建立起信用的中小企业，提供更多的融资机会，从而更好地满足中小企业对中长期资金的需求。

第二，降低中小企业融资条件和成本。融资租赁公司不像银行那样看重企业的业绩、财务实力和抵押担保品，他们更看重租赁物使用过程中产生的现金流是否足够支付租金。由于租赁公司在租赁期限内拥有租赁物的所有权和收回租赁物后有翻新、处置租赁物的能力，所以融资租赁往往不需要承租人安排信用担保，与申请银行贷款的烦琐程序相比，融资租赁的手续简便、时效性强、拾遗补阙的优势则更为突出。此外，融资租赁可以降低中小企业的融资成本，减轻税负负担。对承租人而言，在投资初始阶段只要支付少量的租金就可以获得租赁资产，并投入运营，大大缓解了企业一次大额投资带来的资金压力。同时融资租赁的租金支付方式是在租赁期限内采取逐年分摊的形式，因而具有投资乘数效应，从而降低了中小企业的融资成本。

第三，提高中小企业的经营效率。融资租赁的融资更具有项目融资的色彩，具有受国家产业政策指引、直接投资于相关产业核心固定资产的特性。融资租赁把融资和融物（采购）两个程序合二为一，减少了许多中间环节，尤其是利用租赁公司直接操作的特性，规避了许多企业自身直接采购必须走的报批立项等烦琐的流程，从而提高了企业的工作效率，使之能专注于企业自身的经营。

第三章　融资租赁交易参与者

在融资租赁合同中，存在买卖合同关系和租赁合同关系，涉及出租人、出卖人（供货商）、承租人三方当事人。在买卖合同关系中，出卖人是由承租人选定的，但由出租人以买受人身份与出卖人签订买卖合同，出卖人按照合同规定直接将出卖的标的物交付承租人，而不必经过出租人。出租人在这一合同中主要起融资作用。承租人具有买受人的实际地位，享受买受人的权利，承担买受人的义务。由于租赁合同以买卖合同为前提，所以出租人与承租人在融资租赁合同中的权利义务关系与在财产租赁合同中的关系有所不同。下面根据《中华人民共和国合同法》（以下简称《合同法》）第十四章的相应规定，简述一下融资租赁合同中出卖人、出租人、承租人的各自权利义务和违约责任。

第一节　出租人的权利和义务及违约责任

融资租赁合同中的出租人是融资租赁交易的经营者，是融资租赁交易中最活跃的部分，是推动融资租赁交易的发展的主导力量。通常由厂商类出租人，即附属于设备制造厂商的出租人；金融机构类出租人，即银行、保险公司、证券公司等金融机构；独立机构类出租人，即专门从事融资租赁业务的租赁公司构成。在融资租赁合同中出租人承担着应有的权利和义务。

一、融资租赁合同中出租人享有的权利

（一）出租人享有租赁物的所有权

我国《合同法》第二百四十二条规定："出租人享有租赁物的所有权。承租人破产的，租赁物不属于破产财产。"同时，该法第二百五十条还规定："出租人和承租人可以约定租赁期间届满租赁物的归属。对租赁物的归属没有约定或者约定不明确，依照本法第六十一条的规定仍不能确定的，租赁物的所有权归出租人。"由此可见，一般地出租人享有对租赁物的所有权。出租人所有权体

现在出租人对出租物的处分和占有，如果承租人破产，租赁物不属于破产财产，出租人可以依法收回。

（二）出租人享有收取租金及其他款项的权利

收取租金的权利是出租人最主要的权利，它是出租人回收租赁物购买价款和获得收益的主要来源。我国《合同法》第二百四十三条规定："融资租赁合同的租金，除当事人另有约定的以外，应当根据购买租赁物的大部分或者全部成本以及出租人的合理利润确定。"

根据《融资租赁合同》约定，承租人未能按照本合同约定时间及金额支付租金和其他应付款项的，出租人有权单方终止融资租赁合同，取回租赁物，向承租人收取所有到期租金及其他应付款项，并向承租人收取全部租金本金总和10%的违约金，同时可以向承租人追索出租人为促使承租人履行合同条款、条件或规定而发生的全部成本和费用。

（三）出租人享有不承担租赁物的瑕疵担保责任

《合同法》第二百四十四条规定："租赁物不符合约定或者不符合使用目的的，出租人不承担责任……"这是因为在融资租赁交易中，出租人是根据承租人对租赁物和供货人的选择购买租赁物，因此，出租人对租赁物的质量瑕疵不承担责任，也不承担对租赁物的维修义务。但出租人却享有于租赁期届满后收回标的物加以使用或者处分的期待利益的权利。

（四）出租人享有不承担租赁物对第三人造成的人身或财产损害责任

《合同法》第二百四十六条规定："承租人占有租赁物期间，租赁物造成第三人的人身伤害的，出租人不承担责任。"在融资租赁中，出租人对租赁物只拥有名义上的所有权，这种所有权实际上是出租人为保证其收回投资的一种抵押担保物权。承租人则拥有租赁物的占有权、使用权和收益权，因租赁物造成他人的人身和财产损害，出租人无义务承担责任。

二、融资租赁合同中出租人履行的义务

（一）出租人承担按承租人选定的供货商和设备提供供货的义务

出租人有义务按承租人对供应商和租赁物的选择，与供应商签订租赁物的买卖合同，购买租赁物。在未经承租人同意的情况下，不得擅自变更购买合同中与承租人有关的内容。由承租人自行选择租赁物和供货商，是融资租赁合同不同于其他租赁合同的一个重要特征。

（二）出租人承担支付租赁物购买价款的义务

出租人应按照买卖合同的约定，向供货人支付租赁物的购买价款，再将租赁设备租给承租人使用。支付租赁物的购买价款是出租人在供货合同中的主要义务，也是确保供货合同的履行是保证租赁合同顺利实施的前提。在融资租赁实务中，虽然是由供货商直接向承租人交付租赁物，然而在法律关系上，交付租赁物的义务仍然在出租人，只是该义务由供货商代为履行了。此项义务的目的是保证租赁合同能得以成立和履行。

（三）出租人承担保证承租人对租赁物的平静占有的义务

《合同法》第二百四十五条规定："出租人应当保证承租人对租赁物的占有和使用。"这就是在承租人没有违约的情形下，出租人应当保证承租人对租赁物的平静占有和使用，承租人对租赁物的权利不应受到任何其他权利的干扰和侵害。主要表现在以下几个方面：

一是出租人不得妨碍承租人依照融资租赁合同所拥有的承租权，也不得擅自变更原融资租赁合同中的承租条件。二是承租人在租赁期间内，租赁物拥有独占使用权，而且对使用租赁物所取得的收益可以独立处分。三是出租人应保证承租人在租赁期间内对租赁物的占有和使用，不受第三人的干扰。出租人转让租赁物所有权的，融资租赁合同对新的所有权人继续有效，新所有权人不得解除合同，取回租赁物。这就是所谓的"买卖不破租赁"原则。出租人将租赁物设定抵押时，出租人抵押行为不得影响承租人的使用收益权。承租人的使用收益权可以对抗抵押权人的抵押权。当然，承租人在行使上述权利时，应以不损害出租人对租赁物的所有权为限。在租赁期间内，因出租人的原因导致承租人在租赁期间对租赁物的占有和使用权没有实现，由出租人承担赔偿责任。

融资租赁交易中，承租人的目的就在于通过占有和使用租赁物获取收益，因此，承租人的承租权受法律保护。

（四）出租人承担索赔协助的义务

《合同法》第二百四十条规定："出租人、出卖人、承租人可以约定，出卖人不履行买卖合同义务的，由承租人行使索赔的权利。承租人行使索赔权利的，出租人应当协助。"买卖合同项下出卖人出现拒绝交货、延迟交货或交货不符的情况下，一般由承租人行使对出卖人的索赔权，但鉴于出租人为租赁物的所有权人，承租人在诉讼程序中有可能需要出租人的配合和协助，因此，如果双方事先约定了协助条款，则出租人有协助承租人办理索赔事宜的义务。

（五）出租人承担不得中途解约的义务

不得中途解约条款是指在融资租赁合同生效后，合同签署当事人不得单方面解除合同。不得中途解约条款是租赁合同条款之一，融资租赁合同中一般都有类似“除合同约定条款外（或除特殊情况外），未经对方书面同意，任何一方不得中途变更合同内容或解除合同”的规定，即所谓的“中途禁止解约条款”。

租赁合同签订以后，出租人一般不得在合同期限内以任何理由（不论合同中是否订有此类条款）中途解约，但在少数情况下允许解除。如果允许当事人双方或一方行使合同解除权，由于融资租赁交易的特殊性，将不利于保护合同当事人的合法权益。

（六）出租人承担留购情况下以优惠价格将租赁物卖给承租人的义务

租期届满，通常有承租人留购、续租、返还租赁物三种处理方式，在很多情况下承租人行使留购选择权。出租人在约定留购的情况下，承担按合同约定的优惠价款转让租赁物给承租人。留购价格通常不是届时租赁物的市场价值，而是基于承租人已支付的租金情况双方事先商定的一个象征性价格，如一元钱的象征性优惠价。承租人在符合合同约定条件的情况下，有权利以优惠价格购买租赁物，出租人有义务按此价格将租赁物卖给承租人。

第二节 承租人的权利和义务及违约责任

融资租赁合同中的承租人,是指按合同约定支付租金，从而获取按约定期限占用出租人租赁物的人，是和出租方相对应的融资租赁合同中当事人中的一方。承租人既可是法人，也可是自然人。

一、融资租赁合同中承租人享有的权利

（一）承租人享有选定租赁物和出卖人的权利

由承租人选择租赁设备及其供货人，这是融资租赁较之其他类型租赁不同的一个特点，即“你选我付款”，也是融资租赁交易形成的基本条件，选定租赁物和出卖人是承租人的权利之一。这种选择是承租人完全按照自己的需要，在市场竞争的条件下选定最理想的设备和供货人，同时承租人也享有买卖合同项下除取得所有权以外的，买受人享有的相应权利，甚至还可以要求供货人按自己提出的条件制造租赁设备。

（二）承租人享有受领租赁物的权利

承租人享有租赁期间内对租赁物的占有和使用权，这既是承租人的权利也是承租人的义务。租赁物的受领包括租赁物的接收和验收，承租人应当按照融资租赁合同和买卖合同约定的时间、地点接收租赁物并且负责租赁物的验收。承租人按买卖合同的约定受领租赁物后，出租人才能取得租赁物的所有权。承租人支付租金获得了租赁物的使用权，出租人对租赁物的转让、抵押、出售都必须通知承租人，并且不能够影响承租人对租赁物的使用。租赁期届满，承租人对租赁物有优先购买权。如果融资租赁合同中约定租赁物的处理方式是留购，那么在同等条件下，出租人不能将租赁物出售给其他购买人。

（三）承租人享有获得租赁物拍卖价值超出债权的部分

在承租人破产时，出租人可以将租赁物收回；也可以申请受理破产案件的法院拍卖租赁物，将拍卖所得款用以清偿承租人所欠出租人的债务。租赁物价值大于出租人债权的，其超出部分应退还承租人。

（四）承租人享有对出卖人的索赔权利

《合同法》规定出卖人违约时，承租人依约享有直接向出卖人索赔的权利。虽然出租人是买卖合同中的买受人，但与租赁物相关的条款均是由承租人与出卖人协商确定的，出卖人也是由承租人选择的，出卖人在买卖合同项下的义务主要向承租人履行，承租人是租赁物的使用权人。因此，买卖合同项下的索赔权由承租人行使更为便利和直接。

承租人对供货人享有索赔权。如遇供货人提供的租赁设备有瑕疵，或者迟延交货，或者交货不符要求，承租人有权直接向供货人索赔。这种对供货人的瑕疵担保请求权和损害赔偿请求权，是出租人转让给承租人的，因此，承租人可直接面对供货人请求损害赔偿。

（五）承租人享有租赁物的占有、使用、收益权利

承租人在租赁期间内，对租赁物拥有独占使用权。承租人占有、使用、收益租赁物的权利是承租人最主要的权利。

在融资租赁合同中，虽然承租人是通过租赁公司融通资金的，但承租人订立融资租赁合同的根本目的是要取得租赁物的使用权。所以，承租人在接受出卖人交付的标的物后，在租赁期间内，承租人对租赁物享有独占使用权，对使用租赁物所取得的收益可以独立处分。从买卖的角度看，出租人为买受人，出卖人虽将标的物直接交付给承租人，但标的物的所有权属于出租人，承租人则取得标的物的占有权、使用权和收益权。这里的收益主要是承租人因占有、使

用租赁物，发挥租赁物的使用价值而获取的收益，而非因转让、转租、出借等对租赁物的处分行为而取得的收益。

二、融资租赁合同中承租人履行的义务

（一）承租人承担支付租金及其他款项的义务

支付租金，这是融资租赁交易中承租人的首要义务。我国《合同法》第二百四十八条规定："承租人应当按照约定支付租金。承租人经催告后在合理期限内仍不支付租金的，出租人可以要求支付全部租金；也可以解除合同，收回租赁物。"按照规定，只要租赁合同正式成立并生效，无论承租人是否使用了设备，也无论使用是否为他带来了预期的经济收益，他都要按规定向出租人交纳租金。由于收取租金是出租人收回投资和利润的唯一方法，租赁合同有时把支付租金规定为承租人的绝对义务，即使因承租人违约而合同终止，出租人也可要求承租人将所有的租金费用全部付清，以补偿他的支出。

融资租赁合同中约定承租人应支付的租金性质与传统租赁不同，传统租赁中，承租人支付是基于出租人提供了适合的租赁物，承租人占用、使用租赁物而应支付的费用，是使用物的对价。而融资租赁交易中的租金是出租人为承租人进行融资，向供货人购买租赁物件，并租给承租人使用，承租人因占用出租人的资金成本而应支付的对价。基于融资租赁合同本身的"融资"属性，融资租赁合同项下承租人支付租金的义务是无条件的，承租人不因任何原因的发生而提出抗辩，包括租赁物有质量瑕疵、租赁物毁损或灭失、租赁物发生保险事故、出卖人违约、甚至在发生不可抗力的情况下，承租人并不免除租金支付义务。

（二）承租人承担租赁物瑕疵风险的义务

对于租赁物质量瑕疵，确定其担保责任的承担主体是至关重要的，因为它直接关系到融资租赁交易本质特征能否体现。在融资租赁合同中，一般都明确规定，出卖人迟延交付租赁物或者租赁物的规格、式样、性能等不符合合同约定或者不符合使用目的的，出租人不承担责任，由承租人直接向出卖人索赔，并承担索赔不成时的损害后果。这种约定既符合融资租赁交易的理论和实践，同时也不违背现行法律的规定。

租赁物瑕疵出租人免责的主要有两个原因：一是在融资租赁交易中的租赁物、供货人的选择，完全由承租人自行选定。承租人作为买卖合同标的物和供货人的选择权人，自然应对行使选择权的不利后果承担责任。二是如果出租人

承担租赁物的瑕疵责任，意味着出租人必然增加租赁物的检验、检测费用和余值风险。而所增加的费用最后又通过租金的形式由承租人负担，实际上增加了承租人融资的成本。为避免增加成本，减少承租人的负担，应由承租人承担质量瑕疵责任。为此，融资租赁合同一般在规定出租人瑕疵担保免责的同时，往往订有索赔权转让条款，即在租赁物实际使用中，如发生质量问题，承租人可以向出卖人提出赔偿请求。这就保证了出租人和承租人之间权利义务的平衡。也只有这样，融资租赁交易才是公平的。

融资租赁的经济意义在于出租人以融物的方式向承租人提供融资，具有金融的性质。出租人的主要义务就是支付购买租赁物的货款，其权利是收取租金从而收回投资，并取得利润。除此之外，几乎所有关于购买租赁物的权利义务均应由承租人承受，出租人只拥有名义上的所有权，不承担包括质量瑕疵担保责任在内的任何实体义务和责任。

（三）承租人承担租赁物的保管、维修、维护的义务

我国《合同法》第二百四十七条规定："承租人应当妥善保管、使用租赁物。承租人应当履行占有租赁物期间的维修义务。"按照规定，承租人负责租赁设备的维修和保养以及保险的义务。在租赁期中，承租人要对租赁设备进行妥善保管，严格按照合同的技术操作规程使用租赁物，使租赁设备处于良好工作状态，并承担因设备的维修和保养而支出的一切费用。出租人作为融资方，是专为承租人的需要而购买租赁物，而承租人才最了解租赁物的操作和性能，与租赁物有关的风险和报酬都应转移到承租人方面。因此，区别于传统的租赁合同，融资租赁合同项下承租人承担租赁物的保管、维修、维护义务。

（四）承租人承担租赁物致人损害赔偿的义务

承租人在占有租赁物使用期间，因自身的过错如因租赁物使用保养不当，致使租赁物造成第三人的人身伤害或者财产损害等，承租人应承担赔偿责任。租赁物致人损害的原因一般有两种：一是租赁物自身的质量有瑕疵；二是租赁物在保管或使用过程中操作不当。在融资租赁关系中，出租人不承担租赁物的质量瑕疵，租赁物由出卖人直接交付给承租人，租赁物自始至终没在出租人的控制中。因此，租赁物致人损害而产生的赔偿责任，应根据相应的产品质量法由制造人、出卖人承担或承租人承担。

（五）承租人承担租赁物毁损、灭失的风险的义务

在融资租赁交易中，租赁合同规定，承租人应当履行占有租赁物使用期间，因承租人使用保管不当致使租赁物灭失、毁损的风险。在发生灭失和毁损的情

况下，承租人均要按期交付租金；在租赁设备发生灭失或毁损时，承租人应立即通知出租人，承租人负责处理并承担一切有关费用。

融资租赁交易本质上属于一种融资方式，租赁物在融资租赁关系中的地位接近让与担保。租赁物由承租人占有使用，并负有保管义务，其毁损灭失的风险理由承租人承担，也就是说，即使租赁物灭失，也不影响承租人履行租金支付的义务。

（六）承租人承担返还租赁物的义务

我国《合同法》第二百五十条规定："出租人和承租人可以约定租赁期间届满租赁物的归属。对租赁物的归属没有约定或者约定不明确，依照本法第六十一条的规定。仍不能确定的，租赁物的所有权归出租人。"根据规定，租赁期限届满时，承租人如果不续租或留购，有将租赁设备退还出租人的义务。退租须以合同规定的运输方式运至出租人指定的地点，由此而支出的 一切费用由承租人负担。如果当事人在合同中未明确约定，鉴于租赁物所有权未转移，出租人仍为所有权人，因此承租人应当返还租赁物。

第三节　出卖人的权利和义务及违约责任

融资租赁合同中的出卖人,是指租赁物件的卖出者，也叫作租赁物件的供货商。按照购买合同约定交付租赁物给承租人的人，是和出租方相对应的融资租赁购买合同中当事人中的一方。出卖人即是租赁物的制造商，也可是租赁物的经销商。

一、融资租赁合同中出卖人享有的权利

我国《合同法》第二百三十九条规定，出租人根据承租人对出卖人、租赁物的选择，与出卖人订立买卖合同。根据合同约定，出卖人可享有向承租人交付标的物的权利。

根据买卖合同约定，在融资租赁交易中出卖人按照约定价格向出租人出售了租赁物，出卖人因而享有获取标的物价款的权利。

二、融资租赁合同中出卖人履行的义务

融资租赁中出卖人的义务与其他买卖合同中出卖人的义务是相同的，只是履行义务的对象除买方外还增加了承租人，但是并不意味着出卖人义务的增加。

（一）出卖人承担直接向承租人交付租赁物的义务

依据《合同法》第二百三十九条规定，在融资租赁中，出卖人应按照合同规定的期限、方式、地点等直接向承租人交付租赁物。延迟交付、变更运输方式或交付地点不对致使费用增加，出卖人应按照合同约定偿付违约金或承担赔偿责任。根据融资租赁的买卖合同看，出卖人的对方当事人虽为出租人，但其交付标的物应交付给承租人，这是约定的代出租人履行交付义务。也就是说，出卖人应当按照约定向承租人交付标的物，承租人享有与受领标的物有关的买受人的权利和义务。

出卖人没有按照约定向承租人交付标的物的，为违约行为，承租人可依约直接向出卖人行使索赔权，出租人应当协助。因为在融资租赁中，主要是由于承租人享有与受领标的物有关的买受人的权利和义务，而索赔权又是买受人权利的基本内容。

出卖人应按照合同规定的期限、方式、地点直接向承租人交付租赁物，

（二）出卖人与出租人承担不得变更合同的义务

融资租赁交易中，出租人是依据承租人对出卖人、租赁物的选择，与出卖人订立买卖合同的。因此，未经承租人同意，出卖人与出租人不得变更合同。

（三）出卖人承担向承租人履行租赁物的售后服务的义务

出卖人承担按照购货合同约定向承租人履行租赁物的售后服务义务，如安装、调试、培训等。此外，出卖人应对租赁物的质量负有瑕疵担保责任，必须保证交付的标的物符合国家规定的质量标准或者合同约定的标准。

（四）出卖人承担不得中途解约的义务

融资租赁合同的出卖人一般不得在合同期限内以任何理由（不论合同中是否订有此类条款）中途解约，但在少数情况下允许解除。

出卖人一般不得中途解约的责任，源于融资租赁交易的特殊性。一方面，对于承租人而言，一是承租人之所以要支付比贷款本息高得多的租金向出租人承租租赁物，主要是承租人缺乏足够的资金购买设备又难以获得贷款。二是为了使用租赁物，承租人往往需要进行一定的配套设备的投入，如中途解约，会增加承租人的损失。三是由于租赁物的特定性，单方中途解约以后，承租人如果要再购进同种物件，不仅是相当困难的，短期内也难以办到，这样势必给承租人造成更大的损失。

另一方面，对出租人而言，购买设备需要大量资金，这些资金除了出租人

的自有资金以外，绝大部分来自第三者的融资，包括国外金融机构的融资，出租人除了要支付这些融资的本息外，还承担着汇率变动的风险。如果中途解约，出租人则很难收回投入的资金，更毋庸说偿付融资本息。

第四章　融资租赁交易租金计算

租金计算是融资租赁交易的核心要素，它直接关系承租人和出租人的利益分配，是租赁合同谈判和签约的基本条件，同时又是租赁合同履约过程中双方进行成本核算、利润核算、财务处理的重要依据。租金计算得当与否，直接影响企业的经营和出租人回收租金的安全。

第一节　租金的本质及计算原则

一、租金的本质

在商品经济社会中，从市场经济的交易角度讲，融资租赁承租人交付给出租人的租金是承租人和出租人之间的关于租赁物交易的一种交换关系的价值表现。对承租人而言，它是承租人为了取得租赁物使用权而付出的代价，即出租人让渡自己所有资产的使用权时，承租人支付给出租人的等价物；对出租人而言，租金则是出租人在为承租人提供租赁服务过程中应取得的经营收入，即以租赁收益的形式而获得的一定的投资回报。因此，不论租赁交易的具体形式如何，租赁交易的性质终归由市场经济的法则决定，即租赁交易必须按照等价交换的原则来进行。租金是租赁服务产品的价格，是商品等价交换原则的具体体现。

站在当代高度发展的信用经济角度看，融资租赁是社会金融化高度发达，银行资本和工商资本在信贷联系方面进一步相互渗透与结合的产物。融资租赁既融资又融物，兼有金融和贸易两大功能。它不仅为企业生产的产品提供了新的销售市场，又为银行资本提供了新的投资渠道，还使企业能以较少的投资迅速获得设备使用权。这使得银行资本可以通过融资租赁迅速精准进入工业领域，分享工商业资本利润，工商业资本也可以通过融资租赁分享银行资本利润。

由此可见，租金不仅是商品交换的价格，还是融通资金的价格，具有贷款本息性质。出租人要从收取租金中得到出租资产的价值补偿和收益，既要收回资产的购进原价、贷款利息、营业费用，还要获取必要的利润。而承租人则比照租金和租赁资产使用后获得的收入来进行成本和收入核算，准确确定通过使用租赁设备所产出产品的收入在扣除包括资金在内的成本外，还有利润。租金实质是依附于租赁交易上的金融交易，是一种特殊的金融工具，是一种信用销售的金融服务工具，满足让资金不足的企业也能率先使用设备，然后用创造的利润以分期付款（每期支付租金）的方式购买租赁物件的所有权。

所以，每一项租赁交易中的承、出租双方如何确定租金，也就是租赁产品的价格，就成为洽谈租赁合约的一项重要内容。一项租赁交易中实际租金的高低，表面上看是受租赁交易中承租、出租双方讨价还价的影响，而在实质上是受决定租金水平的租金构成要素的影响。

二、租金计算原则

租金计算原则是：出租人以租赁物件的购买价格为基础，按承租人占用出租人资金的期限为计算依据，根据双方商定的利率计算租金。

不同种类的租赁交易，由于其所定位的服务功能不同，其产品定价的基本原则也不完全相同。对于传统租赁而言，由于出租人对这一租赁产品服务功能的基本定位是为承租人提供灵活、便利的服务，所以，这类租赁交易定价的基本公式是：

每期租金 = 租赁设备投资成本 ÷ 租赁投资的回收期 × 租期 + 利润

在这一租赁定价的公式中，实际上决定着每期租金高低的关键因素是出租人所确定的租赁投资回收期的长短。如果出租人确定的投资回收期长，则租金的单价就会偏低；反之，就会偏高。在传统租赁交易下，出租人在确定租赁投资回收期时，除了按照一般的规律要参考租赁资产的经济耐用年限外，更要参考出租人对该项租赁资产市场需求的合理预测。由传统租赁交易特性所决定，出租人只有租出租赁资产后，才能收取租金。所以，传统租赁交易下，租赁投资的回收期，应该是在租赁资产的经济耐用年限基础上，经过出租人预测的一个期限。

对于融资租赁而言，无论是哪种形式的融资租赁，因其最基本的功能仍是资金融通，在租金定价中，为了体现资金的价值和资金的收益，其首要的考虑仍是出租人为提供租赁融资而垫付的资金及相应的成本，或从投资行为的角度讲，考虑的是出租人的租赁投资及相应的回报。这成为融资租赁定价的基本原则。

不过，由于融资租赁形式多样化的发展，特别是经营性租赁的出现，租赁投资的回收既包括以租金方式实现的债权途径，也包括对含有残值的基本租期期末时租赁物的再处置。所以，使得融资租赁交易下的租金计算方法，在体现债权回收的基本方法基础上，还会出现许多反映着租赁投资回收方式多样性的变化。

因此，在融资租赁交易中，租金的确定与计算是一种涉及多方面因素的综合反映，必须严密周全地进行考量。

第二节 租金的构成

一、租金的构成要素

租金是出租人和承租人交换关系的具体体现。融资租赁交易租金的构成主要包括几个方面：

（一）租赁设备购置成本

这是构成租金的最主要成分，是出租人为承租人购置租赁资产过程中所支付的各项费用的总和，包括租赁设备的原价、运费、运输保险费用、调试安装费等（这些费用一般由出租人支付，要计入设备购置成本；如果是由承租人另外支付的则不计入成本）。当租赁设备是在国内购买时，设备的原价就是购置设备发票上表明的价格；而在我国进口租赁业务中，租赁设备从国外进口时，如果采取的是 CIF 价（到岸价格），则 CIF 价加上入境后的相关费用为购置成本；如果采取的是 FOB 价（离岸价格），则以 FOB 价加上运费和运输保险费，再加上入境后的相关费用为购置成本；如果采取 C&F 价（成本加运费价），则应加上运输保险和入境后的相关费用为购置成本；当然如果有些费用由承租人承担，如 FOB 中的运费等，则不应计入购置成本中。另外，预计租赁残值也应计入设备购置成本中。

设备购置成本是出租人为承租人取得租赁资产而垫付的全部实际支出，是出租人为承租人提供租赁资金融通的具体体现。因此，也就成为融资租赁交易下计算租金的基础。因此，设备购置成本的大小，是决定租金总额高低的基本因素。

但是，由于融资租赁交易中全额清偿和非全额清偿两种类型存在，设备成本的支出总额中，纳入租金计算基数的比例是不同的。如果是全额清算的租赁，则全部作为计算租金的基数；如果是非全额清算，纳入租金计算的基数部分是租赁设备购置成本扣除出租人在租期开始时预留的租赁残值后的余额。

（二）融资成本

融资成本是指出租人的资金成本。在租赁交易中，出租人为取得承租人资产而垫付的资金也都是有代价的。如果出租人是通过向银行等金融机构的借款融资来支付购置租赁设备的贷款时，那么，出租人需要向贷款银行等金融机构支付相应的利息及其他相关担保费和法律文件等方面的费用。即使是出租人用本企业股东的股本金来进行租赁交易，支付租赁设备货款，股本金也是有代价的。如果是国际租赁，出租人需要在国际市场上筹集资金时，其筹资成本不仅受到现行该种货币一般市场利率的影响，还会受到出租人资信状况的影响。

因此，出租人为租赁项目进行融资的成本是需要从承租人处收回的，主要包括：向金融机构融资带来的利息支出，为融资进行的有关担保费用，融资过程中发生的其他费用。部分费用还取决于当时市场利率水平的变动影响。融资租赁公司开展全额偿付的融资租赁业务，获取利差和租息收益理所当然是金融租赁公司的最主要的盈利模式。利差收益视风险的高低，一般在1%~5%。

（三）手续费

手续费是指出租人向承租人收取的，用于补偿出租人为承租人办理租赁业务时所开支的各项费用支出。包括租赁业务人员的工资、办公费、差旅费、项目管理费、税金及杂费等。

例如项目管理费。融资租赁公司在一些大型项目或设备融资中，会为客户提供全面的融资解决方案，会按融资金额收取一定比例的财务咨询费或项目成功费。视项目金额大小，收取比例、收取方法会有不同，一般在0.25%~5%。财务咨询费可以成为专业投资机构设立的独立机构的融资租赁公司在开展租赁资产证券化、融资租赁与信托、债券与融资租赁组合、接力服务中重要的盈利手段之一，也可以成为金融机构类的融资租赁公司的重要中间业务。

例如贸易佣金。融资租赁公司作为设备的购买和投资方，促进了设备的流通，使生产厂家和供应商扩大了市场规模，实现了销售款的直接回流。收取销售的佣金或规模采购的折扣或是保险、运输的佣金是极为正常的盈利手段。收取贸易环节的各种类型的佣金往往是厂商设立的专业化的融资租赁公司，或是与厂商签订融资租赁外包服务的大型机构等财务投资人设立的独立机构类型的融资租赁公司主要的盈利模式。

例如服务组合收费。厂商背景的融资租赁公司在融资租赁合同中会提供配件和一定的耗材供应、考察、专业培训等服务。这些服务有的打着免费的招牌，其实任何服务都不是免费的午餐，融资租赁公司要么单独收费，要么包含在设备定价之内。组合服务是专业融资租赁公司重要的盈利模式之一。

实践中，出租人收取手续费的方式有两种：一种是以费率的方式，这些费用纳入租金范围，摊入到所有项目的租金中一起核算，通过承租人支付的租金而逐步回收；另一种是指出租人未将这部分费用包括在资金之内，而是采取将这部分费用在租金之外一次性单独收取。还有一种特别的情况，当一国租赁市场供小于求的状况时，出租人在租赁定价时具有了垄断地位，于是，出租人既把这个部分费用打入租金，又同时采取一次性收取的方式向承租人收取。在这种情况下，出租人实际上是通过两个名目提高了租赁资产的价格。

手续费一则数额很小，再则，根据会计准则规定，手续费是要分摊到租赁期，逐月计提收入的。因此，融资租赁公司在计算收入时，是将手续费作为收入的一部分来衡量项目的收益水平。根据合同金额的大小、难易程度、项目初期的投入的多少、风险的高低以及不同公司运作模式的差异，手续费收取的标准也不相同，一般在 0.5%~3%。

（四）利润

利润是出租人在从事租赁业务时所冀求租赁投资的净回报。租赁公司经营租赁业务的目的是获取一定的利润，这种利润实际是出租人在经营租赁业务中付出劳动辛苦创造价值的一种所得，出租人这种利润通过收取租金来实现。在市场完全竞争条件下，租赁公司应获得相当于市场平均利润率的利润水平。在具体的租赁交易中，利润额的大小取决于双方对项目的了解程度、谈判技巧、项目本身的盈利能力及对风险的分摊比例等。

例如，出租人租赁给承租人 100 万元的设备，商定好一年期 8%年化利息，租金到租期结束时一次性支付。一年期到后，融资租赁公司收到的租金总额是 108 万。其中，100 万是本钱，融资租赁公司的收入（也就是利润来源）是 8 万。这 8 万的收入，扣减了税收、经营成本（比如说工资、奖金、差旅费用，公司的融资费用、办公室租金、水电、坏账等等）之后，才是融资租赁公司的所得税前利润。

利润的获取中，利差和租息收益理所当然是融资租赁公司的最主要的盈利模式。利差收益视风险的高低，一般在 1%~5%。

另外，提高租赁物的余值处置收益，也是融资租赁公司重要的盈利模式之一。提高租赁物的余值处置收益，不仅是融资租赁风险控制的重要措施，同时也是融资租赁公司重要的盈利模式之一。特别是厂商所属的专业融资租赁公司对设备具有维修、再制造的专业能力和广泛的客户群体，可以提供全方位的融资租赁服务，特别是客户欢迎的经营租赁业务。租赁物的余值处置对专业融资租赁公司来说，不应该是风险，而是新的利润再生点，租赁物经过维修、再制造后通过租赁公司再销售、再租赁可以获取更好的收益。这正是厂商融资租赁公司的核心竞争力所在。根据融资租赁合同的交易条件和履约情况以及设备回收后再租赁、再销售的实际收益扣除应收未收的租金、维修等相关费用之后，余值的收益一般在 5%~25%，有些大型通用设备如飞机、轮船等收益会更高一些。

设备回收后再租赁、再销售的实际收益，对专业融资租赁公司来说，是新的利润再生点，余值的收益一般在 5%~25%。飞机、轮船等租赁物收益会更高一些。

二、租金的构成要素之间的关系

从理论上讲，一项融资租赁交易的租金总额应是上述四项构成要素之和，而每期租金是租金总额按租期内支付租金次数分配的结果。但是，这种方法既不准确，又不可行。

首先，根据国际资本市场还本付息时所应遵循的息随本减原则，承租人分期付息的租金，与此具有相同的原理，也应体现这一原则。其次，每一项租赁交易中的租金的四要素，除设备购置成本外，其余三项因素都是不可事先确定的。所以，尽管租金是这四项确定的，但租金的计算却是根据这四项要素之间的内在联系而推导出来的。

租金构成要素之间存在着这样的关系：

租金总额 = 设备购置成本 + 融资成本 + 手续费 + 利润

　　　　　　↓　　　　　↓　　　↓

　　　　= 设备购置成本 + 融资成本 + 利差

　　　　　　↓　　　　　↓

　　　　= 租赁净投资 + 租赁收益

租赁收益与租赁净投资之比为租赁利率。租赁利率是计算租金的另一重要参数，在设备购置成本确定后，租赁利率的确定对承、出租人双方都有着至关重要的意义。对出租人来说，它决定了租赁收益的大小，进而决定了租赁公司利润的多少；对承租人来说，它实际决定着承租人使用租赁资产的租赁融资成本。

三、名义租赁利率与实际租赁利率及隐含租赁利率

租赁利率就是租赁资金的价格，决定着承租人的融资成本，决定着出租人的租赁收益与利润。从上述关于租赁利率的推导公式可以看出，由于构成租赁收益的三项因素都是不可事先确定的，租赁利率已无法通过上式计算得出。于是，也就产生了反映不同价格水平的租赁利率。

（一）名义租赁利率

名义租赁利率是租赁合同中出租人在计算租金时所使用的利率。有的时候，出租人会告诉承租人租金计算所使用的利率水平，还有的时候，出租人并不告诉计算租金的利率水平，而是直接给承租人每期应付的租金数额。其实，无论出租人告诉与否，名义利率的水平都是通过融资利率和人为制定的利差率推算出来的。一般而言，融资利率就是出租人的借款利率，如果不是为某一项租赁交易而筹集的专项借款，融资利率则按平均市场利率来确定；利差率的含义是净利润与租赁净投资之比，它是租赁公司根据租赁市场的竞争状况约定俗成的水平，一般在1%~2.5%之间。于是，融资利率与利差率（实践中，一般就称为利差）之和即为名义租赁利率。

（二）实际租赁利率

实际租赁利率是反映出租人真实收益水平的利率。无论是就每一笔租赁交易而言，还是就出租人某一会计核算周期而言，实际租赁利率的高低，会依赖于名义利率的水平，却绝不会完全等同于名义利率水平。

所以，除了名义利率水平外，影响出租人的实际租赁利率水平的因素还有：

第一，是否收取租赁保证金。一般来说，提供100%的融资便利是融资租赁的典型特征之一，但是，为了防止信用程度不高的承租人出现不按租赁合同缴纳租金的风险，出租人也可于租期开始日向承租人收取一定比例的保证金。由于出租人对承租人缴纳的保证金不计利息，因此，保证金的多少和保证金的返还时间的早晚，则会影响出租人的实际租赁利率水平的高低。

第二，租赁手续费计算与收取方法的不同，对出租人的实际收益影响也不同。实践中，租赁手续费既可以利差形式的组成部分而纳入租金总额，也可在租金之外，在租赁开始日按一定的比率，单独一次征收。在前一种情况下，租赁名义利率中已经包含了这部分收益；而在后一种情况下，显然，它就成为租金之外的一笔收入，并且，计算手续费的基础，究竟是租赁设备购置成本，还是租金总额，其实际金额也是不同的。这些都对出租人的实际收益产生影响。

第三，是否有采购回扣。如果租赁设备的贸易合同的商务谈判是由出租人

进行的，或者出租人是租赁设备的制造商的战略合作伙伴时，厂商所给予出租人的设备回扣，也会成为出租人的一项重要的收入来源，对出租人的实际收益也会产生影响。

第四，租赁资产期末的重置价值。在非全额清偿的租赁形式下，除租金收入外，出租人所预留的租赁残值，需要通过对租赁资产的再销售或再出租等方式来补偿。因此，期末租赁资产的重置价值与未收回租赁设备之间的亏损与盈余，也直接影响到出租人的实际收益水平。

（三）隐含租赁利率

隐含租赁利率是指在一项租赁交易中，承租人业务每期应付租金及租赁期满时租赁资产的估计残值（如果存在）予以折现，并使其等于租赁开始时租赁资产的购置成本所使用的折现率。实际上，隐含租赁利率就是对租赁利率的逆算。

承租企业确定隐含租赁利率的基本目的是进行租赁资产的会计确认。这是因为，租赁企业在确认租赁资产的会计要素时，计入资产的金额只应是租赁资产的购置成本，而不应包含租赁利息。在租金计算方法采用年金法时，当出租人在租赁合同中只列出每期租金额，而不区分租赁的本金、租赁利息和租赁残值时，就需要承租企业对这些数据进行调整，而调整的基本方法是找出年金法中的折现率。这个被承租企业根据已知年金法下的每期租金而推算出来的比率，就是隐含租赁利率。

推算出隐含租赁利率对承租企业的另一个目的是当其不知道租赁利率的情况下，也需要通过计算出该交易中的隐含租赁利率，并与市场利率水平进行比较， 以判断出租人的租赁利率是否合理。

第三节　影响租金总额的因素

一、租赁物的购买价格

租赁物的购买价是租金的主要构成部分，其他费用如利息等也很大程度上基于租赁物成本的大小而变动。在其他条件相同的情况下，对于同一租赁物，如果出租人买价较低，则在和承租人的交易中，出租人可将降低的部分以降低租金的方式让渡给承租人，从而降低了承租人总的租金支付。如果出租人本身就是某一制造集团附属的金融性公司，或者与某制造业集团有战略伙伴的关系，可以获得销售产品的较大折扣，将有利于承租人减少支付金额。

二、出租人的融资成本

在融资本金确定的条件下，融资成本即利率成为影响租金支付的重要因素。一般而言，利率越高，租金总额越大；反之则越小。

在项目洽谈中，承租人最关心的是租赁公司的利率报价。因为利率的高低与租金成正比，它直接影响承租人的利益分配，他们希望利率越低越好。对于出租人来说利率报价比较复杂，除了考虑市场因素决定的利率外，还要考虑承租人的资信等级，还有一些融资杂费。因此租赁公司报出的利率一般都高于市场利率，这个利率能否被接受主要还应看项目的盈利条件而定。另一方面受出租人融资能力的影响，那些银行所属的租赁公司或与银行有战略关系的出租人一般能获得较低的融资成本，也会使承租人支付的租金得到降低，受到影响。

为了降低融资成本，承租人在利率下降且利率水平较高时期愿意使用浮动利率签订租赁合同，在利率上升且利率水平较低时期愿意使用固定利率。

出租人为了避免利率风险，使用的租赁利率种类应和融资利率相同。在低利率阶段租赁公司融资时使用较长期的融资利率，更有利于公司的资金周转和收益。

三、税收优惠

税收优惠是影响租金支付的另一重要因素。在有投资税收抵免和采取加速折旧等有税收政策的国家，出租人可通过真实租赁等方式获得税收上的好处，这种好处一般会通过降低租金的方式让渡给承租人，从而一定程度上降低了承租人的租金支付，政府对融资租赁的优惠也会达到同样效果。

四、租赁期限

借贷资金偿还期与风险成正向变化，与收益也成正向变化。租赁期越长，出租人所承担的风险越大，为此所承受的融资利息负担也越重。为补偿这种损失，租赁公司就必将通过租金的方式收回这样的利息负担。但对于承租人来说，由于每期分摊的租金额较小，还租压力相对减轻。

五、租金支付方式

租金支付方式也是影响租金多少的重要因素。付租方式的影响包括几个方面：一是租金支付是期初支付还是期末支付，期初支付方式下，承租人占用资金较少，出租人要求的租金会较低，期末支付则相反；二是租赁支付间隔时间的长短，间隔时间越长，则资金实际被承租人占用的时间越长，租金越高。

六、还租期数

还租期数，指租赁期间的租金结算或还款次数。还租期数亦即付租间隔期，是指上期租金支付日与当期租金支付日之间的时间间隔。还租期数的多少与承租人占用出租人的资金的时间长短成反比。还租期数少，承租人占用资金时间长，风险大、利息高，租金总额就大；反之，则相反。

还租期数一般以半年支付一次租金为宜，此种情况下期数等于年数乘二，使用年利率时，应折算成半年使用期的利率后方可参加运算。此时的利率为名义利率，比实际利率计算的结果要稍高一些。有些国家规定融资租赁每半年还一次租金，政府参与的租赁项目每个季度偿还一次租金。对于承租人来说，如不考虑汇率对租金的影响，总希望租期长，每年支付期数多，使每期租金相对少一些，以便减少每期还债压力。出租人则希望租期不要过长而加大资金回收风险。

实际上，租期在客观上受租赁物件的使用寿命，法定折旧年限的规定，以及项目可行性报告财务分析中投资回收期的限制。

七、保证金的支付数量和结算方式

保证金是承租人在签订租赁合同时向出租人缴纳的一定数量的资金，以作为履行合同的保证。一般情况下，保证金是不计算利息的，承租人向出租人支付的保证金越多，对出租人越有利，出租人要求的租金总额会相对较低，反之则越大。此外，保证金是采取从概算成本中扣除的方式计算，还是算作抵交最后一期租金的一部分，也会影响到实际租金总额的大小。当保证金冲减租赁设备概算成本时，租金总额就小；否则，租金总额就大。

八、租金支付币种

租金支付币种的不同，会因币种所涉及的汇率风险不同而影响到租金金额的大小。国际金融市场上各种货币的利率及其相互之间的汇率多变，汇率的波动影响本国货币支付比重的兑换比率，进而直接影响租金总额。一般而言，采用利率高、汇率高的币种，租金总额就高些。

九、租赁余值

租赁余值就是，融资租赁合同中预计租赁期结束时，预留的剩余融资成本的未来价值。主要为经营性融资租赁结束时物件需要留购、退租或续租时的处理提供价值依据。计算时将这部分余值，按照租赁的利率和最后一期的期数折成现值从本金中扣除。

第四节　租金计算方法与支付方式

融资租赁业务属金融范畴，因此租金计算与贷款计算没有本质上的区别，只是租金的算法比贷款更具有多样性和灵活性，更能适应融资租赁业务复杂多变的特征。

一、租金计算方法的分类

还租方式灵活是融资租赁的典型特征之一，而不同的还租方式，其租金计算具体方法也不尽相同，从而产生了多种不同的租金计算方法。

就出租人收回本息的方法而言，从世界各国租赁市场的实践看，融资租赁交易几乎都没有采用到期一次还本这种方法的，基本上采用的都是分次偿还，也就是承租人一边占用租赁资金，一边开始逐步偿还租赁融资的本金和利息。在这种偿还方式的前提下，具体的偿还方法有年金法的逆运用和成本回收法。

根据每期租金是均等付租还是不均等付租之分；所还本金是均等的还是不均等的；每期租金是先付或后付，是否收取保证金，是否留有残值等不同情况，有不同的计算方法，每一种现实的租金支付方法实际是上述各种选择的有机组合。相应地，具体的租金计算方式也略有不同，从而产生多种租金计算方法。由于不同的租金支付方式承租人实际负担的利息有差异，因此，所计算出的每期租金金额与租金总额也不相同。

根据租期内租赁利率是否固定，资金计算方法可以分为固定租赁利率与浮动租赁利率两种基本类型。

租金计算方法在我国融资租赁实务中，采用最普遍的是固定租赁利率下的平均分摊法和等额年金法。而在国际租赁中，由于近年来浮动利率在国际金融市场上的广泛运用，出租人来源于浮动利率的资金日渐增多，为转移利率变动风险，出租人在为承租人确定租金时，也相应地采用浮动租赁利率。

二、租金计算方法

（一）等额平均分摊法

也叫作等额本金法。就是先以商定的利息率和手续费率计算租赁期间的利息和手续费，然后连同设备成本按支付次数进行平均。

每次支付租金=［（租赁设备购置成本−租赁设备的预计净残值）+ 租赁期间的利息 + 租赁期间的手续费］/ 租期

$$A = [(C-S) + I + F] / N$$

其中，A 是租金，C 是设备成本，S 是设备预计残值，I 是租赁期间利息，F 是租赁期间手续费，N 是租期。

等额平均分摊法直观、易懂，很受承租人的欢迎。目前，大多数融资租赁公司都采用这种租金计算方法。

（二）年金法

年金法是指在已知未来各期收益的情况下，将未来各期收益按照一定的投资回报率折为现值，再与实际投资相比较，以确定是否收回投资的一种考虑时间价值的投资核算方法。租金计算中的年金法，实际上是利用上述年金法的原理，在已知租赁投资额和相当于投资回报率的租赁利率情况下，倒算未来各期的收益及每期租金额，使租金总额等于租赁投资与按既定租赁利率的租赁收益之和。

利用年金法计算租金，每期租金必须相等，或者是有规律地递增、递减，如等比递增和递减，等差递增和递减。等比与等差的递增与递减租金计算方法，实际是每期租金均等支付的变种，所以，利用年金法计算租金的重点是掌握每期租金均等支付条件下的各种不同情况的租金的计算。掌握这个计算方法，不管是以何种方式计算租金，不管计算方式多么复杂和多变，在法律上都不会因此争论。

年金法又可分为等额年金法和变额年金法。

1. 等额年金法

等额年金法的特点是每期租金的金额都相等。等额年金法是租金计算中比较科学、合理、通用的计算方法。其优点是计算简便、科学性强、适用范围广。计算原则是按承租人占用本金的时间，根据双方约定的利率和期数，复利计算利息。在每个租金还款期，先结利息后结本金。等额年金法又可分为期初支付与期末支付两种。

2. 变额年金法

表面上看，按变额年金法方式支付的租金，每期都不相等。而事实上，变额年金法是指每期租金有规律地递增或递减的租金计算方式。变额年金法根据租金变动趋势，有递增和递减方式之分，按变量形式又分等比和等差变量。

（三）成本回收法

成本回收法是指租赁双方在签订租赁合同时同时商定，每期租金按照一定的规律回收本金，再根据息随本减的原则，加上当期应收的利息，即为每期租金。这样，每期租金额之间没有规律，也没有统一的计算公式。每期回收本金经双方商定，可以均等，也可以不均等，是等差或等比变额，也可以是无规律的。

（四）固定利率计算方法

用款期在一年期以上，使用的是长期利率。融资租赁一般规定最短期为三年，使用长期利率。在整个租赁期内利率保持不变，在租赁界被称为固定利率。按固定利率方式计算，可分为等额年金法和变额年金法。等额年金的特点是每期租金的金额都相等。变额年金法根据租金变动趋势，有递增和递减方式之分，按变量形式又分等比和等差变量。综合上述方式，固定利率计算的方法主要有 6 种，即定额年金法、等差递减法、等差递增法、等比递减法、等比递增法（当等比递增率和租赁利率相同时，租金计算公式在此不连续，公式不成立，需加入特定条件后，衍生为另外一种计算方法）和等比、等差变量法。将这 6 种方法与租金偿付方式(先付或后付)、是否有保证金和租赁合同结束时是否留购租赁物件（保留残值）4 种情况经排列组合后，共有 24 种计算方法。

（五）浮动利率计算方法

融资租赁提供的是长期资金，但也可用短期利率计算，即利率随市场变化的。由于每期租金使用的利率不一样，因此称之为浮动利率计算法，如有些租赁合同用 6 个月期的短期利率来计算（如果每半年还一次租金的话）。

这种长期合同使用短期利率的做法，每期都要根据资金市场的利率变动，确定下期租金的利率标准。使得利率在整个租赁期内，随期数而变动，所以称浮动利率租赁合同。计算方法与固定利率不同的是，首先将还本计划分期确定后，每到还租日时，以上期末未回收本金结算一次利息，加上计划应回收本金，算出租金，再用已回收的本金冲减未回收本金作为下期租金计息基数。每期应付租金日都要根据资金市场的利率变化，确定下期租金的利率标准。

浮动利率一般采用伦敦国际银行间拆借利率，并加一定的利差作为租赁利率。一般以起租日的伦敦国际银行间拆借利率加利差作为计算第1期租金的利率；第1期租金偿还日的伦敦国际银行间拆借利率加利差作为第2期租金的利率；以此类推，计算第3期、第4期……第n期的利率。

这种长期合同使用短期利率的做法，使得利率在整个租赁期内，随期数而变动，所以称浮动利率租赁合同。

（六）附加利率计算方法

附加利率是一种高额租金计算方法。附加利率是指在租赁购置成本上，附加一项特定的附加利率。计算方法是：按期分摊本金利息和之后，每期租金都加上附加费用，利息用固定利率按单利计算。

采用附加利率，主要是弥补固定利率的不足。

（七）隐含利率计算方法

租金算法中有一个值叫隐含利率，是指利率不是使用的利率，而是验证利率。隐含利率相当于整个租赁期间的综合平均利率，计算其的重要性在于验算出融资的实际收益率，还可以算出浮动利率总的平均利率。一般计算企业内部收益率也是采用这种计算方式。

租金计算方法较多，但在应用中以定额年金法为主，因为这种方法便于管理，计算起来相对容易。当每期回收租金与项目评估中的期望值有较大差距，可能增加不能如期回收租金的风险时，则应采用其他与项目还款能力和应收租金相适应的租金计算方法，使租金回收更安全可靠。总之不管用哪种方法计算租金，都应列出租金平衡表，将每期租金的本息和未回收成本分开，使之既可以检验租金计算的正确性，又便于承租人和出租人各自进行规范的财务处理。

我国融资租赁实务中，租金的计算大多采用平均分摊法和等额年金法。

三、租金计算中应注意的问题

（一）租赁项目概算成本的调整

概算成本是指出租人与承租人在签订租赁项目合同时，根据租赁资产的价格再加上有关费用，如运输费、保险费等匡算出的成本。概算成本是计算租金的重要依据。由于概算成本是匡算的，因此，当实际支出发生以后，概算出的租金和保证金应根据实际支出进行相应调整。

（二）租赁手续费的计算方式

租赁公司在开展融资租赁业务时，要收取一定的手续费。手续费是租赁公司的一项收入，因而也就是承租人的一项经济支出。租赁手续费计算方法不同，会对每期租金和租金总额产生影响。目前，常用的租赁手续费计算方法有以下几种：

（1）按租赁设备价款单独计算，并于租赁开始时一次性收取。公式为：

租赁手续费 = 租赁物件的成本 × 手续费率

（2）按租金总额单独计算，并于租赁开始时一次性收取。公式为：

租赁手续费 = 租金总额 × 手续费率

（3）将手续费纳入利率，提高租赁利率水平，在租赁期内并入租金分次收取。在这种情况下，计算租金实际使用的利率会上升，租金总额会增加。公式为：

实际利率 = 原定利率 + 租赁手续费率

（4）将租赁手续费计入设备概算成本，在租赁期内逐步回收。这种计算方法实际增加了租赁项目的概算成本，会在一定程度上增加承租人的租金负担水平。公式为：

设备概算成本 = 原设备价款 × 租赁手续费率

（5）把租赁手续费换算成年费率，再纳入利率计算。公式为：

实际利率 = 原定利率 + 租赁手续费率 ÷ 平均贷款期限

（三）租赁保证金处理方法

为确保承租人及时、足额地支付租金，防范承租人的信用风险，租赁公司往往要求承租人在租赁开始时缴纳一部分保证金。对租赁保证金的处理有两种方式：一种是在计算租金时把承租人已付的保证金从概算成本中减去；另一种是保证金不冲减概算成本，只是在最后一期租金中抵免。第一种方式对承租人较为有利，租赁保证金冲减概算成本后，依次为依据计算出的租金额会有所减少，承租人的租金负担减轻。但出租人更希望采用第二种处理方式，因为这种方式相当于租赁公司从承租人手中取得一部分资金（保证金）而不用支付利息，而在最后一期租金支付时偿还，这对租赁公司有利。

（四）租赁物件残值的确定

残值及设备的残余价值，租赁物件的残值是指租赁期届满时，按租赁设备的市场售价估算的租赁设备的残余价值。租赁设备的残余价值根据租赁物件的种类、性能和市场情况等条件而确定的。计算租金时，残值应从货价中冲减掉。因此，在实际上，残值对租金的影响是很大的。

在国际上，当租赁期届满时，承租人要想获得租赁设备的所有权，必须按合同规定的残指数（原价的 10%~20%）支付残值费。在美国，出租人只能按设备经济寿命的80%租给承租人，留20%的残值。可见，残值在国外租赁业中是非常重要的经济概念。残值不仅减轻了承租人的经济负担，同时也是租赁公司获利的重要来源。

四、租金的支付方式

当事人可以根据租赁物的种类和使用情况协商确定租金的支付方式。租金的支付方式基本有以下几种。

（一）按支付间隔期的长短支付

按支付间隔期的长短，一般分为年付、半年付、季付和月付等方式，期限越长，支付的次数就越多。

（二）按租金的支付时间支付

一般而言，租金的支付时间有三种方式，一是期初付租，即承租人在各付租间隔期期初支付租金。在期初付租的情况下，第一期租金在起租日即需支付。二是期末付租，即承租人在各付租间隔期期末支付租金，这种方式使租金支付时间向后推迟了整整一个间隔期，我国多采用这种方式。三是有付租宽限期的期末付租，从起租日起，确定一个期限作为承租人付租宽限期，宽限期内，承租人可以不支付租金，但要计息，宽限期的利息可加入租赁物件总成本中，然后再计算租金。

（三）按等额和不等额支付

按每次支付的租金额多少分为两种，一种是每次支付的租金额相同，称为等额支付；另一种是每次支付的租金数额不等，称为不等额支付。非均等支付又可以包括多种多样。如季节性支付，即根据承租人收入有季节性的特点，按不同收入确定不同的租金数额。

如逐期递增支付，即每期租金数额随时间的推移逐期增加，使得每一期租金都比前一期的水平增加同样的百分比或同样的数额，以适应承租企业在投产前收入不多，以后逐步增加的情况。逐期递减支付，其原理与逐期递增支付方式相同，变现为每一期租金都比前一期减少同样的百分比或同样的数额。

从租赁公司避免风险角度而言，逐期递减支付比较有利；对承租人而言，一般根据其现金流量的大小来选择采用递增或递减支付的方式。实务中，承租企业与租赁公司商定的租金支付方式，大多为后付等额年金。

（四）按租金的货币种类支付

租金支付货币的适用原则是：以什么货币签订的租赁合同，就以什么货币完成支付行为。国内企业承租国外设备，在其他条件不变的情况下，应选择软货币为宜，但具体情况下还要视利率与汇率水平综合来考虑。

（五）按租金的支付日期支付

1. 起租日

起租日即租赁期的起算日。确定其租期一般有三种情况：一是以按照租赁标的物转运提单日期算租赁期；二是从租赁公司向供货人支付租赁标的物价款之日起算租赁期；三是从租赁标的物运抵承租人工厂之日起算租赁期。在签订租赁合同时，应根据租赁当事人的协议，确定租赁起租日期，并在合同中加以明确。

2. 租金的支付日期

确定租金支付日期，国际上的习惯做法是“算尾不算头”。例如，有一笔交易，出租人与供货人签订的实际付款日期是 2017 年 1 月 1 日，租赁合同中所规定的租金支付期限是每半年支付一次，那么，第一期支付租金的到期日就是 2017 年 6 月 30 日。在计算时，应包括 6 月 30 日（为下一期的“头”），但不包括 1 月 1 日这一天。以后各期租金支付的到期日以此类推。

（六）租金的提前支付问题

在一笔租赁交易中，租赁双方通常事先约定租金支付的次数及每期租金支付的数量和日期，出租人一般要求承租人不得提前支付租金，否则，提前支付部分要加收惩罚性利息。这主要是由于若承租人不按原定租金支付计划利息，而要提前付息，出租人不但会因提前收回而少收部分利息，还会使其资金运筹计划打乱，产生资金闲置或其他相关问题，出租人还会因寻找合适新客户而承担汇率风险。因此，出租人一般不会同意承租人提前支付租金，如果同意则可能以承租人负担其闲置资金的利息损失为前提。

随着世界经济发展，目前，国际间租金支付结构也在不断地创新，租金支付变得更加灵活，从而使承租企业可以根据经营特点灵活安排租金支付。如美国税法允许采用如下租金结构：

（1）“租金假期”（Rent Holidays）：该段时期内承租人不支付租金，出租人支付债务利息和（或）本金。

（2）“锯齿”（Saw Tooth）结构：允许租金支付额在一年里上下起伏。

（3）“空翻”（Flip）结构：租金在租期的一个或多个时间点上在后付与先付之间交替。

第五章 融资租赁交易合同

融资租赁交易作为一种创新的交易形态，必然也要涉及交易主体的公正、公平等。因此签约融资租赁合同，就能对当事人产生了法律的约束力，受到国家强制力的保护和监督。《中华人民共和国合同法》第十四章对融资租赁合同的概念、融资租赁合同的内容和形式，以及租赁物的交付、承租人的索赔、租赁物的所有权、租金、租赁物的瑕疵责任、租赁物的维修、融资租赁合同的解除、租赁期满租赁物的归属、违约责任等内容做了详细规定。

第一节 融资租赁合同定义及特征

一、融资租赁合同定义

融资租赁合同定义，依据《中华人民共和国合同法》第二百三十七条规定："融资租赁合同是出租人根据承租人对出卖人、租赁物的选择，向出卖人购买租赁物，提供给承租人使用，承租人支付租金的合同。"这是《中华人民共和国合同法》第十四章对融资租赁合同做出的定义，符合当时融资租赁在中国的实践和对融资租赁的认识。

在宣讲《中华人民共和国合同法》第十四章《融资租赁》列名合同时，经常说：融资租赁合同是"两个合同三方当事人"的合同。这是法律人士的概念和解释，对于融资租赁的从业人员来说远非如此。融资租赁合同是由出卖人与买受人（出租人）之间的买卖合同和出租人与承租人之间的租赁合同构成的。这里虽然包括购买合同也包括租赁合同，但其法律效力又不是买卖和租赁两个合同效力的相加，不是两个相互没有关联的合同，而是一个合同的两个部分。

二、融资租赁合同法律特征

融资租赁合同是要式、双务、有偿的财产性合同，这与其他财产类合同具有共同特征。但融资租赁合同又是集租赁和买卖关系于一体，将融资与融物结合在一起的具有独立法律地位的特殊合同，具有独特的法律特征。

（一）融资租赁合同的主体涉及三方当事人

一般财产类合同都是双务合同，当事人多为双方，双方相互享有的权利和承担的义务是相互对应的，平等互利的公平原则在合同中直接体现出来。传统的租赁也是出租人和承租人双方之间的交易，平等互利的公平原则在合同中也直接体现出来。而融资租赁却是涉及出租方、承租方和供货方的三方当事人的交易。在融资租赁合同中，这种公平原则却由三方当事人的权利义务在两个合同的履行过程中交叉体现，三方当事人互为权利义务。出租方根据承租方的要求和选择，与供货方签订购买合同并交付货款，与承租方签订租赁合同，由供货方直接将租赁物送交承租方。在租赁期间，承租方按照租赁合同的规定，分期向出租方交付租金。

从融资租赁交易的基本内容可以看到，融资租赁在本质上是租赁，但又并非单纯的租赁，它是以向承租人融资的形式并以存在买卖合同为条件而实现的租赁。因此，融资租赁合同还兼有融资和买卖的性质，这是融资租赁合同最主要、最关键的特点。由于这一特点，使融资租赁合同不仅有承租人和出租人双方当事人，还涉及第三人供货商，不仅有租赁合同，还包括买卖合同。这一特点将融资租赁合同与一般的租赁合同和买卖合同区别开来。

例如，在以出租人为购买人的租赁物购货合同中，一定要有不可或缺的三个基本条款，承租人必须要在购货合同相关这三条的特殊条款上签字、盖章。

一是购货合同的出卖人是向承租人履行交付标的物和瑕疵担保义务，而不是向买受人（出租人）履行义务，即承租人享有买受人的权利但不承担买受人的义务。购货合同所采购的全部设备及其附加都是按照承租人的要求，为他们日后对该物的占有、使用、收益而采购的。承租人确认和接受合同中的所有条款，买方（出租人）也完全清楚购货的目的以及日后服务的对象。

二是购货合同项下的所有货物的索赔权转移给承租人，而索赔的物资和货币均属于出租人所有。先赔付给买方（出租人），然后再根据具体情况转移给承租人。

三是购货合同设为 XX 号，是融资租赁合同的一部分，具有同等、不可分割的法律效力。

（二）融资租赁合同由两个合同构成

融资租赁合同与其他民商事合同最明显的不同点就在于该交易由两个合同构成，分别为购买合同和租赁合同。购买合同与租赁合同密切联系，不可分割。

如果将两个合同割裂开来，就看不到融资租赁交易的全貌和实质，当事人之间权利义务的分配就会失去平衡。两个合同在合同的生效、履行和解除方面存在着紧密的关联，甚至互为前提、互为条件。

融资租赁由两个合同构成，源于融资租赁交易的“融物”特征。融资租赁交易必须体现在租赁物这个载体上，而承载着“融资融物”双重作用的租赁物，就必然要先进行购买而后租赁。两个交易行为，就会有购买和租赁两个合同来对交易行为进行约束，这样就形成融资租赁合同由两个合同构成的创新特征。

（三）融资租赁合同打破了合同的相对性

合同具有相对性，合同相对性是指合同主要在特定的合同当事人之间发生法律拘束力。只有合同当事人一方能基于合同向对方提出请求或提起诉讼，而不能向与其无合同关系的第三人提出合同上的请求，也不能擅自为第三人设定合同上的义务。合同债权也主要受合同法的保护，即权利义务仅在当事人之间生效。而在融资租赁合同中打破了合同的相对性。融资租赁合同的购买合同与租赁合同，不是两个相对独立的合同，两个合同之间有着密切联系，存在紧密的联动性。

1. 融资租赁中购买合同的签订是租赁合同订立的前提和条件

购买合同是租赁合同存在的前提，租赁合同则是购买合同的目的。

一是因为融资租赁的标的物是同一的，它即是买卖合同的标的物，也是租赁合同的标的物。购买合同首先对作为标的物的设备的规格、型号及交付日期等都做出了明确的规定。如果购买合同未签订会造成租赁物的缺乏，而使租赁合同失效。

二是因为出卖人知道出租人购买租赁物的目的是租给承租人使用，购买合同必须在承租方表示租赁意向后方可签订，并需要经过承租方的确认。因为融资租赁就是出租人根据承租人对租赁物和出卖人的选择，从出卖人处购买租赁物，将租赁物出租给承租人，向承租人收取租金的交易活动。其实质是承租人对出卖人和租赁物的信任和选择，出租人主要义务是提供融资。因此，在融资租赁中的租赁合同中，有关租赁物的来源、物权的设立（租赁物的交付）、维修保养等条款都是与购货合同的采购物件完全相符，并且强烈明示：XX 号购货合同是融资租赁合同不可分割的一部分，具有同等法律效力。出租人购买租赁物的行为与其出租租赁物的行为是紧密联系在一起的，买卖是为出租服务的。正由于相关当事人在订立合同时，即对合同目的有所预期，也就为承租人行使买卖合同项下的权利奠定了基础。

三是因为买卖合同如被确认无效或者撤销，融资租赁合同的基础就要受到影响，通常租赁合同也同时解除。融资租赁合同解除后当事人的损失，除合同另有约定外，由买卖合同被确认无效或者撤销的过错方承担。

2. 融资租赁中购货合同和租赁合同的关联性

融资租赁中购货合同和租赁合同有紧密的关联性。首先在融资租赁交易实践中，人们通常将购买合同作为租赁合同的附件，从而使购买合同成为租赁合同的组成部分。其次，在融资租赁交易中，将买卖行为和租赁行为联系起来的是出租人。在合同形式上，由出租人分别与出卖人和承租人订立买卖合同和租赁合同，同时存在于购买合同和租赁合同的当事人中。再次，在租赁合同和购买合同中都有相互关联的内容。在融资租赁买卖关系中，出卖人知道出租人购买租赁物的目的是租给承租人使用，因此，承租人可以直接对出卖人提出索赔，出卖人不得以承租人非买卖合同当事人而进行抗辩，打破了合同的相对性，充分体现出了合同当事人权利义务的相互交错，各方利益纵横交错连在一起，任何一方不可擅自行为，严格按合同行事。

当然现实实务运行当中，融资租赁合同涉及的不只两个合同，当事人也不只三方，融资租赁需要在完整的产业链上运作。如果就是出租人、出卖人、承租人，没有出资人的参与，首先合同的成立机会不大，涉及的合作方不止三方。其次融资租赁还涉及运输、保险、担保、公证、税务、财务等多方面事务，相关合同、协议不只一份。这是从整个融资租赁交易运行中广义角度的认识。

（四）融资租赁合同具有不可解约性

从法理上说，任何合同都是可以解除的，之所以说融资租赁合同具有不可解约性，不是说融资租赁合同绝对不可以解除，而是针对承租人来说，解约的代价几乎等同于全部履约。从这个意义上说，融资租赁合同具有不可解约性。

合同的不可解约性在会计准则中也有体现，如中国《企业会计准则第 21 号——租赁》第七条规定："租赁期，是指租赁合同规定的不可撤销的租赁期间。租赁合同签订后一般不可撤销，但下列情况除外：

——经出租人同意。

——承租人与原出租人就同一资产或同类资产签订了新的租赁合同。

——承租人支付一笔足够大的额外款项。

——发生某些很少会出现的或有的事项。

从上述规定可以看到，除非出租人同意，否则，承租人解约的代价是非常高昂的。

对出租人来说，租赁物是出租人完全按照承租人的自身需要和指定向出卖人购买的，不仅租赁物具有特定性，其实用者也是特定的，甚至有些租赁物可能是为承租人专门订制的。出租人并非资产的使用者和管理者，而是资金的提供者，出租人不承担租赁物上可能产生的任何风险，如质量瑕疵、权利瑕疵、毁损灭失等风险。如果赋予承租人解除合同的权利，出租人既很难再找到另一个客户租用该租赁物，将承担租赁物无法处置的风险，同时也面临资金占用损失，这有悖融资租赁交易中“融资”的本质。因此，在融资租赁合同签订后，未征得出租人同意，承租人不允许以任何借口或理由随意解除融资租赁合同。

第二节　融资租赁合同的签订

融资租赁合同是出租人以融物的形式为承租人提供融资的一种特殊合同，是一种资本性的中长期融资。融资租赁合同由于涉及两个合同、三方当事人，其订立程序和内容一般有特殊要求。为明确融资租赁法律关系中出租人、承租人、出卖人之间的权利义务关系，融资租赁合同的签订和合同的履行全过程，环节较多，流程也较长。

一、签订融资租赁合同的流程

（一）选择租赁物

融资租赁合同主要是解决承租人对租赁物的需求问题。因此，融资租赁合同的订立一般由承租人发起，承租人根据自己的需要选择租赁物和供货方。由于选择的租赁物关系到融资租赁合同的签订、履行和自身业务发展等问题，所以租赁物的选择是融资租赁合同签订前承租方必须认真对待的一个关键问题。

承租人一般应注意从出卖人的信誉、产品质量、售后服务，设备的规格、型号、性能、质量、价格等进行考察。在具体操作中，有可能是承租人有融资需求而找到出租人，也有可能是出租人得知承租人的融资需求后主动上门营销，为承租人提供融资租赁服务。

（二）选择出租人

选择出租人又称租赁委托。由承租人对众多的出租人进行反复调查比较，综合考虑其资金实力、筹资能力、租金高低、支付方式、信誉、提供的服务等，择优选择，然后向选中的租赁公司提出租赁的要求即租赁委托。这一步骤在融资租赁合同的订立中起着举足轻重的作用，标志着融资租赁项目的正式启动，确定了整个交易的基本内容，成为后续的相关购买合同和租赁合同签订的奠定基础。

（三）项目受理

在融资租赁交易中，出租人购入租赁物提供给承租人使用，相当于向承租人提供了一笔长期贷款。为了确保其投入的本金、利息的回收，并获取相应的利润。出租人必须对租赁项目本身和承租人的资信情况进行全面的审查和评估之后，才能正式与承租人签订租赁委托书，租赁项目开始启动运行。

1. 租赁项目的审查

租赁项目的审查主要是全面审查租赁项目的背景和承租方。出租人对拟开展的融资租赁交易进行调查的内容包括：

第一，审查承租人的资信状况，如承租人的设立和合法存续状况、相关经营资质、信用状况、经营情况、财务状况、还租能力、对租赁项目的内部审批流程、可能提供的还款担保等内容。第二，审查租赁物所涉及的项目，包括项目是否合法，需要有关机关行政审批的是否已经取得有关机关的批准。因此，有必要在开展融资租赁交易前对于租赁物所涉及项目进行必要的调查。第三，对出卖人的调查。虽然出卖人是由承租人自行选定，出租人对出卖人的履约风险不承担责任，但是，由于买卖合同是租赁合同的前提，买卖合同的顺畅履行是租赁合同正常履行的基础，所以租赁公司也很关注出卖人是否具有相应的履约能力。第四，租赁物的审查。特别是在售后回租交易中，出租人还应对租赁物的情况进行调查，调查的内容主要包括租赁物的权属情况、是否设置了担保权利、是否存在优先权、承租人的占有和使用状况、是否存在争议、承租人是否有权处分等。

2. 租赁项目的评估

租赁项目的评估主要是对项目本身效益的可行性分析，包括：一是技术评估。重点评估承租方的技术力量和管理水平；论证承租方的生产布局、项目规模和项目成本等技术参数，项目的投入产出情况。还要分析租赁物的实用性和经济的合理性等。二是财务评估。利用财务指标重点分析该项目的盈利能力和偿还资金的能力，同时还要考虑到风险的影响。三是效益评估。从整个项目的经济效益、社会效益、生态效益等方面综合评估该项目是否具有可持续发展性等。

（四）订立相关的购买合同

通常情况下，购买合同的洽谈与签订需要出租方和承租方通力合作。技术方面的洽谈和相关条款的确定以承租方为主进行，商务方面的洽谈和相关条款的确定以出租方为主进行。技术谈判和商务谈判构成签订购买合同的一般程序和主要内容。技术谈判的主要内容主要在选择租赁设备。商务谈判中磋商交易的程序一般分为五个环节：询盘、发盘、还盘、接盘和签订购买合同。与融资租赁合同相关的购买合同由出租人和出卖人签订，其订立的过程与一般买卖合同并无大的差异。但由于相关购买合同不仅涉及了买卖双方及用户的直接权益，而且直接影响到融资租赁合同的订立。因此，在签订相关的买卖合同时，必须预先考虑到与租赁合同条款的一致。

（五）订立租赁合同

租赁合同的谈判在出租人和承租人之间进行，主要内容包括确定租金和支付方式、租期、担保、租赁物在租赁期满后的归属等问题。其中，租金是核心问题。

租赁合同的条款对承租方权利和义务的规定详尽、严格。因此，承租方在签订租赁合同时应注意：一是力求合理的租赁费率。研究和参考各租赁公司的报盘，若是国际租赁业务，还要参考该国的贷款利率水平，在知己知彼的基础上讨价还价。二是把握好租赁费的起始日和偿还期限。租赁费的起始日应定在出租方的实际付款日，而不是租赁物件的装船日。偿还期限应根据自身情况而定，能过长也不能过短。三是避免提供无条件担保，以减少和避免不必要的损失。四是处理好租赁期届满后的租赁物件的所有权归属问题。

租赁合同一经生效，即对租赁双方产生法律效力。出租人和承租人按照约定履行合同义务，出租人支付租赁物购买价款，承租人按期向出租人支付租金。

以上是融资租赁合同签订的一般流程。但是在合同实际签订的过程中，由于不同租赁公司风险控制的要求不同，对承租人的资质要求不同，审查的严格程度也不相同，订立合同的流程亦会有所差别。

二、融资租赁合同的主要内容

《合同法》第二百三十八条规定：“融资租赁合同的内容包括租赁物名称、数量、规格、技术性能、检验方法、租赁期限、租金构成及其支付期限和方式、币种、租赁期间届满租赁物的归属等条款。融资租赁合同应当采用书面形式。”《合同法》对融资租赁合同内容的规定是指导性条款，而非强制性规定，目的是提示出租人和承租人在订立合同时应当考虑的内容。

（一）合同首部

合同的首部是合同的非正文内容，它是每个合同都应包含的内容。在合同的首部，首先确定合同的名称，说明合同的交易性质，表明本合同是融资租赁合同。确定合同的名称的目的是为了快速确定合同应该适用的法规，是有名合同还是无名合同，便于合同签订主体按照法律的规定安排合同的条款内容，不违背法律的禁止性或限制性规定。其次，应该确定合同的签订主体，包括出租人、承租人的名称、住所、法定代表人、联系方式等。最后，要标明合同的签订时间和地点，标明合同的签订时间，这是为了明确合同的生效时间，通常未附生效条件的合同一经签订即生效。合同的签订地点涉及合同争议的管辖法院，合同的签订主体可以在合同中协商确定因合同发生的争议，由合同签订地有管辖权的法院管辖。

（二）定义和释义条款

在融资租赁合同中，有许多特定的术语和名词，它们具有特定的含义。为了避免合同签订主体理解上的分歧，也为了行文和阅读方便，避免使用时重复进行解释，需要在合同中专门对其定义或解释。这些名词包括租赁物、出卖人、买卖合同、租金、租金支付日、起租日、租赁期限、中国人民银行贷款基准利率、工作日等内容。

（三）租赁物条款

租赁物是融资租赁合同的标的物，租赁物和出卖人都由承租人自主选定。有关租赁物的条款包括租赁物的名称、规格、型号、数量、质量、来源、金额等内容。通常在融资租赁合同的正文中并不逐一列明租赁物，而是用专门的附件比如《租赁物清单》列明。比如，在合同的正文中约定："租赁物详见本合同附件《租赁物清单》"，也可以指向买卖合同，说明买卖合同中的标的物为租赁物。

（四）租赁物的购买条款

租赁物的购买条款是融资租赁合同和普通租赁合同的重要区别。在租赁物的购买条款中应明确规定租赁物和出卖人由承租人自主选定，买卖合同中的所有条款由承租人和出卖人协商确定，出租人根据承租人与出卖人之间的协商结果与出卖人签订买卖合同。并且，在融资租赁合同中还要进一步确认，承租人的上述选择未依赖出租人的技能确定，出租人也未干预租赁物的选择，即使租赁物不符合约定或不符合使用目的或出卖人未按期交付租赁物等任何情形的，出租人均不承担任何责任。

租赁物的购买条款中，应明确租赁物的购买价格、币种、支付对象、支付进度等，租赁物购买价款构成租赁成本的全部或大部分，是计算租金的依据。在融资租赁交易中，租赁期限结束时，出租人一般已将大部分或全部租赁成本通过收取租金的方式收回。

（五）租赁物的交付和验收条款

租赁物的交付条款中应该约定的事项包括租赁物的交付方式，租赁物的验收工作，出卖人交付迟延或不能交付如何处理等内容。

在融资租赁合同中，虽然租赁物由出租人购买，但是出卖人并不直接向出租人交付租赁物，而是约定由出卖人直接向承租人交付租赁物，承租人有受领租赁物的义务。

接收和验收租赁物是承租人的约定义务，无正当理由，承租人不得拒绝接收租赁物。如果因承租人不能及时办理受领租赁物的手续所造成的一切损失，应当由承租人负担。特别是在进口货物的情况下，受领租赁物有一系列的流程和手续如报关、商检等，并要缴纳相关费用，逾期受领会产生滞纳金。

承租人接收租赁物后，应立即对租赁物进行检验检测，并通知出租人，将承租人与出卖人签署的验收文件递交出租人备存。

出租人也可能参与租赁物的交付和验收环节，作为所有权人或买受人签署必要的交接文件。但这并不意味着出租人要承担任何责任，融资租赁合同中一般约定出租人对出卖人提供的任何有关租赁物的证书、技术资料、图纸、清单、报告以及其他文件资料进行签收或签署，均不表示出租人对买卖合同项下租赁物品质的认可，出租人对租赁物可能存在的瑕疵及其他不符合买卖合同的情况不承担任何责任。

承租人受领租赁物后，应向出租人出具《租赁物接受证明》。

（六）租赁物的质量瑕疵条款

鉴于租赁物和出卖人都由承租人自主选定，出租人不承担租赁物质量瑕疵的责任，而由承租人向出卖人主张权利。对此，融资租赁合同通常约定：如租赁物不符合要求的，则由承租人向出卖人追究法律责任，不得以此为由追究出租人的任何责任。索赔的结果和费用由承租人享有和承担，且融资租赁合同的效力不得因之而受到任何影响，即承租人在融资合同项下的租金支付及其他义务不受任何影响。

在融资租赁合同中，出租人不承担租赁物的质量保证责任，这是由融资租赁合同的性质决定的。在融资租赁合同中，出租人实质仅是资金提供者，承租人和出租人签订融资租赁合同的目的在于向承租人融通资金，只不过它并不像银行信贷那样直接向承租人提供资金，而是由承租人以融物的方式来实现融资的目的。这和承租人自己购买租赁物一样，购买租赁物后租赁物产生的所有问题都由承租人自行解决，承租人通过租金形式返还出租人支付的租赁物购买价款即可。

在一些情况下，例如买卖合同由出租人签署,只能由出租人作为诉讼主体，需要出租人协助索赔的，出租人应予以协助。但由于是为了承租人的利益而索赔，因此由此产生的费用由承租人承担，索赔所得的利益也归承租人享有。

（七）租赁期限条款

租赁期限是承租人占有使用租赁物的时间。自起租日起算，法律并未对起租日进行具体规定，何时起租是当事人的意思自治范畴。起租日可以由出租人和承租人协商确定，实践中一般以承租人有权占有租赁物的时间作为起租日，通常以出卖人向承租人交付租赁物之日为起租日。

租赁期限的长短由出租人和承租人协商确定，租赁期限一般为 1 年以上，20 年以下，在确定租赁期限时一般也要考虑租赁物的折旧年限。

（八）租金条款

收取租金的权利是出租人最主要的权利之一。有关租金条款的约定，包括租金的计算方式、支付方式、支付时间、币种等内容。租金条款反映的是出租人的经营策略，收费标准、租金的计算方式等，各租赁公司差异比较大，各有特色。租金条款中一般涉及以下几个内容：

1. 租赁成本和租赁利息。租金由租赁成本和租赁利息构成，租赁成本是出租人支付的租赁物购买价款以及出租人和承租人一致同意计入租赁成本的其他费用之和。租赁利息是租赁成本按照租赁利率计算的利息。

2. 租赁利率。租赁利率由出租人和承租人协商确定，可以参照中国人民银行定期发布的基准贷款利率，也可以自行约定。租赁利率可以是固定的，也可以是浮动的，如是浮动利率需要明确浮动原则和日期。

3. 租金支付方式。主要内容包括支付日期、支付次数、每期租金金额、币种、期初先付还是期末后付、收款账户，租金计算方式（等额本息或等额本金）等。在用外币形式计收租金时，应考虑到汇率的变化情况。

另外，在某些融资租赁合同中，出租人支付租赁物的购买价款后，离租赁物的交付还有很长一段时间，这段时间，承租人不能占有、使用租赁物，如果计收租金不符合租赁使用收益的特征。因此，出租人和承租人约定一段时间的租前期，在租前期内，承租人向出租人支付租前息。租前息是以出租人已经支付的购买价款按照租赁利率计算的利息，可以约定承租人定期支付，也可以约定计入租赁成本。

4. 租赁保证金条款。租赁保证金是为担保承租人全面履行融资租赁合同中的义务，而由承租人向出租人缴纳的一定数额的履约保证金，法律性质上属于金钱质押。租赁保证金作为承租人履行合同义务的担保，当承租人违约或者拖欠有关款项时，出租人有权从租赁保证金中扣除有关费用，且承租人有补足租赁保证金的义务。租期届满，承租人按约定履行完合同义务后，出租人应将租赁保证金如数退还给承租人，也可以约定租赁保证金折抵承租人应负的最后一期或几期相应数额的租金。租赁保证金通常不计利息。融资租赁合同通常对此约定有：租赁保证金的目的、支付时间、方式、需持续保持的金额及退还、抵扣部分租金、不计利息等内容。

5. 租赁物的所有权条款。在融资租赁合同中，还要明确约定租赁物的所有权变动的条款。通常，租赁物为动产时，自出卖人向承租人交付租赁物时，租赁物的所有权转移至出租人。出租人取得租赁物的所有权，且在承租人按合同约定留购租赁物之前，租赁物的所有权一直归出租人所有。

在租赁期限内，未经出租人同意，承租人不得有侵犯出租人所有权的行为，如转让、转租、出借租赁物，将租赁物用于投资，在租赁物上设置担保权利或优先权，将租赁物迁离融资租赁合同约定的使用地点或允许他人使用等，也不得明示或默示自己为租赁物的所有权人或处分权人。如出现可能对出租人租赁物所有权造成损害的事件或行为时，承租人应立即采取有效补救措施以保证出租人对租赁物所有权在形态、品质和权利方面的完整性。如非因出租人原因造成租赁物所有权被侵害的，承租人应当承担相应的赔偿责任。

6. 其他主要条款

——租赁物的使用权条款。在租赁期限内，作为承租人支付租金的对价，租赁物的占有、使用权归承租人所有，除承租人违约外，出租人不得干扰承租人对租赁物的占有和使用。在承租人使用租赁物时也负有相应的义务，例如，承租人应严格按照租赁物使用说明书或操作手册使用租赁物，使用合格人员操作租赁物，保证租赁物处于良好的运营状态。

在租赁期限内，承租人还应负责租赁物的维修、维护，这是融资租赁合同的特点之一。

在租赁期限内，租赁物造成第三人人身伤害或者财产损害的，出租人不承担责任，即出租人对第三人侵害的免责条款。因此，在融资租赁合同中也应做出明确的约定：租赁物致任何人人身伤害或财产损害时，出租人不承担责任。出租人如因此而遭受任何损失的，承租人有义务向出租人赔偿。

——保险条款。为减少租赁物毁损、灭失风险造成的损失，通常都需要办理相应的保险。订立租赁物的保险条款时有几个需要注意的问题：

第一，可以由承租人自行投保，也可以由出租人投保，如果出租人支付了保险费，保险费可以计入租赁成本中，由承租人偿还。如果是承租人投保，承租人应该向出租人认可的保险公司投保出租人要求的险种。

第二，保险期限。保险期限应至少覆盖租赁期限。如果是承租人投保，承租人应按期向保险公司支付保费，并保证保险在租赁期限内持续有效。有些险种系一年一保，短于租赁期限，在每年到期前应及时办理续保。

第三，保险金额。保险金额可以是租赁物购买价款总额或租金总额，由当事人协商确定，保额越大，保障越高，相应地保险费也高。有些险种保险公司设立了最高保额，不是想保多少就报多少。投保的币种应与租金支付的币种一致。

第四，受益人。通常租赁公司会要求出租人是唯一的保险受益人或保险金领取人。

第五，当保险事故发生后，承租人须立即通知出租人，以便出租人顺利索赔。另外还要约定，即使发生保险事故，承租人在融资租赁合同项下向出租人支付租金及其他款项的义务和其他义务并不受任何影响。出租人有权选择以保险金来支付修理、更换租赁物的费用，不足部分，承租人仍有补足的义务。

——租赁物毁损、灭失条款。租赁物毁损、灭失的风险由承租人承担，包括已投保风险和未投保风险，即使租赁物发生毁损、灭失，也不能免除承租人按期支付租金的义务。是否解除融资租赁合同，由当事人协商确定。租赁物毁损、灭失有两种情形，一种是租赁物毁损而未达到全损程度，一种是租赁物全损或推定全损或灭失。

若租赁物发生毁损而未达到全损程度，租赁物通过修理、更换继续履行融资租赁合同时，承租人应立即通知出租人，出租人可选择下列方式之一，一是由承租人负责处理并负担一切费用，复原、修理或更换部件使租赁物恢复至可完全正常使用之状态；二是更换经出租人认可的与租赁物同等状态、性能和价值的物件作为融资合同的租赁物。

若租赁物全损或推定全损或灭失的，则出租人有权选择终止融资租赁合同，并要求承租人提前支付融资租赁合同项下的全部款项。承租人如能证明租赁物的毁损、灭失并非承租人原因造成的，出租人在合同中可以约定相应减少承租人的责任。

——违约救济条款。违约救济条款是融资租赁合同中必不可少的条款之一，主要约定出租人或承租人违约时，向对方可采取的救济措施。

第一，出租人违约。融资租赁合同中很少以专款的形式约定出租人违约的条款，这是因为出租人最主要的义务即是支付租赁物购买价款的义务。对出租人违约的条款通常散见于相应的条款中，例如，在租赁物的购买条款中约定，因出租人的过错导致买卖合同不能履行、不能完全履行、延迟履行或者交付的租赁物不符合约定的，出租人应当赔偿承租人因此遭受的损失。

出租人还有一项义务即保证承租人的平静占有，这是一项不作为的义务，合同中也可以约定，出租人无故干扰承租人对租赁物的正常使用时应承担的违约责任。

第二，承租人违约。在违约及救济的条款中通常规定承租人违约情形及其相应的救济措施。承租人违约主要表现在：

(1) 无故拒收租赁物；

(2) 欠付租金及其他款项；

(3) 因承租人原因导致出租人未取得租赁物所有权或在合同期限内丧失租赁物所有权的；

(4) 承租人的陈述、保证不实；

(5) 承租人违反合同约定的保险相关义务；

(6) 承租人怠于履行本合同约定的租赁物的保管、维修、维护义务；

(7) 有证据表明承租人存在违约可能，其未在出租人指定的适当时间内恢复履行能力或提供适当担保的等等。

对于承租人的上述违约行为，出租人可以采取的措施包括：

(1) 终止融资租赁合同；

(2) 要求承租人偿还所有到期未付租金、逾期利息、全部未到期租金、其他与合同相关的应付款项；

(3) 要求承租人返还租赁物或直接进入租赁物所在地取回租赁物；

(4) 要求承租人赔偿出租人因承租人的违约行为而受到的全部损失，以及采取法律允许的其他救济方式。

——权利义务处分条款。为满足租赁公司再融资的需求，在融资租赁合同中，可以明确约定出租人有权处分合同下的权利和义务，但通常将支付租赁物转让价款的义务排除在外。这是因为出租人的主要义务是付款，出租人有能力付款是承租人信赖出租人并与出租人达成租赁交易的前提，如果将主要义务也转让给第三方，则融资租赁交易的基础就丧失。

出租人对其权利的处分既包括将租赁合同赋予出租人的全部或部分权利质押给第三方，也包括将租赁合同项下向承租人收取款项的权利转让、保理给第三方，也包括将租赁物转让、抵押给第三方。出租人的上述转让、质押或抵押行为不得影响承租人在租赁合同项下的权利和义务。承租人也同意将积极配合出租人上述权利的行使。出租人转让其在合同项下权利时应及时书面通知承租人，如果不通知对承租人不发生效力。

由于承租人在租赁合同项下主要是义务人，根据法律规定，义务的转让必须事先征得对方权利人的同意。因此，未经出租人书面同意，承租人不得转让、质押融资租赁合同项下的任何权利和义务。

——期末租赁物归属条款。租赁期限届满，租赁的归属有三种选择：留购、续租和退租。在融资租赁合同中，租金由出租人购买租赁物的全部成本和出租人的合理利润构成。因此，在租赁期限届满，往往约定承租人支付一定的名义价款后，租赁物即归承租人所有。在融资租赁合同中，通常约定：在承租人清偿完毕融资租赁合同项下应付给出租人的全部租金及其他应付款项后，承租人向出租人支付留购价格后按“现时现状”留购租赁物，取得租赁物的所有权。租赁物所有权转移至承租人后，出租人应配合承租人办理租赁物所有权转移手续，解除租赁物之上设定的一切担保权利等。因租赁物所有权转移如有相关税款、费用的也约定由承租人承担。

——合同的提前终止条款。合同中还可能出现承租人提前还款，请求提前终止合同的情形。如果承租人请求提前终止融资租赁合同，必须征得出租人同意，并且提前支付融资租赁合同项下的全部款项或双方另行约定的款项。当承租人支付完毕全部应付款项后，合同提前终止，租赁物的所有权转移至承租人。

——其他条款。其他条款包括不可抗力条款、通讯条款、财务报表的提交条款、融资租赁登记的条款、法律适用及争议解决条款、合同的生效和变更条款。

第三节　融资租赁合同的终止与纠纷处理

一、融资租赁合同的终止

融资租赁合同的终止一般有两种做法：一种是因期限届满而终止；另一种是因融资租赁合同的解除而终止。

（一）因期限届满而终止

融资租赁合同期限届满，当事人也已按照合同的约定或法律的规定全面正确地履行了自己的义务，此时，合同终止。期限届满是融资租赁合同终止的正常形式。

按照法律规定，融资租赁期限届满后租赁物的归属，则可以通过当事人的约定来确定。一般有退租、续租和留购三种做法。

（二）因融资租赁合同的解除而终止

与一般合同一样在租赁期限届满之前，融资租赁合同的效力也可因当事人一方或双方行使解除权而终止。所不同的是融资租赁合同的解除与一般合同的解除相比有着更为严格的条件。

1. 融资租赁合同正常解除

在融资租赁合同履行过程中，在发生下列情形之一，允许解除租赁合同。

(1) 出租人和承租人经协商同意解除，但不能损害供货人的利益。

(2) 出租人或者承租人发生解散、撤销、破产等情况。

(3) 出租人、承租人、供货人之一严重违反合同约定，致合同实际已无法履行。

(4) 合同履行过程中发生不可抗力。

(5) 出现合同中约定解除的情况。

(6) 法律、法规规定的允许解除的情形。

在融资合同履行过程中，出现因承租人的原因而致出租人受到损害，出现这种情况时，出租人一般不采取解除合同的手段，而是在客观上有可能继续履行的情况下，要求承租人支付全部租金，继续履行合同。

2. 融资租赁合同非正常解除

在融资租赁交易中，由于租赁物和供货商都是由承租人自行选择，并且专供承租人使用的。因此，在融资租赁合同履行过程中，承租人一般无权单方面提前解除合同。导致融资租赁合同非正常解除的原因一般有以下几种：

(1) 承租人出现严重违约行为。严重违约行为又称实质违约行为，是指承租人的违约行为在根本上损害了出租人关于租赁资产的物权或债权利益的行为。一般认为承租人出现如下行为时，属于严重违约:

——承租人因供货商所提供租赁物与合同不符或存在瑕疵等情况而拒付租金；

——承租人因财务状况恶化而无法支付租金，多次拖欠租金或拖欠租金的金额较大；

——承租人未经出租人同意而擅自处置租赁物；

——承租人企业股权结构因兼并、收购、股权置换等而发生重大变化；

——承租人破产。

在承租人出现严重违约行为时，出租人有权提前终止合同，并要求承租人加速支付全部未到期的租金，并要求承租人提前归还租赁物。

(2) 租赁设备由于不可抗力或人为因素导致严重损坏或灭失，无法继续使用。当租赁物损毁灭失时，也会导致出租人债权的物质保障受到影响，使融资租赁交易失去了其客观基础，出租人有权提前终止合同，并要求承租人支付全部未到期的租金。

二、融资租赁合同纠纷的处理

融资租赁合同纠纷，是指出租人与承租人之间对融资租赁合同的履行情况和不履行的后果所产生的争议。由于融资租赁合同涉及的法律关系非常复杂，其标的一般比较大，在解决合同纠纷时一定要慎重，妥善解决。实践中，一般要注意以下问题:

(一) 注意时效问题

融资租赁合同当事人请求法院保护其权利的诉讼时效应适用《中华人民共和国民法通则》第一百三十五条的规定，即除法律另有规定以外，向人民法院请求保护民事权利的诉讼时效期间为两年。诉讼时效期间从知道或应当知道权利被侵害之日起计算。因此，融资租赁合同发生纠纷后，要及时向法院起诉，主张权利，以免超过时效而得不到法律保护。

(二) 注意纠纷案件的当事人

根据最高人民法院《关于审理融资租赁合同纠纷案件若干问题的规定》，融资租赁合同纠纷案件的当事人应包括出租人、承租人。供货人是否需要列为当事人，由法院根据案件的具体情况决定。但供货合同中有仲裁条款的，则不应当将供货人列为当事人。融资租赁合同中的承租人与租赁物的实际使用人不一致时，法院可以根据实际情况决定将实际使用人列为案件的当事人。

（三）注意案件的管辖地

融资租赁合同纠纷案件的当事人，可以协议选择与争议有实际联系地点的法院管辖。当事人未选择管辖法院的，应由被告住所地或合同履行地法院管辖。租赁物的使用地即为融资租赁合同的履行地。因此，当事人可根据具体情况，选择有利于自己的管辖法院。

（四）注意选择恰当的解决纠纷的方式

据《合同法》规定，合同发生纠纷时，当事人可以通过协商或者调解解决。当事人不愿通过协商、调解解决或者协商、调解不成的，可以依据合同中的仲裁条款或者事后达成的书面仲裁协议，向仲裁机构申请仲裁。当事人没有在合同中订立仲裁条款，事后又没有达成书面仲裁协议的，可以向人民法院起诉。仲裁做出的裁决，由仲裁机构制作仲裁裁决书。对仲裁机构的仲裁裁决，当事人应当履行。当事人一方在规定的期限内不履行仲裁机构的仲裁裁决的，另一方可以申请人民法院强制执行。融资租赁合同的法律纠纷也同样可以通过协商、调解、仲裁或诉讼这四种方法来解决。

（五）承租人破产时，出租人应采取的对策

在实践中，常有承租人因经营不善，资不抵债而导致破产的情况，这往往会影响到出租人债权利益的实现。对此，出租人应采取如下对策：

1. 在承租人破产时，出租人可以将租赁物收回，也可以申请受理破产案件的法院拍卖租赁物，将拍卖所得款用以清偿承租人所欠出租人的债务。租赁物价值大于出租人债权的，其超出部分应退还给承租人；租赁物价值小于出租人债权的，其未受清偿的债权应作为一般债权参加破产清偿程序，或者要求承租人的保证人清偿。

2. 在承租人破产时，出租人可以作为破产债权人申报债权，参加破产程序；出租人的债权有第三人提供保证的，出租人也可以要求保证人履行保证责任。

3. 出租人在参加承租人破产清偿后，其债权未能全部受偿的，可就不足部分向保证人追偿。

4. 出租人决定不参加承租人破产程序的，应及时通知承租人的保证人，保证人可以就保证债务的数额申报债权参加破产分配。

第六章　融资租赁交易的租赁物

融资租赁是以融物的方式达到承租人融资目的的一种投融资方式。由此而来，这个“物”对融资租赁交易来说就变得非常重要，其不仅是融资租赁中租金计算的基础，也是融资租赁的收益来源、租金安全回收的保障。

第一节　融资租赁合同中对租赁物的界定

“物”是指民事权利主体能够实际控制或支配的具有一定经济价值的财产。因这个定义范畴很大，如果不考虑其他因素，似乎只要纳入物的范畴，就可以当作融资租赁的标的物。事实上并非如此。融资租赁合同的标的物即为租赁物，是出租人作为买受人和第三人即出卖人达成买卖合同的标的物，融资租赁需要依靠对物的支配和处分能力来保障租金的安全回收。融资租赁合同的融租物，为特定物，并不是所有的“物”都可以作为融资租赁的标的物被用来“融”的，即有一个融资租赁适用性问题需要考虑。那么融资租赁合同中对租赁物如何进行约定呢？

一、可作融资租赁标的物的分类

（一）融资租赁的标的物可分为有形标的物和无形标的物

有形的融资租赁标的物主要包括：固定资产和生物资产。固定资产又分为动产（若再细分：移动动产、非移动动产）和不动产。生物资产分为消耗型和生产型。前者不可以提取折旧，后者可以提取折旧。

无形的融资租赁标的物主要是知识产权、股权、收费权等。其中软件若能转化成固定资产，依然可以像固定资产那样提取折旧。

土地、公共设施、公益设施，理论上租赁公司是拿不到所有权的，因此也就没有给承租人设置用益物权的权能。一旦出现债务纠纷，只能由出租人全部承担租金不能回收的风险。

在做这类项目时，尽量从中分离出能具有所有权的物件作为租赁标的物。

（二）从市场角度分析融资租赁标的物的适用范围

融资租赁的租金主要靠租赁物件生产的产品，通过承租人的销售获取的利润来支付。若租赁物件生产的产品价值高，或者服务产值高，那么承租人支付租金的能力就会大打折扣。

租赁物件价值过低，出租人从经营成本的角度考虑，不愿意当作标的物使用。若价值太高，所有的风险都集中在一家企业，出资人不愿意购买这样的租赁资产，从而影响融资租赁公司自身的融资能力。因此标的额的大小也有融资租赁交易的适用性问题。

（三）从控制风险角度分析融资租赁标的物的适用范围

当物件本身价值低，技术更新快，保值曲线下滑斜率太大，难以通过物件处置变现补偿出租人的债权损失；或者物件回收难度高，处置过程中对技术依赖过高的物件也不适合作为融资租赁标的物。

租赁物件处置回收难易也是选择是否做租赁标的物的问题。如地方政府对融资租赁的认识和支持程度，通过司法回收租赁物件的法治环境是否成熟，虽然和物没有太直接的联系，但物件回收、处置难，时间周期长的物件不适合做融资租赁标的物。

租赁物件若没有设立“信用炸弹”，不能对租赁物件的生产过程、运行的工作状态以及完好率采取遥测、遥信、遥调、遥控措施，不适合租赁公司开拓信用不足的中小企业客户市场。

（四）从国家鼓励政策角度分析融资租赁标的物的适用范围

融资租赁标的物若能享受国家的优惠减免税政策或财政补贴政策，能降低承租人融资成本，提高出租人收益和抗风险能力，还可以让没有税收优惠应税资源的出资人借助租赁享受优惠政策。这样的物件适合做租赁标的物。

融资租赁的健康发展需要四大支柱的支持，在选择租赁标的物的时候，依然要从四大支柱的适用性考虑。这样才能保证司法和经营的安全。

（五）从法律的角度分析融资租赁标的物的适用范围

依照《物权法》与《合同法》，出租人必须能获得物的所有权（占有、使用、收益、处分物权），才可在此基础上，以承租人支付租金为条件，设立用益物权给承租人（用益物权是指权利人依法对他人的物享有占有、使用和收益的权利，比如土地承包经营权、建设用地使用权、宅基地使用权等）。一旦承租人违约，出租人可以终止用益物权，行使处分物权处置租赁物件。

出租人是否能获得租赁标的物的所有权，对于融资租赁来说至关重要。物的所有权设立在于交付。融资租赁的交付比较特殊：物不是交付给出租人，而是交付给承租人后，出租人才拥有租赁物的处分物权。若连所有权都不存在，给承租人设立的用益物权也就没了法律依据。

实际业务中，有租赁公司做的出售回租业务，因在采购环节没有通过合同真正地获得租赁物件所有权，当承租人赖账不还进入司法程序后，被判定为变相贷款，并没有保证出租人的融资租赁权益。

（六）从会计处理的角度分析融资租赁标的物的适用范围

融资租赁通常由承租人进行资本化处理，即：租赁物件可计入承租人会计“融资租入固定资产”科目，并按照固定资产提取折旧。若租赁标的物不能纳入可折旧的固定资产范围，也不可以进行摊销的话，那么这个物就不适合当作融资租赁标的物。因为支付租金若不能摊入成本，承租人支付租金，融资成本就会很高。租赁公司也因不是融资租赁资产而不能享受差额纳税待遇。

（七）从监管的角度分析融资租赁标的物的适用范围

按照2007年施行的《金融租赁公司管理办法》的规定：“适用于融资租赁交易的租赁物为固定资产。”

按照商务部2005年通过的《外商投资租赁业管理办法》中第六条规定租赁财产包括：

1. 生产设备、通信设备、医疗设备、科研设备、检验检测设备、工程机械设备、办公设备等各类动产；

2. 飞机、汽车、船舶等各类交通工具；

3. 本条1、2两项所述动产和交通工具附带的软件、技术等无形资产，但附带的无形资产价值不得超过租赁财产价值的1/2。

第三条的规定比较重要，这涉及无形资产是否可以做融资租赁标的物的问题，在税法中“可转化为固定资产的软件”，其中“转化”就和这条规定有关。

2012年8月中旬，商务部发布了《内资融资租赁企业管理办法（征求意见稿）》。该《征求意见稿》第三条中关于融资租赁的标的物是这样规定的：“本法所称的租赁物为可自由流通的非消耗物。法律禁止流通或者限制流通的物不应作为融资租赁交易的标的物。”

两个监管政策相比，尤其是商务部出台的《内资融资租赁企业管理办法》中，拟把租赁物件经营范围设定在“本法所称的租赁物为可自由流通的非消耗物”。这个看起来比银监会规定的范围更加宽泛，似乎连非固定资产的物都可以做租赁物件标的物。

在宏观调控下，若监管部门给出窗口指导限制，或市场，或其他监管部门不接受的条款，这样的标的物也要慎做。尤其是要将其售出的租赁资产，有政策隐患或瑕疵的租赁资产，出资人是不愿意购买这样的租赁资产的。需要用租赁资产融资的出租人慎选这类物件做融资租赁标的物。

（八）从税收的角度分析融资租赁标的物的适用范围

按照《中华人民共和国企业所得税法》第十一条规定，下列固定资产不得计算折旧扣除：房屋、建筑物以外未投入使用的固定资产；以经营租赁方式租入的固定资产；以融资租赁方式租出的固定资产；已足额提取折旧仍继续使用的固定资产；与经营活动无关的固定资产；单独估价作为固定资产入账的土地；其他不得计算折旧扣除的固定资产。

若承租人对上述资产既不能提取折旧，也不能摊销，完全用税后利润支付租金，那么从成本上看是不划算的。因此是否能当作租赁物件标的物关键还看承租人做租赁的动因、融资成本的测算以及支付租金的能力。

在营改增的税收政策下，融资租赁的标的物被限定在“有形动产”范围。现在看在全国范围内完成营改增，届时非“有形动产”租赁标的物的，都不能享受差额纳税，征收率3%的融资租赁增值税税收政策。

（九）从信用角度分析标的物的适用范围

非银行金融机构融资租赁公司从运营到监管都是按信贷标准设置的，只要承租人的信用足够高，通常对物件的适用性是不太考虑的。

但要注意的是：企业用贷款方式融资，不管用在什么物上，利息和折旧都可摊入用款企业的营运成本。若用融资租赁方式融资，标的物选择不能折旧或摊销的物件，或超出“有形动产融资租赁”纳税范畴，承租人为此要支付高额成本，这比利息要高得多，而且这个成本支出都放在不能享受合理纳税政策的支出，出租人并没有享受到这些多支付的成本。

二、无法返还原物的消耗品不能作为融资租赁交易标的物

融资租赁是融资与融物的结合，如果缺失“融物”要素，则不成其为融资租赁。融资租赁法律关系，系以融资为目的之租赁，其法律属性仍系租赁法律关系之一种。在租赁法律关系中，承租人合同主要义务之一为依约返还租赁物，故依融资租赁合同的法律性质，其标的物应具备适于租赁的特性，即合同期限届满时，具有返还原物的可能性。若按标的物的特性，正常使用情况下，其在

期限届满时已经无返还可能性的，则此种消耗品不能作为融资租赁交易之标的物。例如，“装修材料”在装修完毕后即附合于不动产，从而成为不动产的成分，丧失其作为独立物的资格，不再具有返还的可能性，因此无法作为租赁的标的物。

第二节 融资租赁合同对租赁物的处理

我国《合同法》第二百五十条规定，出租人和承租人可以约定租赁期间租赁物的归属。对租赁物的归属没有约定或者约定不明确，依照《合同法》第六十一条不能确定的，租赁物的所有权归出租人。

一、租赁物租赁期届满后的处理形式

融资租赁合同不同于一般的租赁合同，在一般租赁合同期限届满以后，返还租赁物是承租人不可选择的义务。而在融资租赁合同中，承租人可对租赁物的归属有选择权。一般有三种选择情况：

一是退租。租赁合同期满，承租人按租赁合同约定的要求将租赁物退还给出租人，由出租人自行处理租赁物。由于租赁物在出租期满内一般均已达到使用期限，出租人收回后难以再租或转让，所以，对租赁物期限届满后的处理，一般不采用这种方式。

二是续租。在租赁合同期间届满前的合理时间内，承租人应通知出租人，就租赁物的继续租用进行协商，确定续租期限、租金等内容，在融资租赁合同期间届满时签订续租合同。

三是留购。承租人支付名义货价后即获得租赁物的所有权。这种方法对出租人、承租人均有利，所以，融资租赁合同期间届满后，对租赁物的处理一般多采用这种方式。

这是因为，在融资租赁合同中，出租人购买租赁物，在经济上并不是为了取得所有权或者使用权，而仅仅是为了获得一定的经济收入即租金。出租人在租赁期间对租赁物享有所有权，实为担保能够取得承租人交付的租金，进而收回自己的投资及其应得的利润。在租期届满后，出租人通过收取租金的方式将投资已经收回，故就可将租赁物所有权转让给承租人了。

二、租赁物的无权处分与善意取得问题

融资租赁行业普遍反映，由于租赁物为承租人所占用使用，故经常出现承租人对外转让、抵押租赁物的情形。现行法律又未就融资租赁合同中的租赁物登记问题做出明确规定，给出租人的物权保障带来较大风险。那么，如何避免上述风险，依法行事，转移化解风险，就成为实际交易中一个需要解决的现实问题。

（一）融资租赁物所有权确定的理论基础及法理依据

所谓“所有权”在法律上分为四个权能：占有、使用、收益、处分。自从《中华人民共和国物权法》出台后，物权这个问题开始突出，因为所有的权益都是围绕着租赁物的物权设立的。融资租赁合同之债与其他民事法律关系一样，也是以所有权为出发点和归宿的。

但是，融资租赁是新经济的产物，在融资租赁交易中，所有权在行使过程中是处于不完整状态的，租赁物所有权的四项权能并不是同时集中于一个主体手中的，它存在着分离，也就是通常人们认为的融资租赁是所有权和使用权分离的一种交易。融资租赁合同中出租人向承租人转移的是租赁物的占有权、使用权和收益权，而不是所有权。承租人拥有租赁物的占有、使用、收益三项权能的权益，即经济所有权。出租人拥有处分权的权益，就是所谓的法律所有权。在融资租赁过程中，在租赁期限届满之前，出租人始终对租赁物拥有所有权。

正是租赁物的所有权始终属于出租人这一权利，使出租人有权要求承租人承担必要的义务：一是保管、保养租赁物，使之处于正常使用状态；二是在融资租赁合同履行完毕之前，未经出租人同意，不得将租赁物进行抵押、转让、转租、赠与、迁离、重大改造、用作投资等；三是承租人破产时，租赁物不属于破产财产。因此，承租人破产时，租赁物不列入承租人的破产财产，出租人可以解除合同，收回租赁物。当然，出租人也可以申请受理破产案件的法院拍卖租赁物，将拍卖所得款用以清偿承租人所欠出租人的债务。

出租人始终对租赁物拥有所有权的这一权利来自买卖合同。出租人作为买卖合同的买受人，支付了合同规定的价款后，即取得了租赁物的所有权。因此该项权利可以对抗包括承租人在内的一切人，当然也包括对抗承租人的其他债权人和承租人破产时的破产清算人。

（二）融资租赁物的善意取得

善意取得制度在法律上的逻辑依据是法律上承认占有公信力的逻辑结果，

其实践依据是保护交易安全。善意取得是物权法的一项重要制度，是指无权处分他人动产权利的动产占有人，以移转所有权或设定他物权为目的，将其占有的动产交付于善意第三人后，善意受让人即取得该动产权利的法律制度。例如，甲将其租赁的海信电脑一台，擅作己有出卖给乙，乙基于甲的占有事实而信赖该电脑属甲所有，遂与其交易，甲将该电脑交付于乙后，电脑所有权即发生转移。此时，乙取得电脑即属善意取得。

第三人能否取得物的所有权或者他物权，《中华人民共和国物权法》第一百零六条进行了规定，即“符合下列情形的，受让人取得该不动产或动产的所有权：（1）受让人受让该不动产或者动产时是善意的；（2）以合理的价格转让；（3）转让的不动产或者动产依照法律规定应当登记的已经登记，不需要登记的已经交付给受让人”。通常认为，善意取得制度的规定，对于维护善意第三人利益、交易活动的动态安全和稳定社会经济秩序具有重要意义。其以对善意第三人信赖的保护体现了社会对秩序价值的维护。在正常情况下，权利的外观和权利的真实情况是相符合的，人们根据权利外观推知权利的真实状况并据此进行交易。如果要求人们在进行每一笔交易时都探求权利的真实状况，花费大量交易费用，则将影响交易效率，不符合社会化大生产的要求。

由于融资租赁租赁物多为大型设备等动产，在融资租赁模式下，承租人取得了租赁物的占有使用等权利。由于租赁物为承租人所长期占用使用，作为动产来说，非合同当事人以外的第三方就有充分的理由相信承租人就是租赁物的所有权人而与之进行交易行为，从而构成物权法中的善意取得。在融资租赁交易中，这种善意取得却是对原所有权人所有权的否定，且是在原权利人并无转让其财产的真实意思表示下的否定，是对原权利人财产安全的一种侵害，也有悖于融资租赁交易所有权与使用权相分离的融资安全特性的体现。

从整个融资租赁交易角度看，这种租赁物的善意取得对保护出租人的利益是一种限制。为了实现融资租赁中出租人对租赁物的最后一道保障（即租赁物的所有权保障），司法解释规定了识别制度或准登记制度。该制度规定了善意取得的四种例外情形：

第一种，出租人已在租赁物的显著位置做出标识，致使第三人在与承租人交易时知道或者应当知道该物为租赁物的。

第二种，由于现实法律制度对动产无法办理所有权登记，但却可以根据当事人的申请办理抵押登记制度。为了保证租赁物不被任意处置，司法解释创造性地设置了曲线登记方案，即出租人授权承租人将租赁物抵押给出租人并在登记机关依法办理抵押权登记的。

第三种，出于保障行业交易安全和稳定的考虑，司法解释某种程度上“授权”给行业或者地区主管部门制定融资租赁交易登记制度并进行公示。更重要的是，以司法解释的方式给当事人课以必须查询租赁物登记内容的义务。司法机关的这种做法虽有越权之嫌，但对于融资租赁行业的健康发展具有重大意义。

第四种，确凿的第三人明知而为的对租赁物的交易行为。

（三）融资租赁物权的保护

在融资租赁法律关系中，善意取得制度由于涉及对出租人和受让方的利益平衡保护问题，故《融资租赁合同司法解释》第九条根据《物权法》第一百零六条的规定，规定在承租人或者租赁物的实际使用人私自转让租赁物或在租赁物上设立他物权的情形下，第三人可以根据善意取得制度取得租赁物，同时，该条也规定了不适用善意取得的情形。依据《融资租赁合同司法解释》的规定，融资租赁可采用登记对抗主义。所谓登记对抗主义，是指出租人所有权依当事人间的合意进行登记，未经登记不得对抗善意第三人。质言之，对抗主义模式下的融资租赁登记，其功能如动产担保交易登记制度，不在于设定权利，而在于公示标的物上的权利状况及确定竞存权利之前的优先顺位。对于第三人而言，未经登记者并非无效，只是当事人不能主张对其有效。此时，若承租人或者实际使用人将标的物转移，对于善意取得租赁物的第三人，出租人无权追偿，而只能由承租人或者实际使用人赔偿。由于登记的目的是向公众提供信息，故在融资租赁交易中采用登记这一公示方式，在程序和制度的设计上，应注意把握有利于公众进行查询这一标准。

《融资租赁合同司法解释》第九条对出租人的物权保护问题给予了积极的回应。该条规定从第三人取得租赁物的所有权或者他物权是否构成善意的事实认定角度，将实务中出租人广泛采用的并且符合现行法律规定的所有权保护措施予以认可，这将有利于加强出租人对租赁物的物权保障，并引导和促进融资租赁行业整体的健康发展。

三、建立完善的融资租赁物登记制度

设立对租赁物登记制度并予以规定，则可以在一定程度上消除善意取得制度对融资租赁业发展带来的消极作用。

（一）我国融资租赁物权登记现状及问题

《物权法》规定了四种物权公示的原则，包括法律公示、不动产登记生效、动产（占有）交付和特殊动产登记对抗原则，由第 9 条第 2 款、第 9 条第 1 款、第 23 条和 24 条分别规定。但《物权法》未设立普通动产物权的登记制度，这在一定程度上是善意取得制度给融资租赁业发展带来的消极作用。

我国法律根据动产的性质，采取了分别登记制。具体登记机关包括：一是运输工具登记部门。《中华人民共和国民用航空器权利登记条例》规定，国务院民用航空主管部门主管民用航空器权利登记工作；《中华人民共和国船舶登记条例》规定，中华人民共和国港务监督机构是船舶登记主管机关；《中华人民共和国渔业船舶登记办法》规定，中华人民共和国渔政渔港监督管理局是渔业船舶登记的主管机关；《机动车登记规定》规定，机动车登记由公安机关交通管理部门负责实施。二是工商行政管理部门。我国《担保法》规定，以企业设备和其他动产抵押的，登记部门为财产所在地的工商行政管理部门。为此国家工商行政管理总局专门制定了《动产抵押登记办法》予以规范动产抵押登记。依据担保法上述规定和《动产抵押登记办法》，工商局仅仅为抵押登记机关，并非物权登记机关，故出租人对普通动产的物权没有法定的登记机关进行登记，故不能对抗第三人。三是公证部门。我国《担保法》规定，以上述财产之外的其他财产抵押，自愿办理登记的，登记部门为抵押人所在地的公证部门。实务操作中，出租人并未在公证部门登记融资租赁物物权，因为《担保法》上述规定的仍然是抵押权的登记机关，而非所有权的登记机关。四是中国人民银行征信中心。借鉴应收账款质押登记系统建设的经验，征信中心于 2009 年 7 月上线运行了融资租赁登记公示系统，可以登记公司租赁物上的权利状况，但与前述三个登记管理部门不同，征信中心的融资租赁登记公示系统缺少法律规定的支持，尚不具备对抗善意第三人的效力。

我国设置众多登记机关的优点就是各登记机关熟悉各自所登记标的物的性质，便于行政管理。但分别登记制的弊端也很多，登记规则不统一、当事人查询困难、登记系统重复建设而增加整个登记系统的运作成本等，大大降低了公示登记的效果。

（二）融资租赁物权登记制度是出租人控制风险的重要途径

融资租赁是基于设备资产的交易，在租赁期内，出租人同时拥有物权和债权，但实际上放弃了所有权中与租赁物使用价值相关的功能，仅为法律名义上的所有权，存在承租人越权处分租赁物的风险，例如承租人将租赁物抵押或转让给第三人。

在融资租赁交易中，租赁物的所有权属于出租人，占有、使用和收益的权利属于承租人。由于融资租赁是中长期融资，通常为 3~5 年，因此，占有与所有分离的状态要持续很长时间。根据《物权法》规定的动产物权的占有公示制度，第三人有可能以为承租人就是租赁物的所有权人，为承租人侵犯出租人的所有权创造了条件，使出租人面临从既有物权又有债权的有利地位降为只有债权而丧失物权之境况的极大风险。根据《合同法》以及融资租赁合同惯例的规定，如承租人出现法定或约定的违约事由，出租人可以行使对租赁物的取回权；如承租人破产，租赁物不属于破产财产，出租人对租赁物享有取回权。但上述规定仅仅将出租人对租赁物的所有权和取回权进行了原则性的规定，并没有对实践中频繁出现的物权和抵押权冲突时的解决机制、物权和善意第三人的冲突解决机制、出租人取回权的具体行使条件、程序和方法等进行规定，实践中有可能会，并已出现出租人所有权被侵害的情形，从而严重阻碍融资租赁业发展。

出租人对租赁物所有权的拥有和控制是融资租赁区别于其他融资方式的本质特征，因此与所有权相关的登记公示制度是出租人控制风险、对抗善意第三人的重要途径。根据我国《物权法》的善意取得制度，如果没有在登记机构办理登记，出租人将无法对抗支付了合理对价的善意抵押权人或受让人。因此，只有建立具有法律效力的登记公示制度，才能确保融资租赁行业的生态环境健康公平，维护交易各方的安全。因此，在一些国家对租赁物建立有一套比较完善的登记制度，可以避免所有权被侵害现象的发生，包括登记的内容、预告登记制度、登记的效力、登记机关和登记费用等，规范市场秩序，从而有效促进融资租赁业的长远发展。

（三）建立完善我国融资租赁物权登记公示制度

尽管融资租赁业务进入我国已经有 30 多年时间，但从行业的规模及在金融市场中的份额来看，我国融资租赁行业仍处于初级阶段，学习借鉴国际成熟经验是十分必要的。在美国的租赁实践中，统一商法典规定构成担保交易的融资租赁应当在动产担保登记系统进行登记。在加拿大（大部分省份）和新西兰的租赁实践中，动产担保交易法案规定租赁期限超过 1 年的租赁即被认为是担保交易的一种形式，出租人可在动产担保登记系统进行登记。从以上国际经验可以发现，较可行的做法是将租赁物登记一并纳入动产担保登记体系中，一方面动产担保登记和租赁物的物权登记内容、形式以及目的类似，从技术上完全可以实现，并且便于登记和查询；另一方面，合并登记除了能够起到公示同一动产上的权利外，还有助于确立这多个权利的受偿顺序。

当前计算机和网络技术的进步已经为高效、便捷和低成本的统一登记平台提供了基础保障。我们目前要做的就是如何摒弃部门利益，整合资源，改革现有的动产分别登记模式，例如从我国目前租赁物登记的实际情况出发，可探讨将工商系统和中国人民银行征信中心融资租赁登记系统联网对接。建议以法律的形式明确融资租赁登记制度，建立全国性动产登记平台，设立专门机构统一行使动产登记职能，并将融资租赁登记纳入其中，明确登记的法律效力，保障融资租赁物权。通过制度的改进和完善来保障出租人的合法权益，同时降低资源耗费，节约承租人的交易成本，为我国融资租赁业的健康发展奠定基础。

四、融资租赁物的质量瑕疵担保责任

租赁物瑕疵分为物的瑕疵（也称质量瑕疵）和权利瑕疵两种。对于租赁物质量瑕疵，确定其担保责任的承担主体是至关重要的，因为它直接关系到融资租赁交易本质特征能否体现，关系到融资租赁与传统租赁能否明确区分。

在传统租赁中，出租人与买卖合同中的出卖人一样负有质量瑕疵担保责任，须使租赁物符合于合同约定的使用收益的状态。而在融资租赁合同中，一般都明确规定，出卖人迟延交付租赁物或者租赁物的规格、式样、性能等不符合合同约定或者不符合使用目的的，出租人不承担责任，由承租人直接向出卖人索赔，并承担索赔不成时的损害后果，此即所谓出租人瑕疵担保的免责特约。这种约定既符合融资租赁交易的理论和实践，同时也不违背现行法律的规定。那么融资租赁合同中对租赁物如何进行约定呢?

（一）租赁物的交付与检验条款规定

在融资租赁交易中，租赁物一般都是由供货商直接交付至承租人确认的交付地点，由承租人负责接收和验收。承租人在验收完毕后，向出租人出具验收证书，出租人据此向供应商支付货款。如果发生延迟交付或租赁物有瑕疵的，承租人也应及时通知出租人，以便办理索赔事宜。因此，在租赁合同中，应该对交付的时间、地点、检验方式和限制做出约定，同时约定交付不符合约定时索赔权的行使。

（二）租赁物的使用、维修与保管条款规定

与一般的租赁合同不同，在融资租赁合同中，由于租赁物是根据承租人的需要和选择购买的，承租人比出租人更了解标的物的性能；由于融资租赁期限

几乎相当于租赁物的使用年限，租赁物基本由承租人终身使用，因此，租赁物的维修、保养义务由承租人承担。同时，为了保证出租人对租赁物的所有权，减少租金回收的风险，租赁合同中一般都约定，承租人应严格按照技术操作程序使用和保管租赁物，未经出租人同意，不得对租赁物的结构进行修改。

融资租赁合同中的出租人是否承担瑕疵担保责任的问题，根据《合同法》第二百四十四条的规定，融资租赁合同中的出租人一般不承担瑕疵担保责任，除非“承租人依赖出租人的技能确定租赁物或者出租人干预选择租赁物”。

第三节　融资租赁交易主要的标的物

由于我国《融资租赁法》迟迟未出台，目前行业内对融资租赁中租赁物的界定并没有统一。

融资租赁合同的租赁物具有广泛性，从人造卫星、航空设备、石油钻井平台等大型成套设备到包括汽车、火车、轮船、飞机等在内的各种运输工具；从各种精密仪器、信息处理系统、电话系统、纺织机械等专用设备到机床、办公用品等一般通用生产设备，几乎无所不包。其中最主要的标的物是以下几种。

一、飞机融资租赁

(一) 飞机融资租赁定义

飞机融资租赁是租赁的重要领域之一，是以飞机作为租赁物的融资租赁业务，与其他融资租赁业务没有什么本质上的区别。

飞机融资租赁是出租人购买承租人（航空公司）选定的飞机，享有飞机所有权，并将飞机出租给承租人在一定期限内有偿使用的一种具有融资、融物双重职能的租赁方式。租期届满，承租人可以续租，也可以按市场价格或固定价格优先购买，或者按规定条件把飞机偿还给出租人。目前，全球航空运输业所使用的飞机 2/3 以上通过租赁方式获得。

目前，我国银行系统的金融租赁公司开展飞机租赁业务也是一大趋势，国家开发银行、中国银行、交通银行等众多银行主动布局飞机的融资租赁业务，且规模甚大。成立于 2007 年的工银租赁就是其中代表，它是工商银行的全资子公司，是目前国内最大的飞机租赁公司。光大控股旗下中国飞机租赁集团控股有限公司是中国最大的独立经营性飞机租赁商。据数据统计，截至 2015 年 6 月末，全国金融租赁公司的航空租赁业务资产规模约为 2000 亿元，行业机队规模超过900架。作为客户的境内航空公司已经突破了460家，约占整个国内民航机队规模的20%。亚洲航空、春秋航空、海南航空、东方航空等航空公司也陆续开展飞机租赁业务。拥有海航集团背景的渤海租赁是国内最大的综合性租赁集团之一，也是国内A股唯一的上市租赁公司。随着通航产业政策的松绑及租赁行业的发展，国内航空租赁业将迎来重大发展机遇。

（二）飞机融资租赁特点

与其他租赁物相比，飞机租赁有其自身显著的特点。

1. 租赁标的物价格高

现代科学技术日新月异，飞机的机载电子设备越来越先进，制造工艺和材料也在不断改进，大量的高科技复合型材料应用于机身的各个部位，使得飞机的科技含量越来越高，飞机的更新换代越来越快，而飞机价格也不断呈上升趋势。例如，在1999年，当年产的波音737-800飞机价格为4050万美元；2015年波音747-8飞机价格是3.7亿美元左右，约合人民币23亿元。但在其他租赁物中，只有极少数的设备例如海洋钻井平台、远洋巨轮和通信卫星等的价格可以与飞机相提并论。也正是因为如此高昂的标的物价格，使得租赁飞机所需要支付的租金远远高于其他租赁物，月租金少则几十万美元，多则上百万美元。因此，能为航空公司提供低成本资金，就成为航空公司解决飞机购买资金问题必不可少的融资方式。飞机融资租赁优势主要表现在以下几个方面：

首先，融资租赁有利于航空公司以融物的形式达到融资的需求。这是融资租赁的最基本功能，航空公司得以扩大机队，保证运力，满足市场需求。融资租赁方式通常由租赁公司支付设备的全款，向承租方提供了100%的长期借贷，承担了100%的长期借贷风险，承租人的成本就是租金。如若航空公司在国内找租赁公司开展国内飞机融资租赁业务，还可规避外汇风险，即如若贷款币种是外币，则可以与金融机构合作利用金融工具（如外汇套期保值）、外债转内债或直接用人民币结算。

其次，融资租赁有利于航空公司实现节税，降低运营成本。包括中国在内很多国家都规定，当租期短于租赁设备法定耐用年限时，承租人可以按租期作为租入设备的折旧年限，对盈利企业而言，这种会计处理方式可以使其获得延迟纳税的好处，从而使融资租赁成为一种具有节税功能的融资方式。而且，在税收上国内租赁公司比国外租赁公司更多地利用政策加速资产的折旧回收，降低公司税负。

2. 租赁期限长

融资租赁作为长期债务安排，与其他租赁物相比，飞机租赁的租期一般较长。若采用融资租赁方式，租期一般都在10~15年；若采用经营租赁，则租期一般在3~5年，目前国内航空公司飞机经营租赁的年限大多是8年左右。通常需要在租赁期间向出租人偿还全部价值，承租人则可在融资租赁结束时拥有飞机。经营租赁的时长通常为3~10年（过去10年的平均租期为5年），承租人需为使用飞机付费，但并不全部承担出租人的投资，租赁期结束时也不能拥有飞机。

一般而言，若飞机使用期限基本接近飞机的使用寿命，宜采用融资租赁；若短期使用飞机，使用期限远小于飞机的使用寿命，则采用经营租赁。目前，国内飞机租赁仍以融资租赁方式为主，但随着飞机租赁市场的不断发展成熟，经营租赁方式将进一步发展，并逐渐与融资租赁方式并驾齐驱，甚至超过融资租赁成为飞机租赁的主流方式。

3. 租赁公司实力雄厚

纵观国内外专业从事飞机租赁的公司，大多数都是由实力雄厚的财团、银团、保险公司以及飞机制造商组成，或者是与金融部门、飞机制造商或航空运营商有着密切的关系。若飞机租赁公司没有雄厚的资本和强大的融资能力，绝不可能实现批量采购飞机。例如，目前世界上最大的两家专业性飞机租赁公司GECAS和ILFC的母公司分别是GE（通用电气）和AIG（美国国际集团），而中银航空租赁公司亦是依托其母公司中银集团优势成为亚洲最大的飞机租赁公司之一。

4. 租赁交易结构复杂，种类繁多

与其他租赁物相比，飞机租赁业务不限于关注单纯飞机资产的租赁，飞机租赁交易涉及的环节多，当事人多，结构复杂，成交时间长，是最复杂的租赁交易。从事飞机租赁的专业人员需要掌握包括金融、贸易、会计、税务、保险、法律、飞机及发动机技术和航空运输等多方面的专业知识。而且围绕着飞机的生产制造、运营向航空产业的上下游延伸，产品涉及飞机航材、发动机的租赁、飞机制造的设备租赁、地面机场辅助设备、车辆、器材、设施的租赁、飞行员培训使用的模拟机租赁，以及为飞机维修维护等服务商提供厂商租赁服务等。如果是国际飞机租赁，还将至少涉及两个国家或地区之间的法律、税务、会计准则等方面。从交易周期来看，一般融资租赁飞机交易从开始到完成签约至少需要3个月左右的时间，大多数情况下需要6个月到1年时间。可以说，飞机租赁无论是在内容上还是形式上都已走在世界租赁业的前列。

5. 承租人可以获得购置飞机及发动机的折扣优惠

采用融资租赁飞机，出租人可以将原来飞机和发动机购买协议中的折扣优惠全部转让给承租人。这样承租人既能获得飞机的使用权，又获得了一笔数目可观的、长期的、低息的外汇资金。这笔款项将包含在承租人支付的租金中，逐期偿还。此外，由于目前世界两大飞机制造厂商（波音和空客）和三大飞机发动机制造厂商（GE、RR 和普惠）之间的竞争日趋激烈，飞机和发动机的折扣优惠已逐年提高，在飞机总价中占有可观的比重，其多少依购买的型号、数量、市场行情及谈判情况而定。

6. 飞机具有优质资产属性特征

飞机融资租赁是金融行业一项十分热门的业务，能为航空公司提供低成本资金，已经逐渐成为航空公司解决飞机购买资金问题的必不可少的融资方式。

飞机是一种独特的资产，一架飞机的寿命可达 25~35 年，退役时的残值也很可观。飞机属于优质资产，它相比房子等不动产，是可移动资产，万一负债人出现意外，债权人仍可以将飞机转移出去，不至于陷入彻底被动。比如，可以把飞机从欧洲转到非洲，从发达地区转移到不发达地区继续运营。这是吸引资金进入飞机融资租赁的重要原因。

7. 利润高企是驱动力

利润高企是诸多企业进军飞机租赁行业的最大驱动力。由国际航空运输协会公布的被广为引用的数据显示，2004~2011 年，在航空运输板块的重点行业中，飞机租赁、飞机制造商、机场和航空公司平均资本回报率分别为 9%、7%、6%和 4%，其中以飞机租赁行业的投资回报率最高。全球飞机租赁商的净利润率高达 20%，远高于航空业平均水平。

另外，企业公布的业绩也很诱人。2015 年上半年，渤海租赁（000415）飞机租赁业务的毛利率有 59.81%，高于集装箱、基础设施、机械设备租赁的毛利率，比商业物业的毛利率高出一倍；中国飞机租赁（01848.HK）2015 年上半年的收入由 4.3 亿港元增长至 6.3 亿港元，税前利润较去年同期增加了 82.9%；中航国际租赁有限公司主要从事飞机与运输设备类资产的融资租赁及经营租赁业务，2015 年上半年实现营业总收入 14.5 亿元，营业利润有 4.3 亿元，2014 年同期的营业收入 12 亿元，营业利润有 2.6 亿元，营业利润增长率 53%。

8. 市场需求空间广阔

市场需求存在广阔空间，为这个行业的发展增加了原始推动力。在整个产业链中，航空公司的收益率较低，购买飞机这种重资产的模式使得航空公司的负债率越来越高，中国靠航空公司拿资金买飞机的模式每年都在变少。世界范围内航空公司以自有资金买飞机的数量和外租飞机的数量大概是3:7，中国航空业距离这个比例还有差距。

行业预测，“十二五”规划期间，中国客机的需求数量是一年300架；“十三五”规划期间，定的规划是一年450架，这是一个庞大的飞机需求量。据统计，截至2015年6月底，国内上市航空公司的飞机购买与租赁的比例，南航引入的租赁飞机有400架，自有飞机数量为238架，自有飞机数量占到全部引入飞机的37%；同时，国航共有537架客机，其中229架是自有飞机，308架租赁客机，自有飞机数量占42.6%。

航空租赁业的整个利润周期像一个哑铃，真正利润来自产业周期的两端。首先，在购买飞机时国家往往是大单采购，这比单独购买一架飞机要便宜很多；此外，飞机的使用不同于一般机械，到后期其残值还能够保留原始价值的30%~40%，对报废飞机的回收也是一笔相当可观的收入。

9. 飞机租赁服务灵活性高

飞机租赁形式的发展打破了融资租赁和经营租赁的固定模式，体现了融资租赁和经营租赁的优势互补。它丰富了飞机租赁的形式，提高了飞机租赁服务的灵活性。同时，融资租赁模式已超出传统三方当事人范畴，银行、信托公司、投资企业等均得以参与其中。租赁公司作为中介和交易安排人，与其他主体形成良好的合作与互补关系。多样的飞机租赁模式降低了交易风险，银行借以寻求到理想的客户对象，投资者借以找到理想的投资机会。灵活的交易安排使承租人更加易于接受。

（三）飞机融资租赁国外模式

飞机租赁被称为融资租赁皇冠上的明珠，经过几十年的运转，这一业务已经相当成熟。交易模式中较有代表性的是美国、日本和德国的飞机融资租赁模式。

1. 美国飞机融资租赁模式

美国是现代融资租赁的诞生地。就飞机融资租赁而言，杠杆租赁模式具有代表意义。典型的美国杠杆租赁包括这几类参与人：飞机制造商；出租人，负责安排交易，收取佣金，担负中介角色；贷款人，一般由银行、保险公司、养老基金等组织担任；承租人，物主参与人，即飞机的真正使用权人，享有有关的税收利益；物主受托人，物主参与人并不直接出面，而是设立信托，成为信托人，并将飞机转移给受托人管理；契约受托人，根据贷款人的要求设立，并由其管理债权人的利益。

在这种租赁模式中，出租人只需投资飞机购买价格 20%~40%的资金，其余的大部分资金则以出租人的名义借贷取得。同时，出租人必须以飞机作抵押并将有关权益转让给贷款人，这样出租人即可拥有飞机所有权，享有如同对飞机完全投资的同等税收待遇，并将一部分减税优惠以降低租金的方式转让给承租人，从而使承租人获得较低的融资成本。其中，出租人享有的税收优惠包括投资减税、折旧扣减和不可追索的贷款的利息扣减。

2. 日本飞机融资租赁模式

日本自 20 世纪 70 年代末涉足飞机租赁，经过多年的发展，已成为一个重要的国际飞机租赁市场。1985 年，一种新的飞机租赁形式首次在日本出现，即日本杠杆租赁。日本杠杆租赁交易中的购机款由两部分构成：贷款部分，约占飞机价格的 80%，一般多为美元贷款，也可以是国际流通货币；日本投资人的股权投资，约占飞机价格的 20%，这部分投资采用日元，主要因为日本投资人在国内缴纳的税款以日元计算。

日本杠杆租赁的主要交易方有三个：出租人、投资人、贷款人。

出租人。出租人为一家在日本登记注册的特殊目的公司，通常为从事飞机融资租赁业务的某家租赁公司的全资子公司。特殊目的公司的经营活动仅限于出租的那一架飞机（或同时租赁的那几架飞机）。它作为交易各方的中介与交易各方联系，使承租人、贷款人与投资人之间不发生直接的实质性的接触。为避免债务风险的发生，特殊目的公司不得从事其他业务。

投资人。投资人以股本投资的方式，至少投资飞机价值的 20%，并成为投资飞机的经济受益人，享有减税的经济利益。日本投资人通过合伙的形式，与出租人签订合同。合伙形式中的每个投资人分享对飞机全额计提的折旧扣减以及贷款利息扣减，使投资人达到了减税和延迟付税的目的，租期结束，无论承租人是否购买飞机，残值风险由承租人承担。

贷款人。贷款人提供约占飞机总价 80%的贷款。贷款银行既可以为一家日本银行，也可以是一家日本银行的外国支行或外国银行的日本支行。

日本杠杆租赁交易结构与美国相比，有所简化。其中，特殊目的公司与美国杠杆租赁中的物主受托人和契约受托人作用相当。

3. 德国飞机融资租赁模式

德国杠杆租赁产生于 1962 年。由于德国租赁市场上有关法律与税务等准则并无统一标准，其融资结构、法律文本又较为复杂，加之德国税务改革中对许多机构投资基金的限制、废除及计征较欧洲其他国家都高的公司所得税率，机构投资者越来越少，大部分投资资金主要来源于极为有限的希望减少交纳高额所得税的个人投资者。世界各航空公司飞机融资项目中采用德国杠杆租赁结构的相对较少。

通常，德国杠杆租赁的结构可以分为两大部分：一是购买飞机资金（100%）贷款，它主要来源于ECA与商业贷款人，航空公司通常借美元还美元，这部分贷款结构简单、风险小。合同文本也为标准化文本，其贷款成本为两部分贷款的综合利率，另外一部分则为较为复杂的德国税务结构。在这种结构下，出租人一般需要从投资人处获取约占飞机市场评估价格40%~60%的投资资金（以马克表示），连同以出售租期内美元租金为条件而从银行获取的美元借贷资金（60%~40%）组成100%飞机价款付与飞机制造商购买飞机，并将其出租给一个由真正贷款人拥有的专职公司，最后由专职公司转租给航空公司使用。

（四）中国飞机融资租赁模式

我国飞机租赁业务主要应用于从国外进口飞机并取得飞机使用权。飞机的进口租赁是当前业务的主流，中国当事人所充当的主要是承租人的角色。其涉及飞机制造商、航空公司、租赁公司、贷款银行或资本市场租赁安排人、担保银行、保险公司、国家计委、外汇管理局、民航总局、航材公司等多个主体，交易模式复杂，需要进行周密的安排，签署多项合同。

中国民航的飞机租赁就是以融资租赁交易开始的，迄今为止的30多年中，融资租赁交易占据了飞机租赁交易的大部分。据波音公司预测，从现在到2030年的未来10多年内，全球需要新增30900架客机，价值3.6万亿美元。其中，中国需要新增4330架客机，价值4800亿美元，成为全球继美国之后的第二大航空市场。

由于飞机融资租赁涉及资金量庞大，目前国内多为银行系统组建的金融租赁公司开展此类业务。国银租赁、工银租赁、民生金融租赁等均为国内开展飞机租赁业务中居于前列的公司。截至2015年9月25日工银租赁在全球28个国家和地区开拓了55个客户，飞机资产价值达到900亿人民币，继续排名中国第一，世界前十。工银租赁力争在未来5年内，保持每年交付50架飞机的发展速度，跻身世界前五。据波音公司预测，从现在到2030年的未来10多年内，中国将需要引进5000架新飞机，价值6000亿美元。其中，以租赁方式获得的飞机将占总数的45%。飞机租赁仍是融资租赁业的主要标的。

中国迅速诞生大量的飞机融资租赁公司，表明了中国政府对航空行业的支持，但是中国飞机融资租赁业仍需加强规划，做好准备，关注同行、别国的业务进展。

二、船舶融资租赁

船舶融资租赁是融资租赁的一个品种，即以船舶为租赁物的租赁业务。船舶融资租赁始于20世纪50年代，迄今已经有60多年的历史了。船舶融资租赁是指出租人根据承租人对船舶的特定要求和对船厂的选择，出资向造船厂购买船舶并租给承租人使用，由承租人分期支付租金的一种融资租赁模式。在租赁期内船舶所有权属于出租人所有，租期届满，租金支付完毕并且承租人根据融资租赁合同规定履行完全部义务后，船舶所有权即转归承租人所有。

船舶融资租赁已经是仅次于银行贷款的第二大船舶融资渠道。通常采用直接租赁和售后回租两种船舶融资租赁模式。

（一）船舶融资租赁的优点

1. 有利于拓宽融资渠道，提高航运企业的竞争力

传统的融资渠道很难满足航运企业对资金的需要，尤其是那些中小型航运企业，由于经营规模小，信誉不高，很难得到政府和银行的贷款和支持。而融资租赁的出现，给这些企业带来了新的希望，帮他们解决了融资难问题。

2. 有利于减轻企业还款压力

航运企业的经营状况是有季节变化的，而融资租赁租金的支付方式灵活，可以根据企业经营状况进行调整，促使航运企业现金流合理分配，一定程度上减轻了承租企业的还款压力。

3. 有利于得到国家政策优惠

国家为鼓励融资租赁业务的开展，为鼓励对航运业的投资，会对出资人提供税收优惠政策，出租人往往会将获得的优惠以降低租金等方式让渡给承租人，从而减少总资本的投入。

4. 有利于盘活大企业的存量资产

一些大型航运公司往往都留存有一些被市场淘汰的船型，这些船舶的高残值给企业造成了巨大的资金压力，它们完全可以采用融资租赁的方式将这些船舶租给一些中小航运企业经营，这样既盘活了大企业的存量资产，又解决了中小企业的融资困难，实现双赢。

5. 有利于提高航运企业的核心竞争力

航运企业通过回租等方式通过金融租赁公司将船舶交给专业公司管理，可以在不丧失船舶使用权的情况下，既分散了风险，又融通了资金，提高企业的整体效率和效益。

（二）我国开展船舶融资租赁必要性

2015 年 9 月，国务院总理李克强主持召开国务院常务会提出，“厉行简政放权，对融资租赁公司设立子公司不设最低注册资本限制。对船舶、农机、医疗器械、飞机等设备融资租赁简化相关登记许可或进出口手续。在经营资质认定上同等对待租赁方式购入和自行购买的设备”。该措施将促进船舶融资租赁行业强劲发展，在一定程度上或可纾解造船行业的融资难题，有利于推动航运等相关企业迅速扩大规模、增强实力。

1. 我国船舶业发展的资金制约

一是航运企业资金压力很大。船舶航运是一个高投入、高风险、低回报的行业。因为船舶资金需求量大，几乎没有企业能付全款，大多通过银行贷款筹集资金。但国内银行船舶贷款程序复杂，门槛较高，中小航运企业一般难以获得银行信贷支持。而且目前航运业仍处在景气周期的底部，大多数金融机构只重视那些核心客户的资金需求，这令许多中小型企业越来越难取得融资。船舶购置是航运企业最大的成本支出，船舶成本的高低也直接关系到航运企业的生存和发展。尤其是进入 2015 年，多家造船企业陷入财务困境之中，不得不宣布破产重整或破产清算。在这些企业之中，不乏一些造船实力很强的大型船厂企业。因此，对于船东来讲，筹措资金始终是个大问题。在“求贷无门”的窘况下，应运而生的船舶融资租赁逐渐成为造船企业融资的主流渠道。事实亦表明，与银行贷款相比，融资租赁在船厂和航运之间架了一座桥，减轻了船厂和航运公司的财务负担，且更灵活和方便。租赁公司在船舶投融资领域的份额无疑将越来越大。

2. 我国船舶业融资租赁发展的市场空间大

我国船队老化严重，结构也不合理，技术状况欠佳。目前我国在国际各航线上航行的船舶将近 1/3 处于老化状态，船舶事故连续不断。包括中远集团、中海集团及中外运集团的中国三大航运集团也正在着手改善船队结构，这对造船业无疑是巨大的潜在市场。从国际市场看，融资租赁已经成为与银行信贷、证券相比的第二大金融工具，世界成熟融资租赁市场的渗透率平均在 15%~30%之间，而我国船舶融资租赁市场渗透率约为 1.6%，存在巨大的发展空间。

但不可否认，其前行之路依然障碍重重。产生这个问题的根源在于，国内船舶融资租赁公司的资金成本压力，融资成本更是国内租赁公司发展船舶业务的一大短板。事实表明，目前，无论是银行系租赁公司还是厂商系租赁公司，在海外市场获取融资都是一大挑战，绝大部分的外汇资金还是直接或间接地来自境内。但是，境内美元融资的成本相对国际市场明显偏高。由于无法从国际市场获取低价的外汇资金，对于通常以美元作为计价货币的船舶项目来说，成本压力直接制约了租赁公司的船舶业务扩张能力。另外，在船舶融资租赁领域，跟发达国家的企业相比，中资租赁企业产品创新服务能力还比较低下。

当前，业界对于船舶融资租赁未来的发展都持肯定态度，但前提是需要突破行业和企业自身发展的瓶颈。中国船舶融资租赁业需要脚步沉稳，管控风险，创新发展，这不仅需要“苦练内功、强身健体”，还需突破当前诸如监管、汇率等方面的行业发展瓶颈。

3. 融资租赁为船舶工业发展插上翅膀

2013 年开始，以高速铁路、北斗卫星导航系统、大型液化天然气船与海洋工程装备等为代表的中国高端装备制造走向世界。自从 2013 年年底李克强总理在天津视察工银租赁后，融资租赁支持中国制造“走出去”更成为业内的普遍关注，融资租赁可以促进我国设备制造业出口、提高外汇资金利用率、实现融资租赁行业健康发展已成为业界共识。

近年来，国家针对船舶行业产能过剩的矛盾提出发展海洋经济，提出鼓励现有造船产能向海洋工程装备领域转移的战略指导性意见，海工装备市场迎来了大发展的新机遇，盈利前景十分被看好。然而海工装备制造业具有投资成本高、建造周期长、风险高等特点，对国外船东来说，能否取得一个符合其意愿的融资支持是很关键的一个因素；对船厂来说，能否取得一个有效的国外订单，也需要资金支持。国内造船厂往往面临拿订单难，拿了订单后又面临交船难的困境。

中国有 300 万平方公里的“蓝色国土”，蓝色经济是中国金融业的一片广袤蓝海。融资租赁公司应紧跟市场变化和国家产业政策调整，为国内海工设备及船舶建造发展提供强有力的支持，通过扩大在海工设备和高端航运资产方面的投入，不断创新结构化的产品，满足市场和客户多样化、个性化的需求。

租赁方式可以将金融企业的资金优势和运营企业的技术优势完美地结合起来，切实助推多方共赢，升级中国企业“走出去”模式，带动中国高端装备制造业引领中国产业升级。融资租赁公司不仅为海工设备和船舶制造企业提供融资服务，还可满足后者盘活存量、资产结构调整等需求，通过运用融资租赁的结构和方式，将有效地提升中国企业在国际航运市场的竞争力，推动国内高附加值造船业的发展。

融资租赁业务进入船舶融资市场，为船厂、金融机构、船东提供了一个三方可持续发展的赢利模式，通过这一模式，可以实现“国船国造、国船国融、国货国运”，为促进和发展中国航运业提供帮助。

（三）船舶融资租赁模式

以此航运市场背景为基础，切入船舶融资租赁市场可细分为两种具体的模式：

1. 远洋运输船舶融资租赁

远洋运输是指以船舶为工具，从事本国港口与外国港口之间或完全从事外国港口之间的运输，远洋运输专业性强、技术要求水平高，是我国船舶运输的重点。政府主管部门对远洋运输市场的关注，远远高于对沿海运输市场的关注。由于船舶的单价高，市场经营主体有限，远洋运输市场主要由大型国有企业集团所主导。现有的租赁公司可能介入的远洋运输交易主要是二手船市场和国轮外租。对于远洋运输，建立远洋运输船舶融资租赁平台是一种模式。发挥航运骨干企业与中国船舶工业的优势，解决目前航运企业银行贷款难的问题，培育中国租赁市场，积极开拓合作融资造船的途径。融资租赁公司在初期定位于作为国内造船业、国内航运业融资造船的桥梁。经过一段时间的发展和积累可以开拓船舶的光租、船舶的售后回租市场以及为外轮国造提供融资支持。

2. 沿海运输船舶融资租赁

沿海运输船舶是指在本国沿海区域之间运输使用的船舶。作为国内沿海运输船舶技术要求不高，涉及的法律规定较为简单，多年来都是由国内两大造船集团修建。国内沿海船舶具有金额小、规模不大、专业性要求不高的特点。现存的租赁公司比较容易涉足此行业。租赁业务在我国的开展，主要是由于信用瓶颈的限制。一方面，承租方违约不按时交付租金，租赁公司将面临巨大的风险；另一方面，租赁公司主要通过银行贷款购买设备，存在银行对租赁公司的信用评价问题。而在以分散和共担风险为特征的租赁创新方案中，这些难题得到了比较好的解决。

最近国内某租赁公司设计了一种新的租赁模式，在这种租赁模式中设计了一系列担保与反担保协议，充分利用银行信用和租赁物品的自身价值，使各方形成了共担风险、共享利益的价值链。首先，为降低承租方违约风险，要求承租方提供一定比例的保证金，并通过当地一家有实力的银行为其出具保函，保证在承租人违约时，由银行对其租金余额进行担保，这样就保证了租赁公司不会受到损失。其次，为确保银行的安全，特别采取另外两项措施：一是由制造厂商对设备进行回购担保，即在承租方不能履约的情况下，制造商对租赁物件进行回购；二是租赁公司将租赁物件所有权抵押在银行为承租人进行反担保。通过以上运作方式，使租赁公司、承租人、银行、制造商一起承担风险，从而为担保行和整个项目的安全提供了实在的保障。

（四）我国船舶融资租赁发展

随着融资租赁理论与实践的积累及对国外先进经验的借鉴，我国的融资租赁业也逐渐走上规范健康的发展轨道。船舶融资租赁作为一种新式的融资租赁方式，在航运企业已经得到了一定的应用。经过近几年的经营实践，针对目前行业发展中的一些实际问题，应着力实施以下措施。

一是加快船舶融资租赁立法工作。加快融资租赁立法工作，使租赁业的发展有法可依、有规可循。融资租赁作为一个独立行业的特征日益显现，颁布《融资租赁法》的时机已经成熟，国家应尽快审议并颁布《融资租赁法》。使租赁业的发展有法可依、有规可循。

二是为船舶租赁搭建一个比较宽松的融资平台。由于融资租赁业务具有租金回收期长、资金周转慢的特点，租赁公司中长期贷款的难度较大，融资问题仍然是行业亟待解决的首要问题。应尽快出台融资租赁行业标准，使得银行业在对租赁公司评级授信中，按照租赁行业标准和特点来评级授信。应鼓励融资租赁公司发行企业债券，支持符合条件的融资租赁公司上市；加强各类商业银行及中小企业贷款机构、小额贷款公司、保理公司与融资租赁公司的合作，积极开展租赁资产保理业务，不断创新和完善租赁资产的退出机制。

三是加快船舶租赁征信体系建设。信用缺失不仅大大提高了市场交易成本，而且直接影响和制约着市场机制配置资源作用的正常发挥。完善的社会信用体系有利于形成社会管理的长效机制。因此，加快推动征信立法，可考虑将承租方在租赁公司的融资信息并入中国人民银行征信系统，不按期还租就上黑名单。并扩大信用信息服务的范围，特别是扩大对租赁公司的承租企业信用信息服务，以提高租赁公司的业务效率和风险控制能力。

三、汽车融资租赁

汽车融资租赁，即客户向融资租赁公司提出需求，由租赁公司按照客户的需求向汽车供应商购买车辆，由客户租赁使用并按月支付租金。当租期结束，客户支付完全部约定租金后，即可获得汽车所有权。

汽车融资租赁，目前已经成为一种厂商卖车、用户买车的新型销售模式。

（一）汽车融资租赁的形成

汽车融资租赁起源于20世纪50年代的美国，然后在欧洲的一些发达国家和日本相继流行。在欧美等很多经济发达国家，汽车、特别是生产性用车60%以上是通过融资租赁实现的。而在中国由于金融行业发展较慢，暂未与国际接轨，因此汽车融资租赁消费车辆的数量较少。在我国，就汽车信贷比例而言，2014年的统计数据约为20%。而融资租赁的渗透率，现在的数据约为3%。

我国1983年第一次以融资租赁的方式引进了数十万辆汽车。但当时许多条件不成熟，国家认为这种方式会出现很多后续管理上的问题，所以在1985年喊停了，随后汽车租赁在整个20世纪80年代里就没有再发展起来。

汽车行业正式融资租赁的起步，是从中国重型汽车集团开始的。该集团的财务公司从1993年开始办理融资租赁业务，重型汽车集团的财务公司是国内首家开展汽车融资租赁的财务公司，有8年以上开展汽车融资租赁的经验。1992年时只是租赁工业设备，1993年开始租赁重型汽车，当年仅租赁了24辆。1994年下半年采取相应措施，租赁业务不断拓展，融资租赁增长较快。1995年租赁数量超过1000辆，1996达到1300辆，但由于经营风险较大，1997年以后开始走下坡路，1999年基本上业务停止。

2008年银监会发布《汽车金融公司管理办法》，这个时候才对专业的金融公司开展融资租赁业务打开了政策瓶颈。到2011年，各种风险投资、经销商集团、融资租赁企业，还有厂商的金融机构的加盟，都为汽车租赁行业带来了大量的资金、人才和服务。近两年，随着汽车消费的不断升温、公车改革的不断推进，汽车融资租赁才渐渐进入人们的视野。

为解决运输企业购车融资困难，拓宽用户融资渠道，2011年解放销售公司积极寻求融资租赁办法助一汽解放扩展市场。他们和由国家开发银行控股的国银金融租赁有限公司合作，在全国范围内推出解放卡车的融资租赁业务。该业务是国银租赁公司根据解放销售公司的推荐与解放经销商的综合资质情况，从经销商处购买车辆，并租赁给用户使用，用户分期向国银租赁支付租金，租金支付完毕后，用户只需支付每台车100元的名义价款，车辆就归用户所有。解放销售公司推出这种营销模式后，收到了较好的效果，许多用户开始选择融资租赁的方式购买解放卡车。这种销售模式可以为用户解决融资困难，提供企业运营的关键生产工具，同时为经销商提供更优质的金融产品选择，促进汽车销售并及时回笼资金，并对客户关系起到积极的维护作用。

（二）汽车融资租赁条件

一般而言，汽车融资租赁需具备一定的条件，否则不属于汽车融资租赁的范畴，而只是一般的汽车租赁。这些条件包括：

1. 消费者需向销售商支付相应的租金（汽车使用补偿费）。

2. 如果消费者支付的费用（包括租金及相应赋税）已经相当于或者超过汽车本身的价值，依照汽车租赁合同，消费者有权获得该汽车的所有权。

3. 如果消费者（承租人）在租期届满时所付租金总额尚未超过汽车价值，消费者（承租人）此时享有选择权，对租期届满后的汽车可以以下列任何一种方式处理：

（1）在补足租赁合同中事先约定的相应余额后成为汽车的所有权人。

（2）如果汽车现值高于（1）项约定的余额，消费者可以出卖所租汽车，向零售商偿还该余额，保留差价从中获利。

（3）将该汽车返还给出租人。

4. 在租赁期间届满时，消费者欲购买所租汽车，其不必以一次性付款的方式付清尾款。但严格地说，融资租赁方式和上述分期付款的汽车零售方式还是有一定的差别。该法案规定的汽车分期付款的零售方式，实质上是附条件买卖。销售商保留汽车的所有权，其实是债权人为实现保护自己债权而设定的一种担保，但是，合同的目的仍在于转移汽车的所有权。融资租赁则不同，它是买卖与租赁的结合，消费者（承租人）最终是否成为所租汽车的所有权人，选择权在消费者（承租人）。

（三）汽车融资租赁销售的优点

1. 对于承租人来说，“先租后买”的融资租赁方式比较灵活。在租赁期满后，承租人享有选择权，决定是否购买所租汽车。消费者如不想购买所租车辆，则可将该车返还汽车出租方；如想购买所租车辆，消费者付清租赁合同上确定的折旧价（亦称尾款）即可。

2. 对于承租人来说，如采用融资租赁方式，承租人不必担心汽车被转卖，因为汽车的所有权之归属对承租人而言并不重要；而对于采用传统分期付款购车的买车人来说，如果在其未付清余款之前，销售商将汽车转卖，买车人将处于非常不利的地位。

（四）汽车融资租赁进入黄金发展期

汽车融资租赁作为中国新兴的交通运输服务业，是满足人民群众个性化出行、商务活动需求和保障重大社会活动的重要交通方式，是综合运输体系的重要组成部分。促进汽车租赁业健康发展，是转变交通运输发展方式、推进现代交通运输业发展的重要举措，对完善综合运输体系，转变道路运输发展方式，提高车辆、道路、停车场地等社会资源的利用效率，带动旅游业、汽车工业、金融保险业的发展，提高人民群众生活质量，都具有重要的现实意义。

随着 80 后、90 后逐渐进入事业高峰期，带来汽车消费观念的改变和国内金融市场的进一步成熟，汽车金融将进入蓬勃发展的黄金时期，预计汽车金融行业和融资租赁板块在未来 5 年复合增速将分别超过 22%和 37%，成为汽车产业链上的又一明星市场。

1. 汽车消费群体发生改变

一位汽车行业人士这样形容，“如果把目前中国整个汽车产业看作一个公司，用波士顿矩阵来衡量的话，汽车金融无疑是其中耀眼的‘三高明星业务’：需求端是确定性的高增长，供应端是高进入门槛，财务指标是高息差水平”。

汽车金融业务在整个美国汽车产业链上的利润占比达到 12%，而在中国这一数字仅为 6%。此外，在国际车企中，汽车金融占收入的比例约为 5%~15%，占利润的比例超过 20%。可见，中国汽车金融业务发展空间巨大。

导致我国如此低的金融渗透率的原因与中国老一代消费者金融观念不强和金融市场不成熟有非常大的关系。过去 4 年，80 后、90 后消费者在汽车消费者中的占比提升了 24.5 个百分点至 48.4%，渗透率从 2010 年的 9.3%翻了一倍多至 2014 年的 20%，成为推动 2010~2014 年汽车金融渗透率加速提升的主要力量。随着人口峰值逐渐从 20 岁向 30 岁靠近，80 后、90 后正逐渐进入事业高峰期，成为汽车的主要消费群体。和他们的父辈相比，这一人群对美式汽车文化更为认同，对信贷消费和财务杠杆的接受度较高，也更愿意通过贷款、融资租赁等方式来买车。

随着供需两端的改善，包括多样化金融产品供给的增加、中国家庭理财意识的增强、年轻人逐渐成为消费的主力等因素，中国汽车金融将引来蓬勃发展的黄金时期。

2. 汽车融资租赁具有很大成长空间

在我国的汽车金融市场，汽车信贷仍占据绝对的主导地位。2013 年，两大参与者银行和汽车金融公司占据了95%的市场份额，而第三方融资租赁公司的市场份额约为5%。美国的汽车消费金融的渗透率超过80%，其中融资租赁占比约为46%；在德国市场，汽车消费金融渗透率约为64%，其中融资租赁占比约为21%。

从综合汽车金融的渗透率看，中国市场汽车融资租赁业务在全行业汽车销售的渗透率还不到1%，蕴含着极大的提升空间。如果考虑乘用车市场每年2000万辆的新车销量及五六百万的二手车销量，融资租赁的消费理念的变化、消费环境的改善以及合适的租赁产品的提供，必将极大地提高相关公司的盈利水平。

据《2015中国汽车金融报告》（以下简称《报告》）预测，汽车金融和保险业务将成为车企未来主要的利润增长点，预计2020年市场规模将达1.8万亿元。以汽车租赁为例，2009年国内乘用车租赁市场的营业收入仅为130亿元，而到2014年则达到420亿元，年复合增长率高达26%。《报告》预测，到2019年，这一市场规模将达到750亿元。融资租赁的销售方式将盘活中国汽车市场。

3. 汽车融资租赁业务范围扩展

由于汽车是生命周期相对较长的产品，围绕汽车产业链上各环节的市场挖掘空间相对其他消费品更大。越来越多的市场参与者开始完善产业链的布局，随着政府政策和措施不断调整，外部经济环境不断波动，2015年汽车金融市场面临新的机遇和挑战。

（1）售后回租盘活汽车经销商固定资产。数据显示，2014年我国约有67%的经销商亏损，亏损比例持续扩大，2015年上半年90%经销商处于亏损状态，盈利水平不容乐观。经销商的亏损从另一方面说明，汽车行业的发展到了一个转型期。经销商在转型阶段，提高金融渗透率来扩大消费、引领消费、创造新的市场极其重要。

当前，汽车经销商作为汽车行业的重要主体，在发展过程中，普遍存在新车销售难以盈利、售后客户流失、库存高企、融资困难、缺乏长期资金支持等方面难点。如何减少库存，如何有效盘活资产，是经销商需要考虑的问题。除了日常经营所需的库存车辆外，经销商的资产集中在店面设施及相关配套设施，而这部分设备资产无法被传统金融机构认可。比如门店，传统银行需要房产证等抵押物，但是大部分经销商都是租用的房产，但店面建设这些钱已经投入了，形成了固定价值，只是融资的时候没有人认定他们的价值，而专业的融资租赁公司就可以为他们提供设备售后回租，从而有效盘活汽车经销商的重点资产。融资租赁的售后回租业务，就是你把东西卖给我，再租回去用，可以设定月度、季度还款等。通过这个方式盘活了固定资产，发挥了融资租赁资产经营的特点。

(2) 汽车融资租赁服务于汽车全产业链。当前专注于汽车领域的全国性融资租赁公司，服务范围触及汽车全产业链。业务涵盖针对个人客户的汽车融资租赁、大客户车队管理、汽车产业上下游零部件企业设备租赁、汽车经销商资产租赁、试乘试驾车的售后回租业务等。这是融资租赁业态的优势，围绕他们的业务需求，为他们改善资产负债结构，为他们提供资金流通。

(3) 融资租赁发展新能源汽车及配套设施。2015 年 8 月 31 日，国务院办公厅发布《关于加快融资租赁业发展的指导意见》，在公交车、出租车、公务用车等领域鼓励通过融资租赁发展新能源汽车及配套设施。

与传统客车不同，新能源客车具有价格高、维保不便、可供选择的优质产品相对较少、维护保养壁垒相对较高的特性。融资租赁可有效解决运营企业难以一次性支付巨额购置资金的问题，同时由于融资租赁对于地方政府的吸引力较大，必将会大力推广新能源客车使用。随着融资租赁模式的兴起，车企销售隐性成本有望显著降低。同时客车零部件、售后服务市场竞争更加透明，这将有利于推动新能源汽车在公共服务领域的推广。

由于采用租赁模式而不是一次性购买获得车辆，地方政府财政压力较小，主动采购意愿更加强烈，公交公司自行决策范围收窄；同时由于融资租赁公司仅每月收取固定租金，该交易形式使得公交公司在购车时寻租空间缩小；由于客车所有权属于融资租赁公司，公交公司仅拥有使用权，因此在零部件供应商的决策领域话语权亦有所降低。融资租赁由于可以大幅降低投资与运营成本，有可能成为新进企业的主流投资模式。

例如，2015 年初，大连市财政局要求，为进一步提高本市公交低碳环保运行水平，缓解财政支出压力，探索新型融资渠道，决定对公交集团计划采购的 600 台比亚迪纯电动车辆采取融资租赁方式解决购车资金。通过抽签方式确定大连中招招投标代理有限公司为该项目的招标代理公司，并根据相关法律法规，采取竞争性磋商方式确定融资租赁公司。本次融资租赁合同涉及 9.6 亿元资金，共计 600 台纯电动公交车，公交集团实际承担利率为基准利率下浮 8%左右。

四、医疗器械融资租赁

在经济发达国家，医疗设备与飞机、船舶、工程机械一样，是重要的融资租赁标的，在整个融资租赁业的发展中占有重要地位。

（一）医疗器械融资租赁定义及特征

所谓医疗器械融资租赁，是指医院在确定相应的医疗设备供应商（生产商）及相应的医疗设备并办妥相关医疗设备引进审批手续后，融资租赁公司根据医院要求购进医院选定的医疗设备并交付给医院使用，由医院在使用期内分期支付一定租金的前提下取得设备的使用权和收益权。当租赁期满后，医院可以根据与租赁公司签订的租赁合同约定设备的处置方式：退租、续租或留购（医院以极低廉的价格购买该设备并拥有设备的所有权）。

医疗器械融资租赁的基本特征一般可归纳为如下五条：

第一，租赁物由承租人选择，租赁物的型号、规格、数量、厂家、国别由承租人决定。出租人出资购买并租赁给承租人使用，并且在租赁期间内只能租给一个特定承租人使用。

第二，承租人负责检查验收制造商所提供的设备，租赁物的供应商对该租赁物的质量与技术条件向承租人直接负责。

第三，出租人在租赁期内保留设备的所有权，承租人在租赁期间支付租金而享有使用权，并负责租赁期间设备的管理、维修和保养。

第四，三个当事方（出租方，承租方，租赁物供应商）；两个独立的法律合同（购买合同，租赁合同）。

第五，租期结束后，承租人一般对设备有留购、续租和退租三种选择，若要留购，购买价格可由租赁双方协商确定。

（二）医疗器械融资租赁的作用

1. 促进医院医疗器械更新与升级换代

随着医学科学以及生物工程技术的发展，医院对于高端医疗设备如核磁共振成像、CT 扫描、彩超、伽马刀等高科技成像设备和放射治疗设备的需求激增，医疗卫生制度改革和国家对医疗卫生行业的投入等因素也增加基层医院对中高端设备的需求。由于尚未形成社会多元化投入机制，医疗机构的建设和改造主要依靠政府投入和服务收费。但政府财力有限，医院自身的服务收费在国家指导价格指引下，也只能勉强维持医疗服务成本，根本支持不了医院自身的建设和发展，而贷款这种单一的筹资方式已经严重影响医疗机构的发展。

融资租赁以其灵活、快捷、融资金额大、资金到位快等多方面的优点逐步得到医院的认可，已经越来越多地在实践中采用。一般来说这些金融租赁公司都有很雄厚的资金来源，与从银行等金融机构贷款相比，获得资金的手续简单、审批时间短、快捷方便，省去了很多繁文缛节，能为医院争取更多的时间用于开展急需的业务，如医学科研、学科建设、员工福利等。医院运用融资租赁方式添置高端设备，如CT、MRI、DSA、直线加速器、PET-CT等，使得医院在支付能力不变的情况下，同时占有、使用更多的先进医疗设备，从而扩大服务量，赢得更多的医疗市场份额。

2. 促进医疗器械厂家销售

对厂商而言，融资租赁架起了厂商和医院的桥梁。厂商能供给优良的设备，医院对这些设备有着很大的需求却苦于资金。通过融资租赁，厂商能将其昂贵的大型医疗器械推销出去，及时收回货款，甚至能将其产品推销到一些经济欠发达地区的医院里去，扩大自己在国内的市场份额。由此可见，医疗器械融资租赁的产生正符合融资租赁产生的内部条件，即三方利益和风险的均衡促使医疗器械融资租赁的产生。

3. 扩展融资租赁公司的业务发展

医院有着稳定的现金流，作为医疗器械融资租赁的主要对象的公立医院多为医保定点医院，有政府财政扶持，收入稳定，管理规范。医疗器械的通用性好，是最适合做融资租赁的租赁物之一。所以，医疗器械租赁一直是很多租赁公司竞相从事的业务。医疗设备器械可以给租赁公司带来稳定的收入，且风险不高。据统计，租赁公司从事医疗器械租赁的坏账率平均不超过1%。

在美国，融资租赁已比较广泛地应用于医疗设备的购置，其比例曾高达80%，而我国医疗设备融资租赁业务尚处于起步阶段，跟国外相比还有很大差距。

（三）国内外医疗器械行业发展状况

随着经济的发展、人口的增长、社会老龄化程度的提高，以及人们保健意识的不断增强，全球医疗器械市场需求持续快速增长，医疗器械行业是当今世界发展最快的行业之一。

1. 全球医疗器械产业持续快速增长

根据欧盟医疗器械委员会发布的统计数据：全球医疗器械市场销售总额已从2002年的2100亿美元迅速上升至2013年的4690亿美元。即使是在全球经济衰退的2008年和2009年，全球医疗器械市场依然逆流而上，分别实现6.41%和7.00%的增长率，高于同期药品市场增长率。2014年随着经济的复苏和新兴市场国家中等收入水平消费者对医疗保健服务需求的增长，医疗器械市场将会持续增长。

以中国为代表的亚太地区医疗器械市场目前是世界上最具潜力的医疗器械

市场，近年来的增长速度明显快于世界平均水平。据统计，2009~2012 年亚太地区医疗器械市场的复合年增长率达 10.2%，高于全球平均水平。到 2015 年，亚太地区医疗器械市场的增长率将可能达到世界平均水平的两倍，该市场的发展潜力将走在世界前列。

2. 中国医疗器械行业快速成长

在经济全球化的大背景下，全球多家医疗器械产业巨头在中国设立子公司或将生产制造甚至研发部门迁至中国。在同国际企业竞争的过程中，我国优质的医疗器械企业快速成长，中国逐渐成为全球医疗器械制造中心。

经过 30 多年的持续高速发展，中国医疗器械产业已初步建成了专业门类齐全、产业链条完善、产业基础雄厚的产业体系，同时也成为我国国民经济的基础产业和先导产业。《2016 中国医疗器械行业成长蓝皮书》统计，2016 年中国医疗器械市场总规模约为 3700 亿元，比 2015 年度的 3080 亿元增加了 620 亿元，增加率约为 20.1%。其中，医用医疗器械市场约为 2690 亿元，约占 72.70%；家用医疗器械市场首次冲破千亿元大关，约为 1010 亿元，占比 27.30%。中国医疗器械市场已经超过日本，成为世界第二大医疗器械市场。

虽然我国医疗器械产业整体发展较快，但仍无法充分满足国内市场需求，与发达国家比仍存在差距。我国整个医疗卫生服务开支占总的 GDP 比重为 5%左右，而发达国家一般在 10%左右，其中美国达到 16%；我国医疗器械与药品的消费比例仅约为 1:10，而发达国家该比例已经达到约 1:1，我国医疗器械产业还存在较大缺口，市场发展空间极为广阔。

（四）中国医疗器械融资租赁行业的发展

与医疗器械快速发展形成鲜明对比的是，在我国，医疗设备租赁尚处于起步阶段，而美国的融资租赁在医疗设备购置方面的比例已高达 80%。随着我国信用体系的不断完善，融资租赁将迎来发展的春天，医疗设备租赁将步入快速发展期。

目前，我国医疗设备租赁行业竞争激烈，由原来的外资租赁企业一家独大到内资试点租赁企业的介入，进一步到金融系租赁公司业务的蓬勃发展。目前，国内只有经过中国人民银行或者商务部批准的融资租赁公司才可以合法开展医疗设备融资租赁业务。

中国医疗保健行业的融资租赁受惠于中国医疗保健行业的整体发展趋势，医疗设备的融资租赁额以 48%的年均复合增长率增长，农村地区医疗服务的持续改善，公立医院的持续改革，私营医院的迅速增长及医疗行业内不断演进的一站式服务模式，均为医疗行业融资租赁快速增长的重要驱动力。2014 年，我国医疗设备销售额为 2136 亿元，融资租赁额为 533 亿元，渗透率达到了 24.96%。到 2020 年，中国医疗器械行业销售收入有望达到 3657 亿元，而医疗器械金融租赁额有望达到 1371 亿元，市场渗透率达到 37.5%。融资租赁将迎来发展的春天，医疗设备租赁将步入快速发展期。

五、工程机械融资租赁

工程机械是基础设施建设、城市建设中用量最大、最依赖的施工机械，在国内外融资租赁市场中都占有重要位置。

（一）工程机械融资租赁含义及特点

工程机械是包括土方机械、混凝土机械、起重机械、筑养路机械、桩工机械、压实机械、机动工业车辆、石方、桥梁机械、港口机械、破碎设备、地下及矿山机械、工程机械配件等基础建设的机械。

工程机械融资租赁是设备的使用方（承租人）没有足够的资金购买自己所需的设备，租赁公司代为购买此设备，并交给设备使用方使用、占有和盈利，通过向设备使用方（承租人）收取租金的方式完成自我盈利的交易模式。其特点为：

1. 工程机械用量大

工程机械是基础设施建设、城市建设中用量最大、最依赖的施工机械，工程机械在国内外融资租赁市场中都占有重要位置。自 2010 年中国成为世界第一工程机械大国之后，在国际工程机械市场上，产销量已经占到 30%以上，而融资租赁是促销的主要手段。

2. 工程机械的价值高

由于工程机械的价值较高，施工企业购置设备需要占用大量的资金，而投资回收期却要很长时间，尽管可以通过银行贷款购买设备，但是银行贷款限制条件较多，资金获得的时间长，阻碍了施工企业对设备的购买。而融资租赁看重的则是承租人未来能否持续支付现金流的能力，所以在付款方式上不需要一次支付巨额资金便可获得大型设备的使用权，这种方式受到越来越多中小企业的青睐，在市场上颇具吸引力。

3. 工程机械用户获益大

在承租期满时，承租人有权选择购买，对承租人来说灵活性也得以加强。并且，租赁设备不作为负债项目出现在用户的资产负债表中，对由资产负债率引发的再融资问题可以得到有效的改善，增强承租人的借款能力，节省额外资金以备他用。因此对承租人来讲，融资租赁最大的功能就是融资，使用户能用少量钱获取并使用设备，通过设备的收益来偿还租金，最终还可以选择是否完全拥有该设备。

4. 工程机械融资租赁以厂商租赁形式为主

厂商租赁是指，厂商租赁公司是由制造母公司投资组建的子公司，其目的是为购买母公司产品的客户（终端客户或代理商/经销商）提供融资租赁服务。就股权结构而言，制造母公司对融资租赁公司实行全资控股或拥有控股地位。通过融资租赁服务，为制造母公司增强潜在客户的购买力，促进产品销售，提升市场份额。就厂商系融资租赁公司而言，由于与制造母公司、供应商（代理商、经销商）和终端用户存在业务往来。因此，厂商系融资租赁公司的融资租赁服务已经渗透和贯穿至装备制造业的整个产业链之中。

厂商租赁的基本特征为，出租人出租的租赁物件几乎全部是自己母公司制造的，租赁期间的设备维修和服务都是由出租人母公司负责。租赁物件的所有权在租赁期间保持在出租人手中，租期结束后出租人可以收回，也可以不收回物件的使用权。

厂商租赁存在于装备制造业的各个子领域，如汽车、重卡、IT 设备、医疗器械、飞机、轮船、精密机床、工程机械、矿山机械、电器、通信设备、厂房等。不同的国家侧重的领域不同，我国偏重于工程机械行业。

与其他形式的融资租赁相比，厂商租赁有着独特的作用。

(1) 增强市场控制力。即紧紧跟随客户，当客户在国内外范围内拓展业务时，设备制造商采用融资租赁方式可以非常直接有效的控制租赁物的取得过程，这样就能够对客户设备的更新换代、升级和附属产品，包括融资产生更大影响，促进和较快完成设备销售，增强市场占领份额。

(2) 增强市场竞争能力。即紧紧跟随母公司，通过制订融资租赁方案，厂商租赁公司能够为其母公司的销售力量提供差异化的竞争优势，包括新产品的接受，提供以旧换新的机会，提供良好的产品售后服务，努力向客户提供“一站式”解决方案等。

(3) 优化财务税收，增加利润。融资租赁服务与维修和零配件服务结合，构成了拥有最大收入增长潜力和利润率水平最高的价值链活动。融资租赁能够为出租人带来增值税缴纳方面的优惠和利息收入的税收减免，这能够改善厂商租赁公司的盈利水平。这些税收优惠也能够反映在融资方案的筹资成本当中，结果是给母公司的产品和服务带来具有竞争力的价格方案以及不断增长的商业机会。

在中国，在工程机械行业开展融资租赁业务较早的主要有徐工集团和中联重科。

徐工集团的全资子公司——徐工工程机械租赁有限公司成立于2007年，并在2008年通过国家商务部和税务总局审批成为融资租赁内资试点企业。该公司仅2008年的融资租赁规模就达到3.5亿元人民币。目前徐工租赁已经拥有5万部工程机械设备，涵盖了各类吊车、起重机、压路机等。

中联重科旗下的融资租赁公司也是成立于2007年，主要业务是为国内外混凝土机械、工程起重机械、建筑起重机械、环卫机械等产品的销售提供融资租赁服务。2011年，在中联重科主营业务中，融资租赁业务已占到集团总收入的40%以上。

（二）中国工程机械融资租赁发展的原因

中国工程机械融资租赁的发展史是伴随着工程机械销售中所遇到的三个主要矛盾展开的，这三个主要矛盾是当时中国改革开放中各个行业都遇到的普遍矛盾，了解了这三个矛盾的解决过程和解决方式，也就了解了中国工程机械融资租赁的发展史，从而也了解了中国融资租赁的发展史。

1. 设备需求与设备购买资金短缺的矛盾

20世纪90年代以来，随着中国改革开放的深入和发展，国家基础建设的投资在不断加大，城市化进程在不断发展，住房制度改革所释放的对住房升级需求的渴望在不断增加。这些巨大的变化和强劲的需求，必然促进了社会对原材料和基础设备需求的快速增长。社会对原材料和工程设备需求的增长，又导致了社会对资金需求的相应增长。例如在工程机械领域，设备需求方急需设备，但苦于融资困难，没有能力全款购买设备。

这种融资难的状况，却反而向关联方向传导，分期付款销售业务应运而生。其具体方式为，设备需求方只需支付一定比例（30%左右）的资金，通过融资租赁公司的运作，就能取得设备供应方提供的全部所需设备用于施工，所欠的购置设备款在一定期限内分期偿还给租赁公司后就可以最终获得该设备的产权。

由于这种花少部分的钱就能够拿到急需的设备用于施工的方式得到了设备需求方的极力推崇，同时，设备供应方又能够及时收回设备的全额销售款，满足了设备供应方的资金快速回笼扩大再生产的需求，所以，这种销售方式以很快的速度波及大部分原材料供应商、设备制造商和设备供应商。

2. 设备供应商分期付款销售与自身资金能力不足之间的矛盾

20 世纪 90 年代初至 20 世纪末这十年，中国经济快速发展，中国工程机械制造企业也经历了快速发展阶段。在这个阶段中，中国诞生了非常多的工程机械制造企业，其中有两个著名企业，一个是长沙中联重工科技发展股份有限公司，一个是三一重工股份有限公司。这两个企业的主要产品在国内的市场份额已经超过 60%，他们是中国工程机械制造业的领军企业。从这些企业的成长历程中不难发现，支持他们快速成长的重要秘诀之一就是销售资金能够快速的回笼。

但是在 2001 年以前，他们都经历过为重要客户提供分期付款，销售资金回笼缓慢的艰难阶段。由于分期付款的销售模式往往都是在供大于求的市场条件下出现的，设备制造企业往往也都是为了生存和发展的原因，被迫向客户提供分期付款销售模式的。因此企业是否能够维持和发展，在很大程度上取决于企业为客户提供分期付款的数量占整个客户群体的比例，以及取决于被提供分期付款的客户能够按时足额偿还货款的数量占整个被提供分期付款客户总数的比例。所以，工程机械制造企业的发展处于被动地位。

这种生死存亡的大问题迫使工程机械制造企业去寻找和发现新的销售模式。2001 年，由北京中联新兴建设机械租赁有限公司率先与中国光大银行北京分行西单支行进行工程机械按揭业务试点。实践证明，这种以“回购担保”的方式与光大银行的合作是成功的。很快，光大银行总行与中联重科集团签订了一份现在看来具有重要历史意义的协议。该协议的主要内容就是光大银行同意把在北京进行的工程机械银行按揭的试点工作推广到中联重科在全国的销售机构。这个重要的协议也被业内称为“总对总”协议。

由于企业与银行的这种合作非常符合双方的共同利益，顺应了当时的市场经济发展的趋势，从而使得双方的业务都得到了快速发展。企业解决了扩大再生产资金不足和流动资金不足的问题，银行通过“回购”的担保模式转嫁了风险，使得收益有了保障。因此，光大银行迅速地将对工程机械的银行按揭业务推广到整个工程机械制造业，成为银行业成功经营工程机械按揭业务的首家银行。

3. 企业所需资金规模与一家银行资金供应能力不足的矛盾

中国光大银行对工程机械的银行按揭业务，推动了整个工程机械制造业的发展。但这种一家银行对一个行业进行资金支持服务的能力，也受到了整个行业发展速度和规模对资金需求总量的挑战。其间，就经常出现工程机械制造企业需要银行按揭的业务支持得不到充分满足的情况。因此，企业又部分地开始了对特别重要的客户实行“分期付款”的销售模式，来平衡对资金供应不足的现象，同时，开始了寻找新的销售模式的探索。

2004 年 12 月底，国家商务部和国家税务总局联合批准了 9 家内资企业成为首批融资租赁业务的试点企业，中联重科控股的北京中联新兴建设机械租赁有限公司率先进行了申请，并在 2006 年 4 月获得商务部和国家税务总局的联合批准成为首家工程机械行业内从事融资租赁业务的专业化公司。这家公司开展融资租赁业务标志着一种新的工程机械销售模式的诞生，是对工程机械银行按揭业务的补充和完善。它的意义是十分重大的，这一事件也宣布了工程机械制造企业所需资金规模与一家银行资金供应能力不足的矛盾获得了新的解决方案。

可喜的是，自 2006 年 4 月中国工程机械行业内首家内资企业获得融资租赁业务许可准入之后的这几年，又有多家制造商控股的内资融资租赁企业获得批准从事工程机械的融资租赁业务，从现在的情况来看，工程机械融资租赁作为一种销售模式，其发展是必然的，其风险是可控的，其状态是健康的。

（三）我国工程机械融资租赁行业的健康发展

最近几年国内大力倡导基础设施的建设，尤其又实施“一带一路”的发展战略，导致工程机械租赁行业异常火爆，此举直接影响国内的装备制造业发展。虽然我国与发达国家相比差距还很大，比如欧美发达国家的工程机械租赁率为 80%，日本为 53%，我国为 10%，且租赁企业多数规模小。但只要发展思路正确，方式方法多样，国家政策引导，我国工程机械租赁的发展必将出现蓬勃发展的局面。

1. 加强立法，规范发展

一是加强立法，健康和有序的工程机械租赁市场是法治市场，建议政府有关部门加快制定我国的租赁法和配套的法规。二是明确租赁业的主管部门，以利于进行宏观管理。三是支持和引导租赁业建立全国性的工程机械租赁协会，作为政府管理工程机械租赁业的助手和促进行业自律和发展的平台。

2. 融资租赁模式多样化

除了继续发展传统经营性租赁外，建议相应发展融资租赁业务。国外经验表明，融资租赁是仅次于银行信贷的第二大融资方式，对技术含量高，资金占用大的工程机械或使用率大于 85%以上的工程机械，采用融资租赁，比购买装备和开展经营性租赁具有明显的低成本优势。因此，大力发展融资租赁，可以使我国工程机械租赁类型多样化，并大力促进工程机械租赁业的发展。

此外在租赁企业的类型上也应多样化。各种所有制的工程机械租赁企业，大、中、小型的工程机械租赁企业，各有所长，亦有所短，在其适合市场需求的条件下，都可以生存和发展，绝对的肯定或否定某类型企业开展融资租赁业务，是违反市场经济规律的，往往事与愿违，适得其反。

3. 租赁物多元化

随着工程机械技术的进步和非建设行业的机械化需求的增长，工程机械的用户已由传统的施工企业扩展到工业、农业、林业、交通、环保、市政、园林、旅游、宾馆、广告等20多个行业和部门。这为工程机械租赁业提供了新的用户群，机械租赁企业应重视用户多元化，在新用户中拓展业务。如在美国的工程机械租赁店内有擦窗机、小型高空作业车等住宅维护工程机械供客户租用。在国外，很多工程机械租赁企业还利用现有的经营资源（人员、场所、营销网络），兼营工程机械产品和配件销售（或兼做代理商），这既可扩大营业额，又可为客户提供多种服务，有利于工程机械融资租赁业的发展。

4. 提升信息化技术利用

国外工程机械租赁企业大力采用互联网和微机管理等信息技术来开展租赁业务，利用信息技术搭建企业与客户、制造商和租赁企业间的信息交流平台，快捷地组织中、小租赁企业开展联合租赁（多家租赁公司联合向需求量大的客户提供租赁）。如日本在北海道的中、小型工程机械租赁企业建立了“租赁业互联网”，采用信息技术使中、小型租赁企业形成合力，联合租赁，增强了竞争力。我国的工程机械租赁业也应加快信息化的步伐。

5. 大力提高企业素质

日本全国建设机械租赁协会提出，以“创立具有优秀经营和高技术体制的可信赖的租赁企业”作为行业目标。要求会员企业通过ISO9002质量认证和ISO14000环保认证，提高企业的素质。面对激烈的市场竞争，我国工程机械租赁企业必须大力提高企业素质，增强核心竞争力才能在竞争中求得生存和发展。

六、电信设备融资租赁

电信设备的融资租赁，是融资租赁公司依照电信商的选择向供货商购买设备成为设备的所有权人，以融资租赁的方式使用户取得电信设备的用益物权，用户获得设备的用益物权后按约定支付租金，在租赁期满后支付象征性的名义货价获得其完整的所有权。

我国的电信运营企业目前都面临着转型、4G建设、重组等问题，这些都离不开大量的资金支持并具有其独特的融资特点。

一是融资规模大。电信业是资金高度密集的行业，尤其是电信运营企业，需要进行技术研究、网络建设、业务运营和客户服务，因此对于资金都有持续巨大的需求。电信运营企业的每个项目投资所需资金少则几十亿元，多则几百亿元甚至上千亿元。比如中国移动香港有限公司在 2001 年向总公司收购内地 7 省市移动分公司的行为，一次就完成总价格 328 亿美元的融资。

二是融资的风险大。电信运营商融资的风险很大，因为在通信市场上，消费者需求决定着企业的生存与发展，一个新技术或是新业务的推出能否符合消费者的需求，能否受到消费者的欢迎，这些都是不可预知的，而且对于运营商来说，率先占领市场才能获得高额的利润，所以企业把用大量资金研究出来的新业务推向市场的时候，面临着巨大的投资和融资风险。

三是融资的连续性。随着科学技术和网络技术的快速发展，电信技术日新月异，电信运营商为了在市场中占据领先地位，获得高的利润回报，必须不断地进行资金投入，不断增加固定资产投入，不断研究和推出新的业务和新技术，所以要不断地进行融资来满足企业对于资金的需求。比如现在进行的 4G 运营的需要。

四是海外市场的融资占据很大比例。在目前电信运营商的融资中，海外市场的融资占据很大比例，这主要是因为四大运营商纷纷在海外上市，通过上市获得了大量来自海外的资金。

五是政策性强。由于电信业与国家的主权和安全有着密切的关系，这种特殊性就决定了电信运营企业的经营要受到国家政策的严格管理，在市场准入、股权结构、经营方式等方面都要遵守国家政策的规定，这样，势必在融资方面也要受到国家政策的管理。

为了筹集这些资金，融资方式的选择对于运营商来说显得尤为重要。融资租赁业是一种新的投融资服务、一种新的产品营销和资产管理的运作模式。融资租赁可以减轻电信运营商用大量现有资金购买设备的压力，减少资金的占用，可以节省流动资金用来生产和开发其他业务。在运营商的网络建设和固定资产建设中，融资租赁是一种很好的融资方式。在目前的几家电信运营商中，中国联通的很多项目都是采用融资租赁的融资方式，收到了很好的效果。

七、环保节能设备融资租赁

节能环保行业由于前期投入大、回报周期长、投资收益低，合同能源管理等新兴商业模式又难以获得传统信贷认同，这为融资租赁涉入节能环保领域提供了机遇。

（一）环保节能设备融资租赁的作为

在市场资金缺口大且行业企业以中小企业为主的大背景下，融资租赁作为一个新兴的第三方资产投资和资产管理的现代服务业，也随着环保产业投资大幕的拉开悄然进入环保领域。目前，以国银租赁、兴业租赁、华融租赁、交银租赁等为代表，融资租赁业务逐渐向节能环保产业拓展，如在垃圾处理、污水处理、管网及环境综合治理等细分领域中都得到了应用。通常环保节能设备采用的融资租赁品种有：

1. 环保设备直接融资租赁

环保节能设备融资租赁是融资租赁公司根据客户需求，购买环保节能设备，采取融资租赁模式，为客户进行节能改造，客户则以节能效益返还租赁公司的融资方式。例如，浙江旺能环保股份有限公司以 BOT 模式建设一座总投资 4 亿元、设计规模 1050 吨/日的垃圾发电设备。但由于建设初期项目贷款未到位，核心设备采购所需资金难以满足。为此，浙江旺能与华融租赁合作采用直接租赁的模式进行融资。华融租赁为其设计了 5 年期 1.2 亿元的融资租赁方案，与项目建设方、设备供货商签订了三方协议，由华融租赁根据协议约定直接向设备供应商支付设备款项，保证了采购设备及时到位。

2. 环保装备售后回租融资租赁

2012 年，首创股份下属控股子公司余姚首创水务有限公司和淮南首创水务有限责任公司以其自有环保装备等固定资产与广东汇银华浦融资租赁有限公司进行售后回租融资租赁业务，融资总额不超过 5 亿元人民币，租赁期限为 5 年，利率为贷款基准利率。

2012 年，国中水务将公司全资子公司国水（昌黎）污水处理有限公司的污水处理设备出售给兴业租赁并进行回租，融资金额 5000 万元，融资期限 5 年。

3. 城市污水管网领域融资租赁

2011 年 3 月，昆明滇池投资有限责任公司与兴业金融租赁有限责任公司开展合作，以管网为标的物融资 6 亿元，期限 6 年。这个项目不仅为昆明滇投筹集到了融资项目启动资金，也为昆明市政建设灵活利用金融产品，盘活城市污水管网、泵站等资产，提供了新的思路。

2013 年 4 月，浙江宁波鄞州工业园区以污水管网为标的物与华融金融租赁宁波分公司以售后回租的模式进行融资，融资金额达 3 亿元。

4. 环境综合治理领域融资租赁

2011 年 4 月，常德市经济投资有限公司与兴业金融租赁有限责任公司签订 5 亿元的融资租赁合同，用于常德市新河水系统综合治理工程。这是常德市第一笔融资租赁业务，也是兴银租赁在常德市办理的第一笔节能减排信用业务。

通过融资租赁模式为大型国有企业和公用建筑机构引进环保节能设备，已经得到了业界的初步认同。与银行信贷相比，融资租赁模式具有明显优势。一是能够盘活固定资产、解决资本金问题，缓解企业现金流压力；二是租期、租金可根据承租人的财务状况灵活安排；三是融资期限长，可与项目投资回收期相匹配。同时，融资租赁可以实现更高比例的融资额，一般为设备价值的 70%，高于银行抵押的 40%。从利率上来看，融资租赁利率一般高于银行信贷利率，其内部收益率一般介于 7%~9%之间。但融资租赁的融资年限较长，银行流动贷款年限多为 6 至 12 个月，一般不超过 2 年，而融资租赁项目的融资周期多为 3~5 年，甚至可达 8 年及以上。

5. 融资租赁推广新能源汽车产业化发展

2014 年 11 月 12 日，兴业金融租赁正式获得亚洲开发银行总额为 6.14 亿元人民币（等额 1 亿美元）的贷款。本次合作是支持新能源公交推广的首单贷款项目。是兴业金融租赁携国际金融机构，共同为治理雾霾、净化环境做的开创性尝试。该模式实现了各方共赢的局面，具有很好的示范借鉴意义。

据公安部交管局统计，截至 2015 年底，全国新能源汽车保有量达 58.32 万辆，与 2014 年相比增长 169.48%。其中，纯电动汽车保有量 33.2 万辆，占新能源汽车总量的 56.93%，与 2014 年相比增长 317.06%。据分析，我国规划，至 2020 年，新能源汽车保有量达到 500 万辆，年产能达 200 万辆。到那时，中国必将成为全球最大的新能源产销国。融资租赁为新能源车的产业化、技术革新、商业模式、合作模式提供了宝贵的经验。

（二）融资租赁公司主要业务渠道模式

当前融资租赁公司主要通过三种业务渠道模式在此行业开展业务，具体有以下三种业务模式：

一是政府导向型。政府导向型项目的客户群体一般为大型重污染、高耗能企业，受政府督导完成节能减排指标。这类企业一般具有较强的节能减排投资意愿，投资规模大，对融资成本较为敏感，愿意与具有长期合作关系的银行系金融租赁公司合作。

二是专业服务型。专业服务型融资租赁公司一般具有自己的技术专家团队，熟悉节能减排行业某一子行业的业务模式，可有效控制相关技术风险。

三是专业合作型。专业合作型项目的客户一般由节能减排设备厂商发展而来，当该客户具有融资需求后由节能减排设备厂商引入融资租赁公司。

以上这些模式都收到积极效果，但规模不大，仍具有很大发展空间。

（三）环保产业融资租赁发展制约

调查发现，虽然融资租赁具有很多优势，但由于我国环保产业尚在初级阶段，而且融资租赁在环保领域的应用时间短，实际应用中也存在一些限制性的因素。

1. 地方政府的高负债现状

污水、固体废弃物等环保项目属于市政公用领域，对于这类项目，融资租赁公司除审核承租人（环保企业）的能力外，更关注当地政府的履约能力。但从现阶段来看，地方政府普遍拥有高负债，使租赁公司怀疑其履约能力。

2. 环保项目设计量大于实际运行量

融资租赁重点以环保企业的现金流为考核依据，但目前由于各种原因，部分环保项目的设计量远超过实际运作量，这就造成项目现金流达不到预期，偿债能力较弱。

3. 环保企业普遍规模小盈利能力偏低

当前环保企业多为民营企业，具有量多但规模小的特点。虽然融资租赁模式不以公司的全部资产和信用为支持，但规模太小的企业诚然存在信用缺陷和实力缺陷。环保企业的整体盈利能力偏低，一般为10%左右。因此，对于环保企业而言，融资租赁成本偏高（融资租赁7%~9%的内部收益率）。对于资本市场来说依然不是理想客户。

4. 融资租赁的市场环境仍需完善

融资租赁在我国仍处于发展的初级阶段，大环境仍存在较多问题，如缺乏相应的税收支持、法律不完善、《合同法》以及《物权法》等定义解释已落后、市场准入标准杂乱等众多问题。

但融资租赁作为一种新的融资方式，将在环保行业中发生着不可或缺的重要作用。

八、农用机械设备融资租赁

农用机械设备（以下简称农用设备）融资租赁是融资租赁公司按照农用设备用户的选择向供货商购买设备成为设备的所有权人，以融资租赁的方式使用户取得农用设备的用益物权，用户获得设备的用益物权后按约定支付租金，在租赁期满后支付象征性的名义货价获得其完整的所有权的融资方式。

（一）农用设备融资租赁优势

目前，我国农业机械化发展已经到了转方式调结构的关键时期。在今后的发展中，农民对于资金的需求不仅会越来越大，而且会越来越多元化。与农机购置补贴、银行信贷相比，农机租赁办理手续相对简便，对农户信用要求、首付比例、融资额度等方面“门槛”更低，还款周期与农业生产周期更加匹配。毫无疑问，农机租赁在农村租赁市场中最符合租赁业务本质，有着巨大的成长空间。

1. 缓解“三农”业务“融资难”

农用设备融资租赁优势就在于解决购买农用设备资金不足的问题。过去，从银行直接贷款、几家农机户合伙出钱或者直接从亲戚朋友处借钱，是农机户购买大型农机筹款的主要渠道，国家农机购置补贴惠农政策很大程度上缓解了农民购机资金压力。但由于大型农机具单台价格高，一下拿出数万元甚至十几万元的款项对于农民来说仍然不是小数目，银行往往因为风险控制问题贷款门槛较高，合伙或者借钱购买也比较麻烦。因此，筹资压力仍然对大农机走进寻常百姓家形成一定的制约。

与传统的银行信贷相比，融资租赁与特定租赁物相结合，不需要抵押物，不完全依赖于承租人过去的资产负债情况，而是注重于承租人未来的现金流，具有“门槛低、程序便捷快速、产品量身定做”等优势，较好地缓解了“三农”业务“融资难”的问题。例如，原本 22 万多元的雷沃 125 马力拖拉机，通过融资租赁方式，只花 69800 元就开回家了，解决了资金不足的大问题。又如素有“马铃薯之乡”之称的新疆建设兵团昭苏七十六团，大量种植马铃薯这种抗雹性强的作物。该团出台优惠政策，鼓励职工购置或租赁先进的大型马铃薯收获机，取得良好效果。新疆亚中租赁开展的采棉机等设备的融资租赁业务，已经达到 5 亿元人民币以上规模，受到当地政府和广大农民的欢迎。

从实践看，农机融资租赁还具有较强的社会化服务能力，除提升农机购置者的购机能力，解决现阶段购机中部分购机者购机款项不足的问题，还有助于净化农机补贴环境，从机制上遏制倒卖补贴机具牟利、补贴审批寻租、合作社股权虚置变通出资等问题。

多赢模式的农机融资租赁业务不仅能让广大农机用户花小钱办大事，降低了投资门槛；另外对于企业来说，资金周转能力也得到了有效的保障。企业也有了充足的精力和财力投入到产品研发上，优质的产品与系统的服务也就得以不断推出和完善。农机融资租赁提供一条有效地配置资源新途径。它减少了物力、财力的占用，提高了生产要素的使用效率和资金利用率。随着市场经济的不断深入，农机融资租赁的发展环境已基本具备，应当大力宣传、鼓励、扶持和发展农机融资租赁市场。

2. 推动我国农业机械化发展进程

发展农机融资租赁市场，这既是广大农民的迫切要求，也是推进农业机械化、实现农业现代化的迫切需要。

融资租赁具有“融资和融物”相结合的特色，融资租赁与特定租赁物相结合，农机融资租赁业务不仅为促进农业现代化提供充足的资金支持，而且为那些致力于开拓涉农业务的农机具制造商和农机使用者提供持续联系纽带，有利于农机新产品的及时应用和推广，有利于降低农机使用成本，从而更好地拉动需求。这种创新的融资租赁一旦开展和普及起来，将会有效地满足大量的农户、农机专业户、农业生产企业对农机的利用和投资需求。

在当前农机行业整体不振的情况下，农机企业尝试开展农机租赁业务不啻为一个有益的尝试。现在农机专业合作社越来越多，与农机企业直接建立供销关系的也越来越多。若是通过农机租赁模式，农机企业则由“生产产品”变为“出租产品”，直接越过农机经销商降低农户购机费用，企业运营成本也不会增加太多。这有利于农机企业开拓更多的市场，去掉积压的库存。我们熟知的约翰迪尔公司，开展农机融资租赁业务已有百年的历史，成为世界最大的农机租赁平台，可供学习借鉴。

（二）农机融资租赁是经济发展动力的新渠道

我国政府历来高度重视农业，2015 年 2 月中共中央、国务院印发了《关于加大改革创新力度加快农业现代化建设的若干意见》，这是继 2004 年以来中央发布的连续第 12 个以“三农”为主题的一号文件，重点强调了“推进农村金融体制改革。要主动适应农村实际、农业特点、农民需求，不断深化农村金融改革创新。开展大型农机具融资租赁试点，完善对新型农业经营主体的金融服务，强化农村普惠金融”。在 2015 年 8 月召开的国务院常务会议上，确定加快融资租赁和金融租赁行业发展的措施，支持设立面向小微企业、“三农”的租赁公司。

中央出台的一系列政策表明，农机融资租赁将成为今后我国农机购置的重要方式之一，这将推动农村规模化经营硬件的完善和农机产业的发展。

从国际经验来看，“三农”租赁一般选择动产租赁先行，而动产租赁中农机租赁又是首选。我国经济步入新常态后，其中一个重要特征就是经济发展动力从传统增长点转向新的增长点。以农业机械化为重要标志的农业现代化蕴藏着重大机遇，而农机租赁正是经济发展动力的新渠道，通过农机租赁，既能大幅减轻农民自有资金的投入压力，又能促进农业生产机械化和土地规模化经营，是金融助力“三农”、加快农业现代化的有效手段。

目前我国农机融资租赁市场已经起步，民生租赁在新疆开展了采棉机租赁业务，农银金融租赁在广西开展了甘蔗收获机租赁业务，收到了很好的效果。2014 年 6 月，我国东北地区首家银行系金融租赁公司——哈银租赁正式开业，同时哈银租赁与招商银行股份有限公司深圳分行、黑龙江北大荒农垦集团总公司、黑龙江省农业机械有限责任公司等 3 家企业签署了战略合作协议，这标志着我国第一产粮大省——黑龙江省的农机融资租赁市场进入了新的阶段。据统计，目前国内农业机械化率仅在 50%左右，如按 2020 年前达到 65%的目标，农机租赁市场容量将会超过千亿元级别。

九、轨道交通融资租赁

轨道交通是指具有固定线路，铺设固定轨道，配备运输车辆及服务设施等的公共交通设施。“城市轨道交通”是一个包含范围较大的概念，在国际上没有统一的定义。一般而言，广义的城市轨道交通是指以轨道运输方式为主要技术特征，是城市公共客运交通系统中具有中等以上运量的轨道交通系统（有别于道路交通），主要为城市内（有别于城际铁路，但可涵盖郊区及城市圈范围）公共客运服务，是一种在城市公共客运交通中起骨干作用的现代化立体交通系统。

（一）扩大融资渠道、降低建设期财政投资压力

随着我国经济的发展，大城市日趋繁荣，城市交通矛盾逐渐严重，发展大运量的城市轨道交通已成为解决大城市交通矛盾的关键。但是，一条线路动辄上百亿的投资对各地铁建设城市的财政压力也是显而易见的。采取融资租赁在内的多渠道、多元化筹资已成为发展轨道交通的重要手段。

2002 年，天津地铁总公司与广州中车铁路机车车辆销售租赁有限公司（以下简称“广州中车”）进行接触协商，以融资租赁形式采购地铁 1 号线地铁运营车辆。由广州中车利用自有资金和银行贷款采购地铁 1 号线运营车辆及相关服务并租赁给天津地铁总公司使用，地铁总公司分 12 年偿付广州中车车辆租金。

租赁期满后，其所拥有的车辆产权归地铁总公司所有。通过这种方式，减少财政在建设期的直接投入，分散了财政在建设期的投资风险。为解决工程资金短缺问题，拓展融资渠道，2011 年中国信用保险公司与荷银租赁公司为天津地铁公司两台地铁机车提供融资租赁业务服务，开辟了中国轨道交通融资租赁的先河。到目前，许多城市的地铁建设所需要的挖掘机、机车，大都采用了融资租赁方式。

利用融资租赁的方法完成了天津地铁 47 亿元基础设施建设项目。释放企业被占用的资本，将固定资产变现成流动性强的现金，实现了盘活存量资产，优化资产结构的目标。同时，还有助于缓解城市交通紧张局面，具有良好的经济和社会效益。2016 年 7 月 12 日上午，工银租赁与中车租赁签署《租赁业务全面合作协议》。根据协议，双方发挥各自比较优势，共享客户资源和业务信息；就境外优质资产以联合租赁、转租赁、委托资产管理等方式跨境合作。

（二）优化资源配置，盘活资产

一条线路动辄上百亿的投资，建成后巨大的投资形成固定资产沉淀下来，不能参与市场运作，失去了资产的保值增值功能，对各地铁建设城市的财政压力也是显而易见的。通过采取融资租赁的售后回租方式，将车辆、通信等资产出售给租赁公司，再租回使用。用变现的资金投资沿线房产、物业开发等新的项目，增加收益，推动企业的良性发展。也可以将该部分资金用于偿还项目运营初期贷款债务，延长还债期限，缓解还债压力，优化债务结构。

2013 年 3 月中旬，广东盛通融资租赁有限公司以融资租赁售后回租的业务模式成功为广州市地下铁道总公司（以下简称“广州地铁”）融资近人民币 19 亿元。广州地铁将已经投入运营的地铁 2 号线、8 号线 13 个车站站台价值近 22 亿元的设施及配套设备出售后，再租回使用，以此方式融回资金近 19 亿元。该笔融资金额大、期限长、利率远低于广州地铁在国内银行的同期贷款利率，因此得到了广州市政府、广州市发展改革委员会、广州市地铁工程资金协调办公室等广州地铁上级主管单位相关领导的高度认可。目前，量通租赁集团资产规模已超百亿元人民币，是华南地区租赁资产规模最大的外商投资租赁集团。

十、不动产融资租赁

不动产融资租赁主要是指包括厂房、楼宇、高速公路、市政建设项目的售后回租业务。不动产融资租赁具有十分巨大的市场需求。2006 年中国融资租赁业再度复兴后，不动产融资租赁业务已占到相当大比重。

（一）不动产融资租赁内涵

国家财税〔2016〕36号文是近期不动产融资租赁的重大热点，其中提及“融资租赁差额征税政策也适用于不动产”。这一表述解决了困扰行业的一大难题（即有形动产融资租赁差额增税政策是否适用于不动产融资租赁业务），同时也让从业人员再次对不动产能否作为融资租赁标的物产生热议。但36号文的法律位阶仅为部门规范性文件，无法突破现有法律法规。

根据36号文《营业税改征增值税试点实施办法》，租赁服务包括融资租赁服务和经营租赁服务。按照标的物的不同，融资租赁服务又可分为有形动产融资租赁服务和不动产融资租赁服务。从上述表述中可以看出，36号文将不动产融资租赁服务作为一项独立的租赁业务模式。

然而，《合同法》第二百三十七条中对融资租赁合同的概念进行了界定，其本质是融资与融物的结合。正是因为融资租赁公司开展的“不动产”项目往往达不到融物（即融资租赁公司获得不动产的所有权）的要求，致使不动产融资租赁的合同效力在实务中存在极大争议。

有部分观点认为36号文的出台能够突破现有的法律规定，但是当法律法规出现不一致时，是否可以直接优先适用新的法律规定？结论是否定的。只有在两部法律规定的位阶相同的情况下，才能优先适用新的法律规定。36号文是由财政部以及国家税务总局联合发布的部门文件，法律位阶属于部门规范性文件。而《合同法》是由全国人大制定并颁布，法律位阶属于法律。根据我国《立法法》的规定，36号文的位阶远低于《合同法》。故从法律层面上来看，36号文并无法对合同法中融资租赁含义进行突破，不动产融资租赁项目的开展仍然面临未实际发生“融物”的现实问题。

（二）不动产融资租赁合同效力的实务风险

根据《合同法》以及《融资租赁司法解释》的规定及其精神，以及融资租赁交易中需满足融资和融物的双重属性的要求，不动产融资租赁业务往往因为融资性过强、融物性未实际发生而被认定名为融资租赁，实为借贷，合同无效。如对某写字楼盘进行售后回租、对开发商的在建楼盘开展融资租赁等业务往往存在着不被认定构成融资租赁法律关系的风险。

1. 不动产所有权存在无法实际转移的障碍风险

事实上，法律并未明确禁止不动产作为融资租赁标的物，实践中，商业地产、厂房，尤其是道路及桥梁等不动产融资租赁也普遍存在。由于不动产融资租赁的主要模式是售后回租，其之所以出现法律障碍，难点主要在于——不动产所有权的转移。

当不动产作为融资租赁标的物时，根据融资租赁法律关系，租赁期内，不动产的所有权应当由出租人所有。法律层面上，动产与不动产的所有权变更生效要件不同。其中，不动产以变更登记为要件。实际操作时，不动产的直接租赁模式完全符合融资租赁的构成要件。但不动产的售后回租则存在争议。由于不动产产权变更的税费成本较高，售后回租的承租人往往不愿意将租赁物变更登记为出租人所有，而只签订不动产买卖合同，同时办理不动产的抵押登记保护出租人的物权利益。在此情况下，出租人对于租赁物的物权并未发生效力，合同往往约定租赁期满后租赁物所有权归承租人所有。此类融资租赁合同的性质缺乏融物的属性, 可能被认定为借贷合同、抵押借款合同等。

2. 不动产融资租赁合同被认定为借贷合同的影响风险

以融资租赁合同被认定为借贷合同为例，根据 2015 年 8 月《最高人民法院关于审理民间借贷案件适用法律若干问题的规定》的公布实施，对企业资金拆借行为的合同效力进行了放宽。企业之间为了生产、经营需要签订的民间借贷合同, 并不当然无效。根据不同的法律依据，根据融资租赁公司的性质不同、资金来源的不同以及资金用途的不同等情况，不动产融资租赁合同的有效性认定也不相同。如果合同性质如上文所述，因不动产未真实转移被以实际的法律关系来认定，那么融资租赁公司的预期收益可能就无法得到全面保证。

由此可见，若被认定为借贷合同，存在合同或有效，或无效的风险。只有在合同有效的情形下，且当事人在合同中约定的租金和利息条款如果不超过人民法院的保护范围, 则融资公司才可以全额获得预期的合同利益。

3. 不动产融资租赁合同条款设计的效力认定

无论是《物权法》《合同法》还是最高院的司法解释，不动产作为融资租赁标的物从未被明确禁止，但是需要注意的是不动产融资租赁合同在此情形下的效力认定。

因不动产融资租赁的特殊性质，不动产融资租赁仍是融资与融物为一体的综合性交易，在合同设计时如何体现出融资与融物的结合，以及不动产适用 36 号文中的何种税率（售后回租模式为 6%; 直租模式为 11%）显得至关重要。因此，建议企业的不动产融资租赁合同由专业律师团队对合同条款进行设计，包括但不限于不动产的登记制度、租赁模式的条款等。合同条款的设计在保护合同的有效性以及为企业节约纳税成本上的作用不容忽视。

（三）关于不动产融资租赁的开展情况

由于《融资租赁法》迟迟未出台，目前行业内对融资租赁中租赁物的界定并没有统一。随着审批范围扩大，业务范围也在不断地调整。事实上，在《征求意见稿》发布前，内资融资租赁企业的租赁范围早已经远远超出外资同行的水平。不少金融租赁公司也开展了不动产的融资租赁业务，该业务甚至成为一些金融租赁公司的支柱性业务。

在这种融资模式中，融资租赁公司通过外包建筑等方式购得房产，然后租给有需求的企业，几年租赁期结束后再将所有权转让给企业。这也成为一些企业盘活资金的重要方式。不过目前房地产租赁还没有进入到住宅，一般是商业物业。实践也证实，在北京、天津等城市，有不少商业物业都实行了这种融资租赁模式。

另外，由于地方融资平台在银行的信贷规模压缩，融资租赁成为地方融资平台重要的替代来源，其中道路、桥梁等能够获得稳定现金流收入的市政资产是非常好的售后回租标的物。在当前融资困境下，对城市道路、路桥、码头、办公场所等不动产进行融资租赁运作，能很好的盘活地方政府受制于债务问题的资产，提高资金使用效率，同时也能反哺新建基础设施项目，对于缓解地方融资平台融资困难具有重要意义。

融资租赁在基础设施项目建设中的应用方式主要有：

1. 基础设施售后回租

售后回租是一种将现有资产变现的租赁方式。地方政府或由政府控股的企业可将运行中的城市基础设施经营性资产出售给融资租赁公司，然后再以融资租赁的形式租回资产，并在租期内分期支付租金，从而将经营性资产转换为用于新项目建设的资金。

售后回租的目的在于彻底改变资产的形态，使物化的长期资产变为流动性最强的现金资产，因而在地方基础设施建设中具有重要的作用。对于地方政府融资平台而言，售后回租无疑是其盘活资产的最佳选择。已建成的基础设施项目拥有巨大的存量资产，将其出售给融资租赁公司后再租回使用，即可将已固化的项目设备、不动产等投资转化为货币资本，较大程度上缓解基础设施建设资金匮乏的局面，形成自我滚动投资开发的格局，进而加速项目规划的实施，为地方经济的健康、持续发展提供有力的保障。典型案例有：

（1）云南昆石高速公路售后回租。2009 年 5 月 22 日，云南省公路开发投资有限责任公司与深圳国银金融租赁有限公司、国家开发银行云南省分行三方，顺利完成云南昆明至石林高速公路融资租赁业务。昆石高速公路融资采用的是固定资产售后回租模式，云南省公路开发投资有限责任公司将昆石高速公路37.48亿元的固定资产解出质押后，转让给国银金融租赁公司，再由公司在5年内以同期银行利率加上租赁费逐年等额回购。这种融资模式既不改变公司对昆石公路的管理和经营权，又能及时为公司筹集到大额建设资金，为在建（新建）公路项目提供有效的资金保障。昆明至石林高速公路固定资产开展融资租赁售后租回项目，是目前国内最大的一笔固定资产融资业务，是融资租赁行业的首次创新。这不仅为云南省公路开发投资公司加快发展提供了及时的资金供给，增强了企业的实力和影响力。同时，也为交通基础设施建设拓宽融资渠道、优化资本结构、降低资金成本和提高资本运作能力，起到了良好的示范作用。

（2）天津港保税区工业厂房在建工程售后回租。2009年11月23日，天津港保税区管委会、天津渤海租赁公司、光大银行天津分行共同签署了天津空客厂房融资租赁创新项目合作协议。渤海租赁公司以36.3亿元人民币，从天津空客A320飞机总装线厂房建设单位天津港保税区投资公司买下其11万平方米厂房的产权，租赁给天津港保税区投资公司，租赁期15年，不影响天津空客总装公司的使用和生产。光大银行天津分行为渤海租赁公司提供资金支撑。这是天津首例工业厂房在建工程的融资租赁业务，也是天津滨海新区金融创新完成的最大一笔基础设施融资租赁业务，创新了我国基础设施租赁的商业模式，开拓了国内租赁业的经营领域。

（3）天津保税区办公大楼售后回租。天津渤海租赁向天保投资（天津保税区国资公司）购买天津保税区空港物流加工区投资服务中心大楼，出租给天津港保税区管理委员会及天保投资（第二承租方），项目金额为8亿元，起租日为2009年4月27日，租赁期限为20年。

（4）天津蓟县城市道路售后回租。渤海租赁向天津广成宏凯园区开发有限公司购买天津市蓟县滨河大街弯线段（中昌路—四中路口）道路中部分全长3.329千米的路段出租给蓟县人民政府，项目金额为1.875亿元，起租日为2010年1月4日，租赁期限为7年。

2. 基础设施直接融资租赁

对于地方政府基础设施建设所需的设备，如地铁和公交车辆、城市供水和污水处理设备、集中供暖设备等，融资租赁公司可以依照已确定的设备型号和价格，直接向供货商支付购买价款，然后将所购设备出租给地方政府。政府通常将项目自身产生的现金流作为租金来源，并要求地方财政或大型国有企业提供担保。租赁到期后，租赁物归承租人即地方政府所有。

设备投资在基础设施建设投资中的占比通常高达30%以上，采取直接融资租赁方式，地方政府在投资初始阶段只需支付按年分摊的少量租金，即可进行租赁设备的运营，这大大缓解了一次性大额投资所致的资金压力。

直接融资租赁在城市轨道交通建设中的应用较为广泛。

(1) 融资租赁助力解决地铁基础设施建设。2004 年 2 月，天津市地下铁道总公司与广州中车铁路机车车辆公司展开合作，以直接融资租赁的方式，由广州中车铁路机车车辆公司向长春轨道客车股份有限公司购置 25 列 100 辆地铁车辆，天津地铁总公司将在 2006 年地铁 1 号线投入运营后的 29 年租赁期内，按季度分期偿还租赁费和利息，大大降低了项目建设期间成本。

又如，广州市某融资租赁公司 2013 年为地铁建设融资近 50 亿元人民币。该公司通过境外银行直接授信和境内银行融资性保函担保融资的方式引入成本较低的境外资金，为地铁项目购买列车、盾构机等大型设备，再通过租赁的方式供地铁公司使用，地铁公司按年支付租金，租赁期满，地铁公司以名义价格 1 元回购设备。地铁公司取得设备所有权的设备，再通过售后回租融资的方式出售给融资租赁公司，盘活存量资金，获取再生产的流动资金，建设新的地铁线路。这种融资模式取得了良好的社会效益和经济效益：

效益一：采用“内保外贷”的方式，引入境外资金，其利率比国内同期贷款利率下浮 20%，大大降低了地铁项目的融资成本。

效益二：采用直租的方式。以较少的前期投入获得设备的使用权，减少资金的一次性投入量，减轻了财政支出压力，降低政府负债率。

效益三：采用售后回租的方式，既不影响地铁的运营，又可盘活地铁的固定资产和沉淀资金，加速地铁建设。

(2) 融资租赁帮助天津市消防总队购置消防设备。随着经济社会的快速发展，天津市城市火灾荷载持续增加，灭火救援装备需求逐年增大，经费需求矛盾日益凸显。为彻底解决这个突出难题，2013 年，天津市政府采取融资租赁方式为天津市消防总队购置 63 个新建消防站消防装备以及举高喷射、重型水罐等特种消防车 48 辆，融资租赁企业为天津市政府一次性融资 5 亿元。天津市政府只需每年以财政资金 7000 万元，分 8 年缴纳租金即可，8 年后天津市政府只需以象征性资金即可回购这批消防设备归市政府所有。这种融资模式取得了良好的社会效益和经济效益：

效益一：天津市政府通过融资租赁方式，在不增加财政经费情况下，一次性获得 5 亿元资金采购设备，化解了财政一次性投入不足的问题。

效益二：为消防部队提供了最先进、可靠的消防装备，提高了消防应急救援水平，提升了城市管理的效率和水平，保障了当地人民群众生命财产安全。

效益三：支持消防设备厂商扩大设备的生产销售。

（四）不动产融资租赁开展注意的问题

1. 要考虑到政策风险

首先，要考虑到政策风险。2012 年年底，财政部联合发改委、央行、银监会发布了《关于制止地方政府违法违规融资行为的通知》；2012 年 5 月，银监会又出台《关于加强 2013 年地方融资平台风险监管的指导意见》，监管部门意在纠正地方政府变相融资行为。所以，从政策走向角度来看，通过融资租赁方式参与地方政府基础设施建设还需全面考量，做好前期调研和政府沟通工作。

其次，融资租赁往往适用于高速公路、城市基础设施（污水处理等）等在租赁期内能产生稳定现金流的项目，对于政府办公楼、廉租房等单纯依靠政府财政补贴的项目，操作起来存在一定的困难。

最后，融资租赁项目实施前，需要对地方政府的资信评级状况和该地方融资平台是否与国家产业政策、区域经济规划相吻合进行严格评审。所以，尽管融资租赁能在一定程度上缓解地方政府债务问题，但要从根本上缓解地方政府融资难，最终还需要地方政府根据区域经济生态，调整地方经济结构，将资金运用于区域优势产业，推动地方经济进入良性发展轨道。

2. 金融租赁公司从事房地产租赁业务需谨慎

正当金融租赁公司如火如荼开展地产等不动产融资租赁业务时，突然被银监会“委婉叫停”，银监会的叫停一是为了防止房地产行业在银行、信托等渠道外，再新增一条规模不易控制的融资渠道。另外，作为金融企业，房地产标的在租赁期间所有权归租赁公司，容易异化成不动产投资，违背银行业金融机构的相关规定。

不过，商务部监管的外商投资租赁公司和内资试点租赁公司并不在此次叫停之列。但是国内操作地产等不动产融资租赁业务的大多是金融租赁公司，内资试点租赁公司很少涉足。在银监会窗口指导叫停银行系租赁公司这项业务后，目前新增不动产租赁业务几乎处于停滞状态。

对于房地产行业来说，2016 年是行业转折点。在“促消费、去库存”的大背景下，房地产企业也在进行大胆尝试与创新，部分房企纷纷传出转型融资租赁或与融资租赁合作，力争寻求突破点。但房地产融资租赁是否可行？操作过程中又将面临哪些风险？这些问题都是房地产融资租赁进行的先决条件。

第七章　融资租赁公司资金来源

融资租赁是市场经济发展到一定阶段而产生的一种适应性较强的融资方式，具有独特的“融资融物”的特征，因而融资租赁被视为是破解企业，尤其是中小企业融资瓶颈的灵丹妙药。那么，开拓融资租赁资金来源方式及其来源渠道就成为融资租赁发展的一项重要课题。

2015年国务院办公厅印发《关于加快融资租赁业发展的指导意见》（以下简称《指导意见》），提出鼓励银行、保险、信托、基金等各类金融机构在风险可控前提下加大对融资租赁公司的支持力度。积极鼓励融资租赁公司通过债券市场募集资金，支持符合条件的融资租赁公司通过发行股票和资产证券化等方式筹措资金。

拓宽融资渠道，这是企业资金管理的首要任务，也是资金活动的起点。目前国内融资租赁企业筹集融资租赁业务所需要的资金有直接融资和间接融资方式。不同的融资方式其对应的资金来源和资金畅通程度有很大的不同。

第一节　融资租赁资金的直接融资

融资租赁资金的直接融资方式分为融资租赁公司股权性融资、发行企业债券融资、委托发行信托基金融资。直接融资可以降低国家金融体系的风险，因而受到我国政府的鼓励和支持。直接融资主要和出资人的出资意愿和出资能力相关。从理论上讲融资租赁公司的直接融资渠道是最宽泛的、最畅通的。

一、股权性融资

股权性融资是租赁公司直接筹集资金的重要方式，即通常所说的募集股本或增加新的股东。股权性融资融通的资金不构成企业的负债，不需要偿还，但构成企业的股权，持股者承担经营的风险，享有按股分红的权利。其筹资方式手续比较简单，能很快形成租赁公司的经营能力，是租赁公司最宽泛的、最畅通的融资渠道。

（一）公司自有资本

公司自有资本是融资租赁公司成立时股东入股形成的股本金，包含实收资本、资本公积、盈余基金以及未分配利润四个部分。根据我国相关政策规定，外商投资融资租赁公司注册资本不低于 1000 万美元；金融融资租赁公司注册资本金为 1 亿元人民币；内资试点融资租赁公司要求最低注册资本达到 17000 万元人民币以上。

公司实收资本是融资租赁公司的启动资金，也是公司承担债务和风险的基础，没有实收资本，租赁公司很难建立公司的信用，也就很难取得借款，偿债也就没有保证，公司没有承担经营亏损的能力，自负盈亏无法实现，投资者设立公司首先必须投入资本。

（二）公司上市发行股票

经营规模大、经济效益好的融资租赁公司有机会可以通过企业公开上市发行股票筹集融资租赁业务发展所需资金。上市融资具有资金稳定性好，资金使用的固定成本低等特点。融资租赁公司在上市之前，必须对公司的存量资产进行整合和优化，经历改制重组的过程。通过改制重组，使其在股权结构、财务指标、资产独立性等方面符合公开发行股票的规范要求，形成与资本市场的有效衔接，一方面使公司获得新的资本资源，另一方面使公司治理结构得以提升。

2011 年 5 月，天津渤海租赁提出 A 股上市的申请获得证监会等部门批准，10 月 26 日正式以“渤海租赁”的名义上市，成为业内第一家 A 股上市公司。据不完全统计，目前在新三板挂牌交易的租赁公司共有 8 家，分别是弘陆股份、紫竹桩基、融信租赁、宇宏新科、福能租赁、通莞股份、中国康富和利驰租赁。

（三）股权性融资的创新方式

随着融资租赁业的发展，在自有资本这个资金来源渠道上，融资租赁公司股权性融资方式还可以做出多种创新变革。具体而言诸如：

1. 股东增资

股东增资的方式，从行业来看，主要集中在金融租赁公司。金融租赁公司资产规模快速增长，按照银监会的规定，金融租赁公司的杠杆率不得超过 12.5 倍。多家金融租赁公司达到上限，股东进行增资。如：2011 年 9 月江苏金融租赁、2012 年 12 月工银租赁，以及中联重科、柳工等充分利用其母公司为上市公司的优势，通过母公司募集专项资金的方式，从证券市场融资后注资。

2. 海外上市

2011 年 3 月 30 日，远东宏信有限公司在香港主板上市，开国内租赁公司海外上市的先河，发行股票 8.16 亿股，募集资金 51 亿元港币；并借助香港金融市场优势，陆续发行人民币债券、中期票据、开展银团贷款等业务。

3. 借壳重组上市

2011 年，渤海租赁通过借壳重组 ST 汇通公司在中国大陆主板上市。借壳上市后，渤海租赁融资渠道进一步多元化，不断开展资本运作进行融资。

4. 引入保险资金作为战略投资者

保险资金的引入除进一步优化公司股权结构外，也有利于其未来通过保险公司开展融资。2013 年 1 月，远东宏信宣布，公司股东中国中化集团全资子公司 Greatpart Limited 已经于 1 月 6 日将共 374 805 560 股或 11.38%公司股份，通过瑞银香港分行配售给台湾省国泰人寿保险股份以及其他若干投资者。

自有资本多方式扩展，就是以中国庞大的融资租赁市场诱之，以宽松的租赁政策导之，以良好的示范效益引导包括国内、国外的金融机构、企事业单位、社会团体、个人多渠道资金投资中国融资租赁行业。

二、发行企业债券融资

企业债券通常又称为公司债券，是企业依照法定程序发行、约定在一定期限内还本付息的信用凭证。债券融资是企业通过发行债券筹集资金的一种融资方式，即通常所说的借债，融通的资金构成企业的负债，债权人对债务不承担任何风险，而企业需要按约定到期偿还。企业通过债券融资可以获得比银行融资更加稳定、更加长期、金额更大的资金，有利于企业长期、稳定发展。

企业借债的后果，首先是必须按期还本付息；企业的资产负债比上升；企业的投资利润率有可能下降；但原股东的权益份额不变。因此融资租赁公司发行企业债券融资，必须要对发债企业进行严格的资格审查，债券的信用等级不低于 A 级并要求发行企业有财产抵押或信用担保，以保护投资者利益，这样才可能得到国家相关部门批准发行。目前除了商业银行不能购买企业债券外，购买主体主要是保险公司、社保机构、企事业单位等机构投资者和部分个人投资者。发行企业债券融资具有资金在发行期稳定性好，资金使用的成本比同期银行存款利率和国债的利率略高，融资额度受到累计发行在外的债券总面额不超过发行企业债券的融资租赁公司净资产额的 40%限制等特点。但发行企业债券融资受到国家总体发债计划限制，准入门槛高，其资金来源并不通畅。

从 2010 年开始，中国的工银租赁、交银租赁、华融租赁、江苏金融租赁等即进入企业债券市场直接筹资，年内共发行数十亿金融租赁债券。这些企业的发债成功，为整个租赁行业积累了经验。2013 年 6 月，证监会核准渤海租赁向社会公开发行面值不超过 35 亿元的公司债券，这是目前非金融租赁的融资租赁公司首次发行债券。作为一家拥有金融租赁、融资租赁、经营租赁全牌照的租赁公司，渤海租赁融资方式的开拓将对整个行业有借鉴意义。2015 年 9 月 11 日上午，东方旗下外贸租赁也成功发行金融债券。本次债券是由全国首家具有产融结合背景的金融租赁公司发行，通过在银行间市场公开招标，募集 20 亿元三年期资金，票面利率为 4.64%。

2015 年 9 月，国家发改委发文鼓励境内企业发行外币债券，取消发债审批制，实行备案登记制管理，取消企业发行外债的额度审批，此举有力提升离岸债券发行规模。发改委表示，为应对经济下行压力，有效利用境外低成本资金，鼓励资信状况好、偿债能力强的企业发行外债，引导资金投向国家鼓励的重点行业、重点领域、重大项目，优先用于支持“一带一路”、京津冀协同发展、长江经济带与国际产能和装备制造合作等重大工程建设和重点领域投资。并且本次改革中，鼓励海外融资并明确允许资金在境内外自由使用，拓宽资本项目可兑换的程度。目前使用境外融资渠道的主要是金融租赁公司和外资融资租赁公司。

当然在开放外债的同时，还需要注意强化真实贸易背景下的管理，防止虚假贸易套利，需要加强监测，如果负债外币化，可能会出现汇率波动外汇套利交易。

三、发行融资租赁信托产品融资

融资租赁公司与信托公司展开合作，将融资租赁债权进行信托化设计，通过信托公司发行融资租赁信托产品，将流动性不足的租赁债权予以变现，以取得租赁业务所需的资金是融资租赁公司融资的又一重要手段。它是一种把一个有资产管理的金融工具和有资金来源的金融工具结合起来的金融产品组合，从而缓解融资租赁公司的资金压力，为融资租赁公司拓宽了融资渠道。

这个交易结构的参与主体至少包括融资租赁公司、信托公司、合格投资者，有时还会有一个销售推广机构（销售推广机构一般都是证券公司、银行等金融机构）。

交易流程上，信托公司借助融资租赁公司项目的资源优势以及资产管理经验，而融资租赁公司则借助信托公司融资上的优势。融资租赁公司可以委托信托公司设立发行“融资租赁集合信托计划”，以受托人的名义将从委托人筹集到的资金借给租赁公司，融资租赁公司以此用于特定的融资租赁项目，为承租人购买所需的租赁设备，租赁给承租人使用并收取租金，然后按照约定向信托公司偿还本金和利息，信托公司则将信托收益分配给委托人。信托计划到期，融资租赁公司按照约定的价格回购信托计划所持有的特定租赁资产池的资产收益权，信托计划结束。

需要说明的是，信托公司发行信托计划一般要求设定担保或抵押，信托计划的质押物为特定资产池产生的应收租金，由信托公司对上述应收租赁款形成的应收款进行质押，在中国人民银行登记系统进行登记，质押折扣率一般不高于90%。

信托资金的来源既包括机构投资人也包括个人投资人，资金成本通常比企业债券要高，资金在信托计划的发行期内可以稳定使用，融资额度有信托合同不得超过200份（含200份），每份合同金额不得低于人民币5万元（含5万元）的合同数量和金额限制。尽管租赁和信托的结合被看作是不同金融产品之间进行合理组合的工具，有实际操作成功的案例，但这种融资方式当前成本较高，要求项目有足够高的收益率进行成本覆盖，因而仍未成规模，但今后的发展空间是非常大的。

第二节　融资租赁资金的间接融资

融资租赁资金的间接融资方式有银行贷款融资、项目融资、融资租赁应收账款融资等方式。

一、银行贷款融资

银行贷款融资，亦即是债权性融资。银行贷款融资是融资租赁公司普遍采用的融资方式，主要以企业自身的信用或租赁项目的未来现金流为保证向银行申请银行流动资金贷款。银行主要审核的是融资租赁企业信用记录和经营业绩，特别是现金流量。一般经营业绩较好、信誉记录佳的融资租赁公司才可能得到银行贷款。

（一）银行对融资租赁企业的授信条件

租赁公司融资租赁业务的特性，需要长期债权性融资一般要在3~5年以上的期限，以便于对应中长期的融资租赁项目，而银行的中长期借款一般用于解决企业固定资产投资活动的资金需求，贷款期限有 1~5 年的中期贷款或 5 年以上的长期贷款，所以融资租赁公司更倾向于银行的中长期借款。银行借款所需的时间较发行债券、股票等证券筹集长期资金要短，借款的成本也较低。

在实际运行中，有大型企业出资背景的融资租赁公司向银行借款时具有一定的优势，其较高的资本金金额以及真实的出资，加上其他各种有利的因素，通常比较容易得到银行的认可，有可能在附加母公司信用担保的条件下，给予这类租赁公司贷款。但其他融资租赁公司得到银行的长期融资就比较困难，它们经常被银行当作普通工商企业对待，而租赁公司缺少土地、不动产、设备抵押品，如果股东背景也不被银行看好，只能得到较低的信用评级。如果这样的企业有了若干年的优良经营业绩记录，并建立了银行的信用，有可能在出具贷款保证的条件下，取得银行的贷款。对于银行系的金融租赁公司，中国人民银行有明确规定，银行不得给自己的租赁公司进行贷款。银行系的金融租赁公司则采取从银行出资者以外的其他银行以同业拆借的方式借款，比如 A 银行控股的公司向 B 银行借款，B 银行控股的公司向 A 银行借款。金融租赁公司有其金融机构的优势，可凭借自身的金融机构的信用从银行筹借资金。

商业银行拟授信的融资租赁公司原则上应符合以下条件：

1. 经银监会或商务部批准设立，具有融资租赁的经营资格；

2. 符合国家关于融资租赁法律规章的相关规定；

3. 现阶段以优先支持政府背景试点融资租赁企业为主，审慎介入外商、民营资本投资企业；

4. 董事、高级管理人员熟悉融资租赁业务且经营作风稳健；

5. 具有完善的公司治理、内部控制、业务操作、风险防范等制度；

6. 近三年经营业绩良好，没有违法违规纪录；

7. 最近三年在金融机构无不良信用记录，未发生可能影响公司正常经营的重大诉讼。

尽管可以从银行筹借资金，但我国明确规定，各类融资租赁公司都不得吸揽公众存款。就当前而言，包括商业银行所组建的金融租赁公司，融资租赁公司的债权性融资目前基本处于来源不畅、渠道梗阻状态。

（二）授信对象的风险控制指标

融资租赁公司除须满足银行授信准入的底线要求外，还应设置一些具有行业特色的指标：

1. 融资租赁公司的风险资产（总资产减去非风险资产）不得超过净资产总额的10倍，这是国家监控融资租赁类公司的核心指标。根据银行相关管理要求及行业惯例，融资租赁企业的资产负债率控制在65%以内为宜；

2. 单一客户融资集中度。租赁公司对单一承租人的融资余额不得超过资本净额的30%，与国家监管要求一致；

3. 集团客户关联度。租赁公司对承租人全部关联方的融资余额不得超过金融租赁公司资本净额的50%，与国家监管要求一致；

4. 租金回收逾期率，类似商业银行的贷款不良率，重点考核承租人租金给付情况。该项指标应小于2%，计算公式可设置为：

租金回收逾期率 = 逾期租金所对应项目尚未归还的余额 / 融资租赁公司对外融资的全部余额。

（三）对融资租赁业务承租人的审查

在融资租赁业务的五种方式中，直接租赁、转租赁、委托租赁、联合租赁是以“融物”为主的业务方式。而售后回租则是承租人以自己的设备向租赁公司抵押贷款的“融资方式”，类似商业银行流动资金贷款业务。银行在办理融资租赁业务时对这两类业务的承租人，应重点审查以下方面：

1. 承租人所在行业应符合银行年度信贷政策与结构调整的准入要求；

2. 承租人的融资用途需符合国家产业结构政策及银行信贷投向的规定；

3. 如融资租赁项目涉及固定资产投资，应对项目评估报告进行审核，重点关注未来现金流预测状况；

4. 承租人无不良商业信用记录，最近三年在金融机构无不良信用记录，生产经营情况良好，内部管理制度健全；

5. 审查出租人与承租人签订的《租赁物转让协议》和《融资租赁合同》，了解租赁双方的责任义务及违约事项的处理方式；

6. 回租租赁必须有明确的租赁物，且租赁公司对租赁物的买入价格应有合理的、不违反会计准则的定价依据作为参考，防止套取银行信贷资金；

7. 承租人非银行退出客户，三年内无在银行申请贷款被拒的记录。

（四）租赁项目真实性审查

1. 审查融资租赁合同及租赁物购买合同的合法性和有效性，调查租赁公司与承租人之间的租赁关系是否真实；

2. 融资租赁公司向关联企业采购租赁物时，租赁物的购入价不得高于市场的平均销售价格；

3. 租赁公司应提供有效的物权凭证来审查租赁公司是否真实拥有租赁物，并需查明租赁物是否被转让或抵押给第三方；

4. 审核融资租赁合同中租赁物的性质、型号、用途和金额等是否明确，必要时可要求租赁公司或承租人提供原始购买合同、原始购买发票、财产转移证明等资料进行核实。

（五）授信要素的安排

1. 贷款金额及期限的匹配。如融资租赁合同期限一年以内（含）的项目，对直租项目银行贷款不超过合同总金额的 80%、回租项目合同总金额的 70%，贷款期限不超过 12 个月等。

2. 信贷资金封闭的方式。一是融资租赁的出租人与承租人签订租赁合同后，采用受托支付的方式直接付款至生产厂家，确保信贷资金最终用途的落实。二是根据融资租赁业务流程，出租人应在银行开设租金回款专用账户，一份租赁合同对应一个账号，一个账号对应一笔流动资金贷款。三是回租方式下，如承租人对出租人的债权采用抵押方式予以保障的，银行应在双方办妥抵押登记手续后再行放款。

3. 担保条件的选择。一是在融资租赁客户的授信方案中除了常规性的抵押、第三方保证方式外，必要时可追加承租人提供另外的第三方保证或采取租赁设备的抵押方式，甚至对于处于弱势市场地位的机器设备生产企业，可要求其签订回购协议。二是融资租赁类公司还可将租赁合同项下的租金收益权质押给银行作为对授信债权风险缓释方式的补充。三是融资租赁授信业务支用前应在“中国人民银行征信中心融资租赁登记公示系统”中进行登记，防止不诚信的承租人利用动产登记制度的缺失，恶意将属于出租人所有的租赁物转让或抵押给第三人，保障出租人的所有权获得对抗善意第三人的效力。

（六）商业银行与融资租赁公司的合作

商业银行与融资租赁公司是比较典型的合作与竞争关系。对商业银行而言，融资租赁是企业获得融资的另一重要渠道，一定程度会与银行的贷款形成替代和挤占的竞争关系。但另一方面融资租赁公司自己也需要商业银行的服务，国内融资租赁公司 85%以上的“租赁资金”均来源于银行。能获得当地银行的信贷或保理融资支持，是租赁公司开展经营活动的重要前提。目前我国融资租赁业还处于起步发展阶段，而商业银行发展则相对成熟，两者的合作模式和前景具有广阔的合作空间。

业务实践证明，在一个完整的融资租赁交易中，应该是由供货商提供设备，租赁公司提供租赁操作平台，银行则提供购买设备的大部分或全部资金，来满足承租人融资和财务处理的需要。这样，即使承租人选择了融资租赁方式，也不会降低银行的贷款规模；而银行则通过租赁公司可继续为承租人提供信贷，从而将优良的企业客户留在了银行体系内。

我国银行现在还不能直接开展融资租赁业务，但租赁公司面对众多的租赁客户需求，实际上扮演的是银行资金批发商的角色，这也是银行资金的一个非常重要的出口和通道。

银行面对企业选择融资租赁方式进行投资，银行要进行业务创新，降低融资租赁发展对信贷资金有效运用水平的影响，理想的选择就是主动加入到融资租赁流程中去，用自己的资金实力实现银行和租赁公司的合作共赢结合，也是当今在激烈的市场竞争中，银行发展获利的又一个新的增长点。

二、租赁项目融资

（一）租赁项目融资含义

以融资的信用保证是公司的整体资产还是项目资产作为分类标准，租赁公司的融资可分成公司融资和项目融资。公司融资意味着租赁公司以公司所有的资产和现金流向贷款方提供信用保证。项目融资则意味着项目贷款方以租赁公司出资成立的项目公司的资产或者某一租赁项目的资产和形成的现金流作为偿还债务的信用保证。广义上，租赁公司以新设的特殊目的的公司（SPV）和一个或几个租赁项目作为贷款的偿还保证所进行的一切融资活动统称为项目融资。狭义上，单指新设的特殊目的项目公司以项目公司的资产和未来现金流当作还款保证的融资活动。

通常，参与项目融资的利益主体较传统的融资方式要多，交易结构相对复杂。不同的行业和不同的项目会有不同的安排，因为每一个行业以及特别的项目都有各自不同的特点，所以，并不存在所谓的标准的项目融资。租赁公司的项目融资的参与者概括起来主要包括以下几种：租赁公司或项目公司、承租人、银行等金融机构、设备供应商、担保人，有时还包括融资顾问、财务顾问等公司。金融机构是项目融资资金的主要提供者，可以是一两家银行，也可能是若干家银行组成的银团。

（二）融资租赁的项目融资形式

1. 项目公司的融资

融资租赁公司投资成立特殊目的公司（SPV），又称特殊项目载体，将单架飞机、单艘船舶等作为租赁标的物，出租给承租人营运。每一个项目公司对应一笔租赁合同，实行单独管理、单独核算，并以项目公司的名义为单一项目进行融资，项目发起人将项目资产和现金流量当作抵押品提供给贷款人作为担保权益。项目公司在财务上和法律上与项目发起人相互独立。项目建成后，贷款人拥有有限追索权。与项目风险有关的风险必须以不同于公司经营风险的方式评估。

2. 融资租赁公司的项目融资

融资租赁公司以一个或几个未来的租赁项目向银行等金融机构进行融资，或者用已经签订的一个或几个租赁合约的应收款项形成的现金流为支持进行融资。

融资租赁公司向银行提出就某一租赁项目进行融资，银行对融资租赁公司的融资申请着重分析所提交项目的内容和承租人的资信情况，以项目本身的经济回报和承租人的资信情况为基本的考察内容，同时也会评估融资租赁公司的资信状况。因为这样的融资项目和融资租赁公司没有实施风险隔离，有时融资方会提出以租赁资产作为抵押或者以租赁合同作为质押或转让。其还款的保证不仅寄托于租赁项目本身也还包括租赁公司的整体，以租赁公司的资产和现金流量作为偿款保证。

综上，租赁项目融资的融资主体受限，承租人的进入门槛较高，虽有资金来源，但来源渠道并不畅通。

三、融资租赁应收账款融资

应收账款融资是指企业以自己的应收账款转让给银行并申请贷款，银行的贷款额一般为应收账款面值的 50%~90%。应收账款融资具有独特的功能特点，一是可以满足借款人因应收账款占用造成短期流动资金不足的融资需求；二是可以优化客户财务报表。

应账款融资是融资租赁公司最主要的融资方式之一，它赋予了金融资产更大的流动性，为租赁公司调整资产结构、扩大经营提供了新的手段。按照租赁公司与应收账款债权相关的风险和报酬是否已发生实质性转移的判断方法，可将应收账款融资的融资方式划分成应收账款质押融资、应收账款保理融资和应收账款证券化融资三种方式。

（一）应收账款质押融资

应收账款质押融资是应收账款融资方式的一种，是指企业与银行等金融机构签订合同，以应收账款作为质押品，在合同规定的期限和信贷限额条件下，向银行等金融机构取得短期借款的融资方式。应收账款质押融资是国际上针对中小企业的主要信贷品种之一，可盘活企业沉淀资金，是缓解中小企业融资担保难、增强中小企业循环发展、持续发展能力的重要途径。

融资租赁公司的应收账款质押融资是以持有的租赁债权为借款设定质押。银行会严格审查融资租赁公司的资格，银行所能接受的资信状况。同时，银行也要对承租人的资格进行审查，了解租赁债务内容和回收的情况，以分析应收租金的质量，判断质押融资的信用风险水平。融资租赁公司用既有的应收账款设立权利质权上一般不会存在问题，因为设立质押的两个条件很容易具备，一是有收取租金等债权的合法合同，让融资机构可以拥有债权的书面凭证。二是作为质权人的融资机构可以通过占有权利凭证办理出质登记，达到控制该项权利的目的。

租赁债权可以全部质押，也可以部分质押。以租赁债权设定质押一般无须承租人同意，但租赁公司应该将设立质押的事实通知承租人。在履行质押保证时，接受租赁债权质押的银行可以直接请求出质债权的承租人直接给付，承租人负有直接向作为质权人的银行履行债务的义务。

（二）应收账款保理融资

1. 应收账款保理融资含义及功能

保理是指出口商将其现在或将来的基于其与买方订立的货物销售和服务合同所产生的应收账款转让给保理商（提供保理服务的金融机构），由保理商向其提供资金融通、进口商资信评估、销售账户管理、信用风险担保、账款催收等一系列服务的综合金融服务方式。它是国际贸易中以托收、赊账方式结算货款时，出口方为了避免收汇风险而采用的一种请求第三者（保理商）承担风险责任的做法。保理的特点就是针对买卖企业双方形成的应收账款而设计，对卖方可以缩短应收账款回收时间，减少资金积压，优化财务结构；对买方可以解决资金紧张的困难。

融资租赁应收账款保理融资，是将融资租赁业务与银行保理业务结合起来而形成的金融创新产品，是指在出租人与承租人形成租赁关系的前提下，融资租赁公司与银行或保理商签订保理合同，约定融资租赁公司将现在或将来产生的基于租赁合同的应收租金的回收权利转让给银行或保理商，由银行或保理商为租赁公司提供应收账款融资、提供应收账款账户管理、应收账款催收和承担承租人的信用风险等一项或多项综合金融服务。融资租赁资产保理的实质是将应收租金作为应收账款进行转让与受让，实现租赁公司的资产变现，该业务具备租金期限、金额可调的业务特点，是现代商业银行的金融业务的创新。

2. 融资租赁保理业务流程和类型

融资租赁保理业务至少包括保理商、出租人、承租人、担保人等四方，有时在结构性保理融资中还会有供货人。

以直接融资租赁为例，租赁公司与供货商签订货物买卖合同；租赁公司与承租人签署融资租赁合同；租赁公司与保理商签署保理合同，租赁公司通知承租人将应收租赁款转让给保理商；担保人就保理合同向保理商提供连带保证，或由供货人提供回购担保；保理商向租赁公司提供保理融资；承租人按照融资租赁合同约定的还款要求，将租赁款直接支付给保理商；租赁公司向承租人开具租金发票。

在融资租赁保理业务中，根据风险免除与承担的不同，租赁保理业务根据保理商是否保留对租赁公司的追索权分为有追索保理和无追索保理。所谓无追索保理，是指保理商以买断租赁公司应收租赁款为基础，为租赁公司提供保理服务，当承租人到期无法支付到期租赁款时，保理商无权向租赁公司追索债权，保理商一般要承担债务人的租金不能回收的信用风险，但租赁合同本身造成的合同法律纠纷的风险则不予承担。

所谓有追索保理，是指承租人无法到期支付租赁款时，保理商有权直接向租赁公司追索，融资租赁公司负有向保理商回购应收到期的或包括尚未到期的租赁账款的责任。

保理商办理租赁保理业务，要求审核融资租赁公司和承租人两者的资信状况，特别是无追索权保理业务，保理商对应收租金的债权人承担信用风险，因此对应收租金的承租人的信用评价就更加重要，能否批准保理贷款主要取决于对承租人的信用判断。目前国内开展的租赁保理业务以有追索保理为主，一般情况下，融资租赁公司只能得到有追索权保理业务的融资，银行更愿意要求融资租赁公司承担回购责任，其追索和回购的实质意义是要求融资租赁公司对应收租金的债务人按期付款承担保证连带责任。

（三）应收账款证券化融资

租赁资产证券化是租赁公司把依据融资租赁合同所产生的未来应收租金为基础资产，转换成在金融市场上出售和流通的证券。租赁公司通过将被证券化的资产真实销售给特设的特殊目的载体（SPE），可以把证券化的租赁应收账款从资产负债表中剔除出去并确认收益或损失，因此一般来说资产证券化也是一种不在资产负债表上显示风险资产的表外融资方法，可以被用来改变租赁公司的资产负债结构和降低其财务风险。

1. 应收账款证券化融资含义及作用

资产证券化是指将特定资产未来可靠的收益通过一定方式制作成证券并予以出售和管理的过程。经过资产证券化产生的证券通常被称为资产支持证券或资产基础证券。被证券化的资产在许多情况下已经是一种金融资产，例如，以房屋贷款为基础的还贷资金，以租赁资产为基础的租金等。在金融资产基础上制作出来的证券属于金融衍生产品，具有金融衍生产品的性质。资产证券化实质是一种出售资产式的融资，即将资产负债表中的贷款或应收账款变成现金，是一种可持续的融资渠道。

租赁资产证券化业务是指租赁公司作为原始权益人，将缺乏流动性但具有未来现金流的租金等应收账款资产债权（基础资产）汇集起来，出售给特定的机构或载体（SPV），以该基础资产产生的现金流为支持发行证券（资产支持证券），以获得融资，回笼资金，提高资产流动性的一种结构性融资手段。

融资租赁行业是一个重资产的行业，业务规模的增加伴随着资本金的巨大消耗，因此当融资租赁公司的业务发展到一定规模时，要想继续开展新的业务，必须通过增加资本金或者盘活现有租赁资产的方式来解决资金瓶颈问题。在增加资本金十分困难的情况下，租赁债权不单单是债权人请求债务人履行义务的权利，也是债权人财产的一部分，通过财产权利的转让可实现资金变现，用于向银行进行融资的资产支持。通过对接资本市场来拓展资金来源渠道，对融资租赁公司来说是一个值得探讨的模式。

对于租赁公司来说，通过租赁资产证券化业务可以盘活存量资产，使没有流动性的资产流动起来，从而增强融资租赁公司的资产流动性和盈利能力，而且拓展了新的融资渠道，实现向资本市场直接融资。在此基础上，也可以缓解资本压力。租赁资产相对于其他类型基础资产，现金流稳定，债权债务关系简单，是比较适宜的资产证券化标的。未来融资租赁公司通过交易所渠道发行资产证券化产品融资，将会成为高效、常规的通道，解决融资租赁公司直接融资的瓶颈，将促进融资租赁公司的快速发展。

2. 融资租赁资产证券化业务参与主体

租赁资产证券化业务参与主体可以分为以下七类。一是资产支持专项计划/特殊目的载体（SPV）作为证券化产品的发行人，以实现资产真实出售和破产隔离目的而设立。二是企业、机构等主体可以是基础资产的原始权益人，也可以是受让基础资产后再次出售的人。三是资产支持证券持有人作为投资者或资金供给方，购买资产支持证券，获得固定收益。四是证券公司、证券资产管理公司、基金子公司等作为计划管理人代表行使权利和义务，包括结构设计、资产选择、现金流分析、定价、起草发行文件、产品销售、申报等。五是律师、会计师 / 资产评估机构、评级机构作为中介机构，律师起草发行文件和法律协议、协助解决法律、结构问题、协助申报，会计师 / 评估机构提供基础资产的财务信息、现金流分析，评级机构出具信用评级报告。六是担保机构和流动性支持机构作为增信机构，担保机构通过担保、保险等手段提供信用增级，流动性支持机构通过流动性贷款、提供流动性支持等手段提供信用增级。七是商业银行等机构作为托管人，提供基础资产、专项计划的账户托管服务。

3. 融资租赁资产证券化基本过程

融资租赁资产证券化的交易由多个环节组成，基本过程如下：

一是确定租赁资产证券化的目标资产。资产证券化的前提和基础是确定能否带来可靠资金流的证券化的资产。融资租赁公司首先要确定租赁资产证券化的目标资产，将预期可获取的稳定的现金收入的租赁资产进行清理、估算、打包重组，建立新的现金流结构。应收租赁资产所产生的现金流既可用单笔应收租金，也可用多笔应收租金形成的资金池，形成适合证券化的租赁“资产池”。融资租赁具有清晰的基础资产，长期稳定的现金流和明确可控的资金投向，是优质的资产证券化标的。

二是销售租赁资产证券化的目标资产。将建立的这个“资产池”卖给专门操作资产证券化的特殊目的载体（SPV），目前中国较为可行的 SPV 载体是信托公司。实现资产的真实销售或转让，与出售未来收益的租赁公司进行破产隔离。

三是进行租赁资产证券化的目标资产的信用增级。亦即对租赁“资产池”进行信用增级。再由特殊目的载体（SPV）以预期的租金收入为保证，经过担保机构的担保和评级机构的信用评级，以弥补资产组合的初始信用等级不足，或提高信用等级提高至证券投资等级。信用评级决定资产支持证券的市场需求，影响证券的发行成本。

资产证券化表面上是以资产为支持，但实际上资产所产生的可预期现金流是证券化的先决条件。也可以说，资产证券化所“证券化”的不是资产本身，而是资产所产生的现金流。因此，在操作租赁资产证券化时，必要的增信措施不仅可以保证发行的成功，同时也是降低发行利率的有效手段。

四是向投资者发行债券，筹集资金。由承销商负责向投资者销售资产支持证券，特殊目的载体（SPV）从证券销售商获得证券发行收入，向租赁公司支付资产购买价格。

五是实施资产管理。投资者购买证券后按照协议规定的时间和方式收回投资并取得利息收益，这些就要由专门的服务商实施资产管理，回收资产收益向投资者还本付息。

融资租赁资产最适合做资产证券化，因为首先租赁资产是实物资产，看得见、摸得着，价格比较稳定；其次租赁资产产生的现金流、租金收入稳定、可预期；再者承租人的信用便于管理和控制，而适合做资产证券化的租赁资产也有很多，尤其是对购买飞机的资产证券化产品的兴趣比一般其他产品更高。市场对资产证券化产品也是有需求的，除了飞机以外，船舶、集装箱等也可以做证券化标的。

4. 融资租赁资产证券化风险及防范

不可回避，资产证券化作为一种创新型的融资工具，复杂的交易结构使其蕴含着较大的风险。特别是当市场出现波动时，会影响融资租赁公司的某些资产质量，甚至会降低融资租赁公司的整体信用，使得租赁资产支持证券（ABS）的发行遇到一定的困难。

为了降低投资者风险，保证证券化产品的成功发行，几乎所有的资产支持证券（ABS）交易都采取了各种增信措施来提高产品信用等级，通常的增信措施主要有内部增信和外部增信。银行间租赁资产支持证券（ABS）一般采用优先 / 次级、超额抵押、超额利差等内部信用增级方式。而交易所租赁资产支持证券（ABS）除采用以上内部增信方式外，一般还会引入差额支付的外部增信措施。融资租赁公司作为差额支付承诺人，同时又为原始权益人，其增信效果受其支付能力和意愿的影响较大，需要对融资租赁公司的经营状况和偿债能力进行评估。

对于租赁资产证券化产品的选择，需对其基础资产、交易结构和增信机制进行分析，考察融资租赁公司的风控水平应是重中之重，其风控水平决定租赁资产支持证券（ABS）发行的成败，可以重点关注规模较大、实力强的融资租赁公司的项目。对于基金等对流动性要求较高的机构，可以选择银行间租赁资产支持证券（ABS）的优先级和交易所租赁资产支持证券（ABS）的短久期优先级品种，而对于券商资管、保险等机构，建议关注银行间租赁资产支持证券（ABS）的次优级和交易所租赁资产支持证券（ABS）的长久期优先级品种。

5. 融资租赁资产证券化的发展

2005 年中国资产证券化试点工作正式启动，形成以央行、证监会为主导的金融机构信贷资产证券化，及银行资产证券化和证监会主导的券商参与的专项资产管理计划。2008 年全球金融危机后，中国放缓了资产证券化试点的步伐，预计未来在企业资产证券化产品领域将会有更大的创新和发展。到目前为止，只有极个别租赁公司发行过特定融资租赁合同项下的收益专项计划。

2014 年 11 月，银监会、证监会相继落实资产支持证券（ABS）备案制，项目的报送、监管程序极大简化，资产证券化的政策环境改善。2015 年 9 月，国务院办公厅《关于加快融资租赁业发展的指导意见》和《关于促进金融租赁行业健康发展的指导意见》出台，“丰富资本补充渠道，通过发行债券和资产证券化等方式多渠道筹措资金”，是国家为租赁业融资难题开出的药方。据统计，2016 年有 70 家租赁公司发行了共 123 只租赁资产证券化产品，包括 4 家金融租赁公司、11 家内资试点融资租赁公司和 55 家外资融资租赁公司。2016 年租赁资产证券化市场迈入了千亿元级别，一些企业发行规模甚至突破百亿元门槛，租赁资产正在成为证券化市场上的常客。

融资租赁资产证券化给租赁公司带来资金来源的同时，还逐渐改变着租赁公司的行为模式。可以预见，融资租赁资产证券化正在更为深远地影响租赁行业业态。

四、同业拆借融资

同业拆借，又称同业拆放市场，是商业银行及其他金融机构之间进行短期、临时性头寸调剂的市场，目的在于调剂头寸和临时性资金余缺。目前，全国 25 家由银监会审批和监管的金融租赁公司大都获准进入拆借中心，而大批由商务部审批和监管的内资、外资融资租赁企业却被排斥在外。可考虑使内资、外资融资租赁企业和金融租赁企业一样，也能进入资金拆借中心。同时，也可考虑在行业内组建一个服务各类租赁企业的“融资租赁同业拆借市场”，为租赁企业解决短期资金的需求，防止和减小租赁企业因资金链断裂而出现的经营风险。

“融资租赁同业拆借市场”的初步设想：

1. 市场为会员制、自助性资金运营机构。由各类融资租赁企业依照其注册资金的一定比例自愿出资，依照股本权重组成市场股东代表大会、董事会和监事会。

2. 会员在市场上拆借资金用其股本金作为保证，超过股本金的部分用公司拥有的有价证券进行质押。

3. 资金拆借一般不超过 7 天，拆借利率仿照中国人民银行资金拆借市场的利率执行。

五、融资租赁资产交易融资

提升租赁资产的流动性，想办法把租赁资产从租赁公司出表，也是解决融资租赁业发展资金问题的渠道之一。要达到这个目的，就必须建立一个开放的、流动性强的租赁资产交易统一市场。因此，建议要为全国多家融资租赁公司培育一个统一的租赁资产流转市场，大家都到这个市场挂单，互通有无。一个活跃的市场，一定能够快速解决一部分租赁公司的融资问题。

2014 年 5 月 28 日，上海自贸区融资租赁产权交易平台启动。交易平台主要是开展涵盖境内、跨境乃至离岸的融资租赁资产的物权、债权和股权交易。交易平台的启动一方面为境内外融资租赁企业优化资产管理体系、拓宽投融资渠道、打破发展瓶颈、发掘新的业务增长点提供更为专业化的配套服务。另一方面，该平台的建设还将进一步推动融资租赁上下游产业链拓展延伸，加快提升金融产业服务能级。

长期以来，租赁资产的交易仅限于点对点的私下转让，缺乏一个公开、透明的交易环境。平台启用后，将在“规则准许、风险可控”的前提下，从探索建立公开透明的评估和定价体系、制订标准化的交易流程、形成具有自贸试验区特色的交易模式等方面着手，借助上海联交所在租赁资产残值处理以及股权交割方面的优势，进一步细化并完善融资租赁资产的交易规则，努力形成一个活跃而健康的融资租赁产权交易市场，促进融资租赁企业实现更持续、更规范的发展。

六、设立融资租赁产业基金融资

除上述融资方式外，还可以支持设立融资租赁产业基金，引导民间资本加大投入。

（一）租赁基金的内涵

租赁基金中的“租赁”特性集中体现在两个方面，一是基金的发起人，在绝大多数情况下都是那些直接从事着融资租赁业务或从事着与融资租赁业务相关的企业，如租赁公司、租赁咨询公司等；二是投资基金的应用，都是采取融资租赁的各种方式，运用到融资租赁交易当中。租赁投资基金不同于证券投资基金，而是成为产业投资基金中专门从事租赁业务的一种投资基金。

（二）租赁基金的设立与运作

在与设立一般投资基金原理相同的同时，租赁基金的设立与运作更为灵活。

1. 投资者的投资手段非常灵活

投资者的投资手段非常灵活，可以以现金，也可以以设备，甚至以有追索权的债务或担保作为投资的形式。

2. 基金的组织形式多样化

投资者通过投资而形成一个有限责任组织，这个组织可以采取公司的形式，也可以采取社团、独资等形式，但在美国使用最广泛的还是合伙形式。权益人作为有限合伙人，而管理者作为普通合伙人，具体负责整个基金的运营操作，一般是由市场、财务、税务、法律等方面的租赁专家构成。

3. 基金经理的职权多样化

基金经理可以由普通合伙人中的一个人担任，也可以由普通合伙人负责聘任，负责处理基金的日常事务，如借款，承揽租赁业务，进行租赁运作等。基金经理以工资、利润分成和管理费等形式从基金组织取得自己相应的收入，尤其要强调的是，基金经理可以说是基金的核心，所起作用就像企业中的总裁一样。

4. 基金的筹资手段与来源的多元化

租赁基金组织的筹款可以以直接融资形式吸收权益投资或发行债券等，也可以以间接融资形式，如向银行、个人、保险公司、财团或其他基金借款等，而所筹款项可以是有追索权的，也可以是无追索权的。

基金设立后，基金组织就是出租人，其运作方式（即租赁业务的开展）可以采取所有融资租赁形式，但作为出租人的基金组织的分配方式要较为复杂。最后，租赁基金组织一般是以基金设立的协议为基础，当协议期满以后，即宣告基金解散。

（三）租赁基金的重要意义

租赁基金的产生与成熟租赁市场租赁业竞争程度不断激烈息息相关。一方面竞争迫使出租人寻求更可靠的低成本资金来源，另一方面租赁行业相对于资金借贷市场较高的利息回报率也吸引了众多投资者，作为二者的结合，租赁基金应运而生。

由于租赁基金组织开展租赁业务时所涉及的当事人更多，从而对每一方当事人都存在着影响，但主要还是集中在出租人和投资人两方面。

1. 对出租人的积极作用

运用租赁基金方式筹集资金并开展租赁业务，其有利方面主要表现在：一是资金来源广泛、稳定，融资成本降低。二是在美国可以获得税收上的优惠，因为租赁基金组织一般采用合伙形式，而合伙形式最明显的好处就在于先分红后纳税，这对于现今税收优惠越来越少的企业来说，无疑是个巨大的诱惑。其不利的方面主要是在基金股票上市时，其财务报表必须公开，导致企业的商业秘密保密性差。

2. 对于租赁基金的投资者提供了进入租赁市场的通道

在租赁市场发达的国家，租赁投资的收益率一般也较高。但单个投资者因资金规模较小，经验有限，基本上无能力参与进去。于是，对投资者而言，租赁基金则为这些投资者提供了一条变通之路，他们可通过参与租赁基金进而获得租赁投资的好处。

七、国际融资

国际融资是指融资租赁公司通过在国际金融市场来筹集业务发展所需的资金，目的是拓展广泛的资金筹集渠道，寻求较低成本的资金。国际融资主要的融资方式包括国际债券融资，国际股票融资，外国直接投资，国际商业贷款等。

2015 年国务院办公厅印发的《关于加快融资租赁业发展的指导意见》中提出：支持内资融资租赁公司利用外债，调整内资融资租赁公司外债管理政策，简化程序，放开回流限制，支持内资融资租赁公司发行外债试行登记制管理；支持融资租赁公司开展人民币跨境融资业务；支持融资租赁公司利用外汇进口先进技术设备，鼓励商业银行利用外汇储备委托贷款支持跨境融资租赁项目。

中国的有关租赁公司管理以及外汇管理的规定，允许外商投资租赁公司和金融租赁公司从国外借入资金。在外商投资租赁公司的风险资产总额不得超过其净资产总额的 10 倍的基本规定下，外商投资租赁公司借入外债形成的资产全部计为风险资产。外汇局在受理外商投资租赁公司外债登记、外债结汇申请时，严格审核此类公司提供的经会计师事务所审计的资产负债表和相关数据，并计算风险资产占净资产的倍数，对符合规定的予以办理外债登记和结汇手续。金融租赁公司的经营范围内也含有“境外外汇借款”的内容，在符合资本充足率以及其他相关的监管指标的情况下，可以从境外借入外汇资金。

第八章　融资租赁交易方式

面对国内外融资租赁业的迅速发展，深入研究融资租赁业的业务模式和操作规则，是确保融资租赁业健康快速发展的基础工作。

第一节　融资租赁交易方式在创新中发展

创新是以新思维、新发明和新描述为特征的一种概念化过程，是人类特有的认识能力和实践能力，是人类主观能动性的高级表现形式，是推动经济和社会发展的不竭动力。创新是指把一种新的生产要素和生产条件的“新结合”引入生产体系，包括五种情况：引入一种新产品，即产品创新；引入一种新的生产方法，即商业模式创新；开辟一个新的市场，即营销创新；获得原材料或半成品的一种新的供应来源创新等不同类型。

一、融资租赁交易在创新中发展演变

（一）现代融资租赁交易在创新中诞生

“租赁”是一种古老的信用形式，起源可以追溯到公元前2010年。现代融资租赁则是第二次世界大战以来，特别是20世纪50年代初世界金融创新潮流的产物。第二次世界大战以后，美国工业化生产出现过剩，生产厂商为了推销自己生产的设备，开始为用户提供金融服务，即在没有足够的资金来添置设备以满足订货生产的情况下，采用了长期租赁设备的方式来进行生产。这种长期租赁是一种资金融通的有效工具，特别是在企业外部资金来源有限，资金需求急剧增加的情况下，这是一种有生命力的信用新形式。于是，融资租赁交易应运而生。

融资租赁业的出现，从根本上改变了传统租赁业的地位。而传统租赁与金融产业的结合，也使得金融产品的属性发生了显著的变化，使金融产品由单纯的以货币为交易载体的属性变为不仅具有以货币为交易载体，同时还具有以实

物为交易载体的属性。尽管这一阶段的融资租赁产品与原有的金融产品的差异主要表现在形式上，但正是这种形式的创新，为融资租赁今后从实质上区别于原有的传统租赁和金融产品交易奠定了基础。

（二）融资租赁交易在创新中发展

随着竞争的深化，融资租赁出租人感到必须专业化其业务。其中一种方法就是把租赁朝着满足承租人对现金流量需要的方向发展，于是产生了一些灵活的、创造性的融资租赁交易方式。如与金融创新有机结合的租赁投资基金，与项目融资相结合的项目租赁，与债权证券化相结合的租赁资产证券化，与风险投资相结合的风险租赁等。出租人通过寻求更低成本的资金来源、提高租赁资产的流动性的多种交易方式的创新，进一步提高出租人的竞争能力。

融资租赁的发展史就是不断创新的历史。当前我国租赁业所面临的环境已发生了很大的变化：包括银行、保险、证券、信托、租赁等在内的金融机构混业经营的趋势已经大为凸现，与租赁相关的法律、监管、会计、税收、信用等问题正在得到解决和不断完善。融资租赁行业和融资租赁企业需要在融资租赁技术、融资租赁管理、融资租赁机制、融资租赁环境、融资租赁理念等诸方面，以创新的精神面对带来的机遇和挑战。只有不断创新，才能保持企业可持续发展的活力。实现突破性，这已经成为当今融资租赁公司可持续发展的主题。

二、融资租赁交易创新遵循的基本原理

（一）立足“三方当事人”的融资租赁交易创新

尽管融资租赁业务的表现形式有直接租赁、回租赁、转租赁、委托租赁、杠杆租赁、联合租赁等，但其核心是一种在形式上满足“一个标的物、两类合同和至少三方当事人”特征的交易活动，其中，出租人提供资金，供货人提供设备，承租人通过融物实现融资。任何的融资租赁创新，都不能也不可以将这种独特交易原则进行改变，如有改变，哪怕是微小的变化都可能导致交易活动不再是融资租赁交易。因此，融资租赁创新是立足于融资租赁中出租人、承租人、供应商这三个主体为核心的交易结构来形成多重法律关系和经济关系。调整、丰富其中的任何一种关系，都可能带来融资租赁交易方式上的创新。

（二）基于金融创新的融资租赁交易创新

融资租赁是在商业信用和银行信用的基础上发展起来的涵盖金融、租借、投资、贸易、服务、担保等交易的特殊金融工具，这就是融资租赁的法律实质。因此，融资租赁作为一种特殊的金融业务，其基本交易原则必须基于金融创新，

这样才有存在发展的必要。

2015 年 8 月，国务院办公厅发布了《关于加快融资租赁业发展的指导意见》（以下简称《指导意见》）。《指导意见》中表示："积极鼓励融资租赁公司通过债券市场募集资金，支持符合条件的融资租赁公司通过发行股票和资产证券化等方式筹措资金。"对于资金需求量极大的融资租赁行业，该"意见"意味着鼓励融资租赁公司积极拓展自身的融资渠道，在"融资""融物"特性中的"融资"方面做文章。融资租赁公司在融资渠道上的拓展变革，也就形成了融资租赁交易方式的不断创新。如融资租赁与银行合作可以开发出包括应收租赁款保理、应收租赁款逆回购、理财加租赁等产品。还可以从单一的人民币业务，延伸转化为本外币业务、从境内融资转化为境外融资、从商业银行合作转化为商业银行加投资银行合作，不断丰富业务品种。又如融资租赁与信托业合作可以形成以租赁资产为载体，信托公司发行融资租赁集合信托计划的业务品种。再如由于融资租赁的投资属性，可以为保险等各个投资机构提供新的投资品种，衍生出委托租赁等新型交易形式。

（三）关注风险防范的融资租赁交易创新

融资租赁业务创新的实质就是收益与风险的结构设计过程，租赁模式的创新也需要紧密结合这两个基本点。不考虑防范风险的融资租赁模式创新，将无可避免地会面临着各种风险，融资租赁业务活动也可能失败。在具体的融资租赁业务创新中，要重点关注以下风险：

1. 承租人信用风险。承租人信用风险不仅包括承租人能否按期支付租金的风险，更重要的还有影响承租人按期支付租金的法人代表诚信风险和法律道德风险、企业经营管理能力风险、企业关停并转风险，以及承租人的信用状况等风险。

2. 市场风险。包括租赁物件创造产值能力、物件更新换代、租赁物件再处置风险等。若对这些因素了解不充分，调查不细致，有可能加大市场风险。

3. 金融风险。主要包括资金利率变化风险、汇率变化风险、租赁资产掉期风险、市场融资的金融诈骗风险等。

4. 财务风险。由于设备的融资购买与租金的分期回流是融资租赁业务运作的基本特点，融资租赁公司的财务风险的防范自然主要集中于资金流动性的匹配性和财务结构的合理性，这是融资租赁公司控制财务风险的重点。

5. 技术风险。在进行融资租赁业务创新实际运作过程中，技术的先进与否、先进的技术是否成熟、成熟的技术是否在法律上侵犯他人权益等因素，都是产生技术风险的重要原因。

有效控制融资租赁的风险，是融资租赁发展创新的重要基石。通过完善的风险控制制度建设、积极有效地落实执行、良好的实时排查监督等诸多方面来共同形成一个整体高效的风险控制体系，进而能够保证在融资租赁业务创新的同时，能够主动管理风险，避免因为融资租赁创新失误而带来经营亏损等情况。

第二节　融资租赁的交易形式

随着金融需求的信息壁垒在金融创新、新技术的应用中在时间空间上被打破，企业金融需求精准对接得以加强，极大提高投融资效率。另一方面，具有金融属性的融资租赁功能的不断发挥，在加深融资租赁特色化、专业化发展的同时，通过创新和技术革新培育新的竞争力。观察目前行业发展，在与金融业融合发展的过程中，基于产业金融需求的挖掘，各种融资租赁创新模式不断催生，多样化的融资租赁交易方式应运而生。

一、融资租赁传统的直接融资租赁交易形式

融资租赁业务需要根据客户的实际业务要求，通过创新和完善租赁产品及服务为客户量身定制形式灵活多样的融资租赁服务方案，满足客户个性化的租赁需求。虽说融资租赁可以千变万化，但万变不离其宗，是在传统、简单融资租赁基础上演化而成的。

在中国，传统的直接融资租赁是指符合《中华人民共和国经济合同法》第十四章所规定的三个当事人与两个合同的交易方式。目前大部分融资租赁交易均采用这种融资租赁方式。

（一）直接融资租赁含义

直接融资租赁是最传统的交易方式，是融资租赁的主要形式，也是一种最典型的融资租赁方式。直接融资租赁通常简称其为直租。

直接融资租赁是由承租人选择需要购买的租赁物件，出租人（租赁公司）筹措资金，按照承租人的要求向供货商购买设备并支付货款，将设备出租给承租人使用并收取租金。在直接租赁中，只有一个出租人、一个承租人、一个供货商，一个租赁合同和一个买卖合同，体现着融资租赁的基本特征。在整个租赁期间，承租人没有所有权，但享有对租赁物取得占有、使用和收益的权利，并负责维修和保养租赁物件。出租人对租赁物件的好坏不负任何责任，设备折

旧在承租人一方，租赁期满由出租人向承租人转移设备所有权。通过直接融资租赁的方式可以解决承租人的固定资产投资问题，在客户没有足够资金，或不占用资金的情况下完成必要的固定资产投资。

目前，这种最传统的租赁业务形式在各国租赁实践中仍占有最重要的地位。适用于固定资产、大型设备购置，企业技术改造和设备升级。

（二）直接融资租赁的特征

1. 直接体现了融资租赁的基本要素特征

融资租赁的基本要素特征就是，交易由三方当事人参与（出租人、承租人、供货商），签订有两个合同（购买合同和融资租赁合同），围绕一个标的物等要素构成。这种直接租赁方式，由租赁当事人直接见面，对三方要求和条件都很具体、很清楚。直接融资租赁是融资租赁业务中采用最多的形式，而融资的其他形式，大多是在此基础上，结合了某一信贷特征而派生出来的。直接融资租赁交易主要用于增加新的固定资产的交易中。

2. 直接体现了融资租赁“融资”“融物”的交易特征

直接融资租赁目的就是解决承租人设备购置时的资金不足，因而接近于设备按揭或分期付款购买，这是融资租赁的经典形式。通过直接融资租赁交易，为承租人融资是显而易见的。直接融资租赁的交易过程非常清晰，当企业（承租人）需要购买添置设备时，不是以自有资金或者向金融机构借款购买，而是委托出租人根据承租人的需要、意愿和请求，通过出租人自有资金或向金融机构融资购入设备再出租给承租人使用，承租人定期向出租人支付租金，租赁期满后，选择留购、退租、续租。承租人通过“融物”达到“融资”，其实质是出租人通过租赁物的形式向承租人提供融资的一种交易活动。

3. 交易操作简便，应用范围广泛

融资租赁与银行信贷的不同点在于，银行信贷是借钱给债务人自己去购买设备，这里难免有挪用的可能和骗贷的风险。直接融资租赁则由出租人出面，依据承租人指定的设备（品牌、规格、型号及价格等）和供货商直接采购，没有时间间隔。因此，防止了转移资金用途，直接支持实体经济。随着我国经济转型，固定资产投资、大型设备购置、企业技术改造和设备升级等，通过直接融资租赁的方式在客户没有足够资金，或不占用资金的情况下，解决承租人的固定资产投资等问题，更直接体现了融资租赁的融资性。采用直接融资租赁交易的方式，操作简便，风险也小。因此，这种租赁业务形式在各国租赁实践中仍占有最重要的地位。

（三）直接融资租赁一般性操作流程

1. 承租人选择供货商和租赁物件；

2. 承租人向融资租赁公司提出融资租赁业务申请；

3. 融资租赁公司和承租人与供货厂商进行技术、商务谈判；

4. 融资租赁公司与供货商签订《买卖合同》，购买租赁物；

5. 融资租赁公司用资本市场上筹集的资金作为贷款支付给供货厂商；

6. 融资租赁公司和承租人签订《融资租赁合同》，出租租赁物；

7. 供货商向承租人交付租赁物；

8. 承租人按期支付租金；

9. 租赁期满，承租人正常履行合同的情况下，融资租赁公司将租赁物的所有权转移给承租人。

二、融资租赁主体组合创新的交易形式

关于“租赁主体”的创新，主要围绕三方当事人（出租人、承租人、出卖人）角色合并以及更多当事人的参与展开。关于三方当事人角色合并创新，主要是由其中两个角色合为一体而产生的融资租赁业务创新。承租人与出卖人合为一体，形成售后回租的业务模式；承租人与出租人合为一体，形成转租赁的业务模式；出卖人与出租人合为一体，形成厂商租赁的业务模式；多个出租人参与租赁，形成联合租赁业务模式。

（一）售后回租

售后回租，亦称回购租赁，是指承租人将自有物件与租赁公司签订《买卖合同》出售给出租人（融资租赁公司）而取得现金流入，同时与该出租人（融资租赁公司）签订《租赁合同》，并按合同约定向出租人支付应付租金后，再从出租人处重新将该物件租回。租赁期满后，还完全部租金，并付清物件的残值以后，重新取得物件的所有权的租赁形式。售后回租是扩大业务种类的一种简便易行的方法。

1. 售后回租的特性

(1) 售后回租业务主体的双重性特征。在售后回租交易中，承租人与出租人都具有业务上的双重身份，进行双重交易，形成资产价值和使用价值的离散现象。

其一，承租人与租赁物件供货人是一体，租赁物件不是外购，而是承租人在租赁合同签约前已经购买并正在使用的设备。一方面承租人企业通过资产销

售，取得销售收入；另一方面又作为承租方向出租方租入资产用于生产过程，承租人企业从而实现资产使用价值和交换价值，具有经济业务的双重身份。

其二，资产购买者同时又是出租方。租赁企业通过购买对方企业的资产取得资产所有权，同时又作为出租方转移资产使用权，取得资产使用权转让收入，实现资产的使用价值的再循环，具有业务上的双重性。

以上分析可以看出，一般融资租赁的特点是三方当事人两个合同，而售后回租则是两方当事人两个合同。

(2) 售后回租直接体现融资租赁的“融资性”功能。售后回租主要强调的是融资租赁的“融资性”。售后回租是承租人在不改变其对租赁物占用和使用的前提下，将固定资产及非固定资产向流动资产转换，就是实现设备的“变现”，直接强调了融资租赁的融资功能，削弱了融资租赁的促销功能，类似于“典当”业务或者银行的抵押贷款。这种方式解决了企业流动资金困难的问题，盘活了固定资产，有效地利用现有资产，加速资金再循环，产生资本扩张效应。

但售后回租的融资性并不是人们俗称的贷款，融资租赁公司也不能因此而称为“放贷公司”。售后回租业务中还伴随有租赁业务，而放贷业务却没有相应租赁业务。

(3) 售后回租是一种特殊的产权交易。这种特殊的产权交易，就在于售后回租交易的租赁性，更主要强调的是以租赁标的物来对抗经营风险的业务。标的物是固定资产，出租人从承租人处购得物件，取得该物件的所有权后，通过《售后回租合同》又将其中的占有、使用和收益权转让给承租人，出租人只保留处分权，而且只是一种受限制的处分权。售后回租是融资产销售和资产租赁为一体的一种特殊交易行为。

另外，售后回租还是一种贸易服务。售后回租交易中对于购回的旧设备，要有二手设备的出售变现的知识和能力（以及再出租的能力），最重要的是把握不同设备的折旧与市场价格的关联，掌握不同设备与使用年限关联的市场价格走势，并与租金的制订相结合，确定租金收取进度与二手设备的处置风险。一个融资租赁公司具备了对二手设备的风险把握能力和处置变现能力，将是继利差、服务手续费后又一利润增长点。

2. 售后回租的作用

融资性售后回租交易作为近些年兴起的一种财务创新工具，受到了各个公司的青睐，已彰显出了巨大的经济助推力。

(1) 有效盘活资产，增强资产流动性。售后租回交易可以作为一种融资手段，切实缓解流动资金压力，这是公司进行售后回租交易所要满足的首要目标。对于已有设备而缺现金的承租企业而言，当其急需现金周转时，通过售后回租业务将物化的长期资产变为流动性最强的现金资产。一方面能够解决承租人流动资金困难的问题，将物化资本转变为货币资本，改善承租人（即出售方）的财务状况，提高资金使用效率。另一方面，而后的回租，又使承租人在不改变其对租赁物占有和使用的前提下，使得企业的生产得以继续，满足了企业生产经营活动所需。

售后回租在基础设施建设中，其作用更加突出。因为已建成的项目拥有巨大的存量资产，可以将这些资产出售给租赁公司，再回租使用，这样就将已固化的设备投资转化为资本，在很大程度上化解建设资金不足的局面，形成滚动开发格局。售后回租还适用于有大量优质固定资产，如已使用过的设备，但急需现金的客户。客户通过售后回租业务将固定资产变为现金，用以补充流动资金或购买新的设备。

(2) 资金用途灵活，不受限制。通过售后回租取得的变现资金，由企业按实际需要使用，既可用作流动资金、也可用作项目建设等。而银行贷款却必须是特定的用途，即规避了银行流动资金贷款必须用于生产经营周转、不能投资固定资产项目建设的监管风险。

(3) 有效改善企业的财务结构。融资性售后回租可以控制资金流，不占用银行的信用额度，有效改善企业的财务结构。我国企业的售后回租交易普遍是按照资产的账面价值进行的，在这种情况下，售后回租交易同时增大了企业的资产规模和负债规模，资产负债率得以提高，使得上市公司的净资产收益率得到提高。

(4) 提高市场应变能力。由于租赁物所有权不归承租人，租赁期满后承租人可根据需要决定续租还是退租，从而提高承租人对市场的应变能力。

(5) 低成本，费用少。售后回租交易中承租人是最大的受益者。进行售后回租交易后，设备使用权没有改变，承租人原有的设备操作人员、维修人员和技术管理人员对设备很熟悉，原有人员的使用，可以节省时间和培训费用。承租人还可将出售设备的资金大部分用于其他投资，把资金用活，而少部分用于缴纳租金。另外租金金额及支付方式灵活，可以根据承租人具体的资金状况、经营业绩和营业周期等具体情况，就租金金额及具体支付方式都可以在合同中予以约定，而不必拘泥于定额、定期支付租金的形式。

另外，售后回租实际上是购买和租赁的一体化。在当前国有企业的深化改革中，盘活存量资产和实现资产重组远比扩大资产规模重要得多。因此，应大力提倡和推荐售后回租方式，使其更加规范化，在法律上应更加明确，政策上应有配套措施。

3. 售后回租与其他交易方式的比较

(1) 售后回租与银行抵押贷款的区别。售后回租在形式上类似于银行抵押贷款，但本质上大有区别。

一是租赁物的所有权不同。在售后回租交易中，租赁物的所有权是属于出租人的；而在抵押贷款中，租赁物的所有权是属于借款企业的。

二是交易标的物类别不同。售后回租是一种特殊的租赁交易，交易标的物主要是不动产。在交易前后，该资产除了所有权从承租人处转移到出租人处以外，其他状况没有改变，租赁物仍然被承租人占有、使用和获取收益。而在抵押贷款中，抵押物可以是动产、不动产和无形的权利。

(2) 售后回租与资产交易的区别。从售后回租的交易行为中很明显可以看出，售后回租是一个双向交易的过程，一个是出租人购买出卖人资产的购买交易，还有一个是出租人出租租赁物的租赁交易。而一般的交易只有一个单向买卖资产的交易。

(3) 售后回租与楼宇按揭的区别。其最大的区别也在于所有权转移的问题。从理论上讲，楼宇按揭未发生所有权的转移，只是将按揭标的的所有权证质押在了按揭银行。而在售后回租业务中，标的物的所有权发生了转移，由承租人所有转移到了由出租人所有。

(4) 售后回租与典当的区别。所谓典当是指当户将其动产、财产权利作为当物质押给典当行，交付一定比例费用，取得当金，并在约定期限内支付当金利息、偿还当金、赎回当物的行为。通俗地说，典当就是要以财物作质押，有偿有期借贷融资的一种方式。这是一种以物换钱的融资方式，只要顾客在约定时间内还本并支付一定的综合服务费（包括当物的保管费、保险费、利息等），就可赎回当物。很显然，这与售后回租的交易理念和方式也有很大不同。

中国融资租赁业再度复兴后，售后回租业务也得到相应发展，在帮助企业融通资金、盘活资产、优化资产结构等方面已经发挥出重要作用。

4. 售后回租的一般性操作流程

(1) 原始设备所有人将设备出售给融资租赁公司。

(2) 融资租赁公司支付货款给原始设备所有人。

(3) 原始设备所有人作为承租人向融资租赁公司租回卖出的设备。

(4) 承租人即原始设备所有人定期支付租金给出租人（融资租赁公司）。

(5) 租赁期满，承租人正常履行合同的情况下，融资租赁公司将租赁物的所有权转移给承租人。

5. 售后回租的风险防范

(1) 明确具体的租赁标的物。租赁物是否真实存在是影响售后回租合同效力的常见因素之一。为此，国家有关政策对售后回租租赁物进行明确规定：

一是交易标的的限制，承租人回租的资产必须是其出售给出租人的同一资产，不得是出租人的其他资产，包括出租人拥有的与该资产规格、型号、产品名称相同的其他资产。出租人应尽可能在售后回租项下的《买卖合同》《租赁合同》等相关合同中，标明具体的标的物名称、型号、数量、规格等，以明确标的物的具体指向。

二是交易顺序的限制，售后回租业务必须是承租人先将资产出售给出租人，然后再从出租人处将资产租回，否则，不能适用现有政策对该业务进行税务处理。

(2) 审核出卖人对于标的物的所有权的合法性。《金融租赁公司管理办法》第 34 条规定："售后回租业务的租赁物必须由承租人真实拥有并有权处分。金融租赁公司不得接受已设置任何抵押、权属存在争议或已被司法机关查封、扣押的财产或所有权存在瑕疵的财产作为售后回租业务的租赁物。"在向出卖人购买标的物时，出租人需要对于标的物的所有权进行审核，确保出卖人对于相关标的物具有绝对的所有权和控制权。同时需要确保租赁标的物上不存在抵押、扣押、查封等可能导致权利瑕疵的情形。

通常，出租人可以通过以下方法审核出卖人对于标的物的所有权情况：一是审核标的物原始购买的相关合同；二是审核标的物原始购买的发票或相关收据；三是要求出卖人出具承诺书。

(3) 确保租赁标的物的所有权转移至出租人。售后回租和企业拆借最本质的区别在于，以售后回租模式开展的融资租赁，涉及租赁标的物的所有权转移，即出卖人将租赁标的物出售给出租人，出租人因此取得了租赁标的物完整的所有权。而在企业拆借中，不存在具体物品或设备的所有权转移。在回租业务后，出租人必须实际取得租赁物的所有权，还因为租赁物是否真实转移给出租人，亦涉及租赁合同到期后，对租赁物的处置问题。如不转移租赁物的所有权，谈何后期处置。

因此，融资租赁公司在采取售后回租开展业务过程中，应当从多个方面确保租赁标的物的所有权已经完全转让至出租人的名下，以免所有权转让不明，而导致售后回租合同无效。如出租人和承租人之间签订所有权转让的证明书，以及出租人在租赁设备上添加印有出租人名称的铭牌等方式，均可以被认定为是一种对于所有权转让的约定证明。

(4) 租赁标的物购买价格应与客观价值相近。在售后回租模式中，买卖交易的价格由买卖双方商定。承租人往往希望通过出售自有的设备获取尽可能多的融资金额，而融资租赁公司也会希望多向企业提供融资以便获取更高的利润。但是国家政策要求，售后回租交易的目的必须是以融资为目的，售价应当以公允价值为基础。如《金融租赁公司管理办法》第36条第2款规定："售后回租业务中，金融租赁公司对租赁物的买入价格应当有合理的、不违反会计准则的定价依据作为参考，不得低值高买。"

据此可知，承租人从出租人处获得的融资金额应当与租赁标的物的客观价格相近，两者差距过大可能被认定为无效，这是商品等价交换的内在规律所决定的。为此，融资租赁公司可以要求承租人提供购买设备的原始合同、票据以外，还可以要求承租人出具租赁标的物的价值保证，对租赁标的物进行评估并与承租人共同确认评估结果。

另外，作为企业的固定资产，其出售还需要有一定的批准程序。例如，对于国有企业而言，需有相应的国有资产管理部门的批准；对于有限责任公司或股份有限公司而言，需有其董事会批准该项出售的相应决议；对于上市公司而言，则还需有其股东大会的相应决议和相应的披露程序。

(5) 出租人的身份的合规性。根据国家政策规定，出租人必须是经中国人民银行、银监会或者商务部批准从事融资租赁业务的纳税人，未经批准的其他企业从事融资租赁业务，不得从事售后回租业务。

总之，在进行售后回租交易中，租赁合同和买卖合同作为构成售后回租的重要依据，无论是出租人或是承租人都需要予以充分重视，在项目操作的过程中把控各个法律风险要点，避免合同无效带来的损失。

(二) 转租赁

1. 转租赁的含义

转租赁，是指以同一物件为标的物的多次融资租赁业务。在转租赁业务中，上一租赁合同的承租人同时又是下一合同中的出租人，称为转租人。转租人从其他出租人处租入租赁物件再转租给第三人，转租人以收取租金差为目的的租赁形式。租赁物品的所有权归第一出租人。

其中，第一层次融资租赁合同中的出租人称“第一出租人”，末一层次的融资租赁合同中的承租人称“最终承租人”。转租人同第一出租人的区别在于，转租人并非是该项融资租赁交易中的出资人及租赁物件买入人，因此他也并非是该租赁物件的所有权人。它之所以可以以出租人的身份向第三人转让对租赁物件的占有、使用及通过使用获得收益的权利，是因为它在上一层次的融资租赁合同中作为承租人受让了这些权利。而且，上一层次的融资租赁合同约定，他有权将这些权利向第三人转让。转租人同最终承租人的区别在于，他并非是为了占有、使用及通过使用获得收益而承租租赁物件。他承租租赁物件的目的是为了能向第三人转让对该租赁物件的占有、使用及通过使用获得收益的权利。

在转租赁业务中，包含至少两个出租人、两个承租人和两个租赁合同，转租人（租赁公司）同时兼有承租人和出租人双重身份，对上一出租人承担偿付租金的义务，对下一承租人享有收取租金收入的权利，以收取上下两处租金差获取收益。转租赁一般发生在跨国融资租赁业务中，租赁物件的所有权归第一出租方。

基本交易程序如下：

(1) 出租人 A 按照承租人的租赁要求，与出租人 B 签订一项租赁协议；

(2) 由出租人 B 向供货商 C 购买设备并租赁给出租人 A；

(3) 由出租人 A 再租赁给承租人 D。

这里包含两个出租人 A 和 B、两个承租人 A 和 D、两项租赁合同、一个买卖合同。

2. 转租赁的特征

(1) 融资租赁当事人角色合并。从上面转租赁的交易流程中可以看出，转租赁交易中涉及四个当事人，即设备供应商 C、第一出租人 B、第二出租人和第一承租人 A、第二承租人 D。其中第二出租人和第一承租人为一个行为主体 A 的双重身份，承租人与出租人合为一体。转租至少涉及三份合同：购货合同、租赁合同、转让租赁合同。

这种对于当事人角色合并形成的业务创新形式，在实际业务运行中无疑扩大了业务的范围，降低融资成本，使转租赁较多发生在跨国融资租赁业务中。

(2) 经营成本降低。转租人以第一承租人的身份从另一家融资租赁公司租进设备的实际业务操作过程中，只是依据购货合同确定融资金额，在购买租赁物件的资金运行方面始终与最终承租人没直接的联系，然后又转租给第二承租人使用。交易中转租人完全可以不动用自己的资金而通过发挥类似融资租赁经纪人的作用而获利，并还能分享第一出租人所在国家的税收优惠。有时转租人（租赁公司）甚至直接将购货合同作为租赁资产签订转租赁合同。这种做法实际是租赁公司融通资金的一种方式，租赁公司作为第一承租人不是设备的最终用户,因此也不能提取租赁物件的折旧。

转租赁业务做法同直接融资租赁无太大区别。但出租方从其他租赁公司租赁设备这一做法上，是很灵活的，可以创新多种交易形式。

(3) 各层次的融资租赁合同的内容是统一的。各层次的融资租赁合同的标的物是统一的。在转租赁中，尽管至少有两个出租人、两个承租人和两个租赁合同，但各环节交易中只包含 “一个标的物”。在一般情况下，各层次的融资租赁合同的租赁期限也是统一的。各层次的融资租赁合同对租赁期届满时租赁物的归属（留购、续租或收回）的约定也必须是统一的。

(4) 出租人利用转租人的租赁技能或租赁许可。在某些情况下，一些拥有融资能力或设备资源优势，但不具备租赁技能或租赁许可的企业，为了满足客户融资租赁的需求，可通过转租赁的方式达到目的。转租赁对最终承租人来说，除了租金有所增加外，其他条件没有变化。

3. 转租赁的作用

(1) 实现融资需要。转租人拥有客户资源，而原始出租人拥有充足的资金，转租人通过原始出租人实现融资，而原始出租人通过为转租人提供资金参与融资租赁，从而扩大其国内外市场。

(2) 拓展海外租赁市场的需要。一些大型出租人为实现其国际化战略，拓展海外租赁市场，在海外设立子公司。在发展租赁业务过程中，母公司作为原始出租人为海外子公司提供融资支持，子公司作为转租人在其所在国开展租赁业务。

(3) 防范风险的需要。在原始出租人认为其客户的信用等级相对较低时，为了控制其投资风险，会寻找另外一家信用等级较高的公司作为转租人参与租赁交易，将转租人作为原始出租人的直接债务人，在某种程度上发挥着担保人的作用。

(4) 借用资质拓展业务的需要。对于一些拥有充分的资金或资源优势，却不具备租赁技能或租赁许可的企业，也可以通过选择专业的转租赁人来进行融资租赁交易。

由于发展中国家普遍资金短缺，转租赁常用在国际租赁业务中。从中国融资租赁的实际情况看，转租业务所占比重并不大。

（三）厂商租赁

出卖人与出租人合为一体，形成厂商租赁的业务模式。在中国融资租赁业的发展进程中，厂商租赁异军突起，显现出独有的生机活力，正在吸引国内外的目光。

1. 厂商租赁的定义

厂商租赁是指租赁物的生产制造厂商，投资组建以其制造母公司生产、制造的产品作为租赁物的融资租赁公司，开展融资租赁业务，直接为厂商母公司促销产品的一种融资租赁方式。就股权结构而言，制造母公司对融资租赁公司实行全资控股或拥有控股地位。通过融资租赁服务，为制造母公司增强其客户的购买力，促进产品销售，提升市场份额。厂商租赁方式适用于设备制造厂商。

就厂商系融资租赁公司而言，由于与制造母公司和终端用户存在业务往来，因此，厂商系融资租赁公司的融资租赁服务市场渗透力很强，当前已经渗透和贯穿至装备制造业的整个产业链之中，如汽车、重卡、IT设备、医疗器械、飞机、轮船、精密机床、工程机械、矿山机械、电器、通信设备、厂房等。虽然不同国家、不同学者对厂商租赁的定义存有差异，但内在的业务本质和定位在全球范围内是有共识的。

2. 厂商租赁的基本特征

(1) 出卖人与出租人合为一体。厂商租赁公司（出租人）是由制造母公司（出卖人）投资组建的子公司。就股权结构而言，制造母公司对融资租赁公司实行全资控股或拥有控股地位。出卖人和出租人实际是一家，但属于两个独立法人。

出租人出租的租赁物件几乎全部是自己母公司制造的，租赁期间的设备维修和服务都是由出租人母公司负责。

(2) 突显融资租赁的“融物”性，促进厂商产品销售。独立出租人和银行系出租人关心的是利润最大化，而厂商系出租人产生的重要使命就是增加其母公司的产品和服务销售机会，增强客户的忠诚度，减少制造商应收账款和三角债的发生。这是以推销产品为主要目的的融资租赁新方式。

(3) 融资租赁业务方式更具灵活性。由于厂商租赁公司与母公司结合紧密，具备对产品和行业更加了解和理解的优势，可以根据行业特点为客户提供更加灵活适用的融资租赁服务方案，满足客户个性化的融资需求。如在严寒地区，客户在冬歇期可能没有或仅有很少的现金流入。这种情况下，如果融资租赁租金计算方式是“等额月付”的话，会使客户的“现金流入（如工程收入）”和

“现金流出（即租金支付）”严重不匹配，造成客户还款压力陡增。如果融资租赁方案可以做到在“冬歇期”设计低租金支付方案或仅支付利息，而在“非冬歇期”相应提高“月租金”，则会有效匹配客户的现金流，无疑会增强厂商租赁对客户的吸引力，提升客户满意度。

（4）提供购买“整体解决方案”。随着消费观念的改变，客户的购买模式已经演变为一个购买“整体解决方案”的行为。例如，获得一项资产不再仅仅包括购买设备，还包括相关服务、保养及融资等等。厂商租赁公司通过提供多样化的产品本身、融资、保养以及许多其他的灵活选择，减少客户在采购过程中一些成本和环节。无疑也会增强厂商租赁及制造母公司对客户的吸引力，提升客户满意度。

（5）增强安全性。从客户角度看，一旦设备和服务有瑕疵，客户通过厂商租赁公司要比通过独立出租人或银行系出租人更容易向其制造母公司行使索赔权。

当前众多制造厂商纷纷建立自己的厂商租赁公司，他们希望通过融资租赁方案促进母公司的产品销售，同时还能获得额外的金融服务收益。

3. 厂商租赁的作用

随着核心竞争力正由资金、信贷和回收的专业技能转向对资产的了解、二手市场专业技能以及融资与保养、保险服务的结合。这种核心竞争力的变化成为厂商租赁存在的原因。

（1）增强市场控制力。设备制造商采用融资租赁方式可以非常直接有效地控制租赁物的取得过程，促进和较快完成设备销售，增强市场占领份额。一是控制设备更新换代和附属产品。一旦厂商租赁与承租人签订租赁合同，供应商与承租人之间就建立起了持续的联系。供应商就能够对客户设备的更新换代、升级和附属产品产生更大影响，二是控制处置租赁物的过程，能够使母公司增强对客户设备需求的控制。三是控制二手设备市场及其价格。这种控制在交通运输行业（小汽车、工业车辆和卡车）尤为重要。因为在这些领域，旧设备要比新设备具有更大的市场需求。四是控制零配件销售和维修保养协议。这不仅为客户提供了“一站式”解决方案，还可以增加制造商服务收益。

（2）增强市场竞争能力。一是为母公司提供差异化的竞争优势；二是提高市场渗透率和对母公司新产品的接受程度；三是加速客户购买周期。

（3）促进产品销售。厂商租赁公司通过独特的“融资融物”功能，能够增强母公司对客户的销售势力，增强客户对母公司的路径依赖和忠诚度。

(4) 优化财务税收，增加利润。厂商租赁公司稳定的租金收入，有助于保持其母公司收入的增长率和稳定性，改善其现金流。融资租赁能够为出租人带来所得税延期缴纳方面的优惠和利息收入的税收减免，这能够改善厂商租赁公司的盈利水平。

(四) 联合租赁

联合租赁也称为联租，是指多家有融资租赁资质的租赁公司对同一个融资租赁项目提供融资租赁服务的交易。交易中，由其中一家租赁公司作为牵头人。无论是相关的买卖合同还是融资租赁合同都由牵头人出面订立。

1. 联合租赁的运作方式

(1) 由其中一家融资租赁公司作为牵头人和多家出租人及其他投资者筹措购置设备的巨额资金，购置设备并租给承租人使用。牵头人与多个出租人之间的相互关系是受托人和委托人的关系。

(2) 各家租赁公司同作为牵头人的租赁公司订立体现资金信托关系的联合租赁协议。各家租赁公司按照所提供的租赁融资额的比例承担该融资租赁项目的风险和享有该融资租赁项目的收益。

(3) 融资租赁交易中的所有合同和法律文件都由牵头人出面与承租人订立。牵头人同出卖人之间的买卖合同、同承租人企业之间的融资租赁合同，同法律规定的融资租赁业务中的同类合同毫无差别。

2. 联合租赁的特征

(1) 多个具有租赁资格的出租人参与租赁。多个出租人参与租赁，形成联合租赁独特的业务模式。联合租赁的合作伙伴一般为租赁公司或其他具有租赁资格的机构。联合租赁是一种交易方式，而不是任何组织形式。

正因为联合租赁当事人不仅都是租赁公司，而且都有从事融资租赁业务的主体资格，也就形成了联合租赁与委托租赁的区别，而委托租赁则没有这个限制。委托租赁中的委托人根本不必是任何租赁公司（当然也不排除），更无须问它有没有经验融资租赁业务的资格了。

(2) 直接体现融资租赁的“融资性”功能。联合租赁的做法类似银团贷款。联合租赁实际上是解决杠杆租赁中一个出租人无法承担的巨额融资风险，是杠杆租赁的延伸。这是融资性租赁公司之间，在承办融资规模较大的项目时的一种利益分享和风险分担的合作方式。

3. 联合租赁的作用

联合租赁是针对承办融资规模较大的项目时的一种利益分享和风险分担的

合作方式。往往一个巨额项目，租赁风险集中，单一承租人租赁规模占租赁公司资本金的比例超标，以此租赁项目向银行等金融机构融资困难。通过联合租赁，可化大为小，叠加信用，分摊风险，方便融资，共享利益。

联合租赁交易的实施，直接促进了租赁业向大规模资产设备方向发展，具有较好的发展前景。一般用于飞机、轮船、通信设备和大型成套设备的融资租赁。此外该模式有利于租赁公司快速扩大资产规模，打通多种融资渠道，加速资金周转速度，分散项目风险，降低融资成本。

例如，2013 年工银租赁和农银租赁将波音公司交付的一架 B737-800 飞机，联合租赁给深圳航空公司，开创了飞机联合租赁业务新模式。在联合租赁业务模式下，工银租赁和农银租赁作为联合出租人，成为波音飞机的共同所有人。联合出租人与深圳航空签订飞机租赁协议，共同承担相关权利和义务，分享租金。

通过联合租赁，航空公司能获得更有力的资金与信用担保，减轻飞机交付时的违约风险，而联合出租人能发挥资本协同优势，获得更大的规模效应，从而降低航空公司的成本，为国内航企发展提供有力支持。

从单一出租人到联合租赁，是飞机租赁业务发展到一定阶段的产物。它推动了我国航空租赁业的发展和创新，可发挥联合出租人各自优势，分散项目风险，深化同业合作。

三、融资租赁交易结构创新的交易形式

关于融资租赁“交易结构”的创新，基本原理是指通过创新融资租赁交易方式而衍生出的新的交易模式。在融资租赁实践业务中，基于对整个租赁环境及过程的分析和研究，可以通过增加交易环节与层次，将投资者、设备销售商、资金提供者、设备购买者、出租人、承租人、保险商、设备管理者等相关各方置于一系列相关联的合约中，并视需要承担不同的角色，进而在简单融资租赁的基础上衍生出各种交易产品，如委托租赁、引入投资人的杠杆租赁、单一项目融资租赁等。

（一）委托租赁

委托租赁是信托与融资租赁的金融组合。作为金融服务的中介工具，金融租赁业与信托业在资金来源和经营范围方面虽然各自迥异，但它们可以结合从事融资租赁业务，促进金融产品的交叉创新，带来新的业务模式。

1. 委托融资租赁的含义

委托租赁是指具有从事融资租赁业务资格的公司作为出租人，接受委托人的资金或租赁物件，根据委托人的书面委托，向委托人指定的承租人办理的融资租赁业务。在租赁期内，租赁物件的所有权归委托人，出租人只收取手续费。租赁期满后，租赁标的物产权可以转移给承租人，也可以不转移给承租人。在委托租赁中，增加了委托人和一份委托代理合同，可以是资金委托，也可以是委托人闲置的设备。

委托租赁集合了两类非银行金融企业的业务优势。信托业有宽泛的资金来源，在集合资金的渠道上有一定专业优势，委托租赁对信托公司来说是多了一种融资标的，也多了一种盈利模式。而融资租赁公司在租赁资产的管理和处置方面具有较强的专业性及专门人才。对信托公司来讲，融资租赁业务由于拥有出租设备的所有权，通过租金回收投资，这种方式较普通的股权投资或债权投资更安全。

2. 委托融资租赁的方式

信托与融资租赁合作的业务模式主要由以下几种：

(1) “信租通”模式，也称作“类贷款模式”。所谓“信租通”指租赁公司与信托公司合作开展租赁业务。由信托公司发行信托计划，将资金贷给租赁公司用于购买设备，租赁给承租人使用并收取租金，以达到投资者获取稳定信托收益的目的。该模式可以有效拓宽融资租赁企业融资渠道，促进民间资本进入实体经济领域，更好促进产融结合，提高金融运行效率，因而具有广阔的发展前景。

这种模式细化而言，又有两种具体的操作方法：

一是融资租赁单一/集合信托计划。单一模式，即由商业银行发行融资租赁理财产品，将募集资金委托给信托公司，设立融资租赁单一资金信托计划，信托公司将资金贷给租赁公司用于融资租赁业务。集合模式，即信托公司发行融资租赁集合信托计划，由信托公司将资金贷给租赁公司用于融资租赁业务。

二是租赁资产收益权受让（接受）单一/集合信托计划。单一模式，即租赁公司将其某个或多个融资租赁项目未来的租金收入形成融资租赁资产收益权，由商业银行发行租赁资产收益权理财产品，募集的资金委托信托公司设立租赁资产收益权单一信托计划，以信托资金受让该租赁资产的收益权。集合模式，即租赁公司将其某个或多个融资租赁项目的租金收入形成融资租赁资产收益权，信托公司通过发行该融资租赁资产收益权受让集合信托计划，以信托资金受让该租赁资产的收益权。

租赁资产收益权受让集合信托模式加速了融资租赁公司的资金流动，在效果上等于扩大了融资租赁公司的租赁业务规模，解决了融资租赁公司发展融资租赁业务的根本困惑，为开拓新业务提供了新机遇。同时信托公司也找到了与融资租赁公司合作的新载体。

(2) 融资租赁应收账款信托模式。信托公司如果得到出租人的支持，可以采取把设备销售的应收债权贴现或折让的策略。这样一来可以减少应收账款及时收回资金。而信托公司则联手租赁公司通过提供应收账款的信托化管理服务和受让价差获取收益。在此模式下，信托公司利用租赁的平台实现信托的资产管理功能。在西方，企业的应收账款的信托化管理是企业外包账务的常见形式，也是实现企业快速发展的有效途径。

(3) 与银行合作的单一信托模式（也称为“通道模式”）。这种模式下，整个交易过程由银行方面主导，提供项目和资金来源，租赁公司也多为银行方面指定，信托扮演的角色相对被动，资金来源为商业银行发行的相关理财产品。借助商业银行客户资源和资金平台，由银行发行融资租赁理财产品，将募集资金委托给信托公司设立单一资金信托计划，用以向租赁公司发放贷款或受让租赁资产收益权。租赁公司用借款资金购买设备，租赁给承租人并收取租金，获取稳定信托收益。

(4) 租赁资产证券化模式。首先是信贷资产证券化模式，即租赁公司将资产出售信托公司，由信托公司作为受托机构，以资产支持证券的形式向投资机构发行收益证券，以该财产所产生的现金支付资产支持证券的结构性融资活动。这一模式适合金融租赁公司，但目前还未有信托公司参与发行。其次是信托型ABN（资产支持票据），即在银行间债券市场发行由信托公司担当SPV的ABN，在交易商协会注册。业内自2012年起便开始信托型ABN的准备工作，但因各种原因至今迟迟未能落地。

(5) “主动管理模式”。这是在所有的操作模式中，最能够发挥信托公司主动管理能力并实质性介入融资租赁业务的模式，即通过发行集合资金信托计划募集资金，自主管理购买标的物，租赁给承租人使用，并收取租金以兑现信托计划委托人收益。

这种模式的主要操作流程是：首先，投资人认购信托计划，成为信托资产的所有权人，信托资金则进入银行监管账户；其次，是信托公司向设备供应商购买租赁物，并作为出租人与承租人、担保人签订《融资租赁合同》；第三，承租人根据合同约定，定期足额支付租金，租期通常 1~3 年，最长一般不超过 5 年；第四，信托公司将专户内收到的租金定期向投资人分配净收益（指回收的租金扣除各种费用之后的余额）；最后，信托公司将租赁物以名义货价转让予承租方，整个交易完成。

2002 年，国内首个融资租赁信托产品——医疗设备融资租赁信托计划便由外贸信托设计成立。规模人民币 5000 万元，期限 3 年，资金用以购买通用电气（中国）有限公司的大型医疗设备，租赁给经过严格审查符合标准的医院，信托收益主要来自于租金收入和佣金收入。

随着融资租赁业的快速发展，融资租赁与信托的合作组合在实际中还会有很多模式创新出现。目前国内融资租赁公司的融资渠道较为单一，主要依靠银行贷款以及少量金融市场上的衍生产品，融资规模有限。而信托公司资金来源较为广泛，这为其开展融资租赁业务提供了有力保障。双方合作则可有效拓宽融资租赁企业融资渠道。

3. 委托租赁特征

（1）融资租赁“融资融物”特征体现的创新。信托公司依托信托制度优势与融资租赁公司进行合作，充分利用各自的平台资源优势，将会产生双赢的效果。融资租赁是融资与融物、缓解债务负担、优化财务结构和推动技术进步等多种功能的金融工具。信托是以信任委托为基础、以货币资金和实物财产的专业化的经营管理机构，融资和融物相结合的多边信用行为。信托的介入能够为融资租赁公司提供一条固定的融资渠道。融资租赁项目同步发行信托产品，不仅减少了资金占用的时间，还形成了时间短、收益快的盈利模式。对信托公司而言，随着近几年社会经济快速发展对于设备使用密集的公用事业、市政设施等项目，融资租赁会在未来带来巨大的融资机会，融资租赁信托计划为信托公司创造了一种新的盈利模式。

委托租赁的一大特点就是让没有租赁经营权的企业，可以“借权”经营。使不具备出租人资格的资历雄厚投资人，通过委托租赁，进行精准投资。这种创新就是金融传统业务信托与融资租赁的金融组合，一种创新的投融资渠道。

（2）突破限制，创新跨境租赁。委托人与受托出租人、承租人不在同一地区和国家，没有条件进行业务和亲自管理，委托人交给受托人进行跨境租赁，有利于搞活经济，加强地区间的经济技术协作，有利于吸收国内外资金，支持企业的设备更新和技术改造，是促进企业发展，支持基础设施建设和拉动社会投资的投融资渠道。

4. 委托租赁作用

(1) 委托租赁具有资产管理功能。委托人可以通过委托租赁，利用融资租赁这种交易方式，帮助企业利用闲置设备，提高设备利用率。出租人接受委托人的资金或租赁标的物，根据委托人的书面委托，向委托人指定的承租人办理融资租赁业务。

(2) 委托租赁可以实现集团公司或关联方资金注入方式的多样化。信托公司除资本金以外，还具有较广的资金来源通道，可以借助发行集合资金信托计划的方式募集社会闲散资金，也可以通过单一资金信托获得融资。信托公司通过行使信托财产管理权和处置权实现信托财产的保值增值，相对租赁公司更具有广泛的管理途径和灵活的处置方式。

金融租赁公司通常具备较强的租赁专业技能及专业人才队伍，市场定位明确、专业性强，但资金成本是融资租赁业务盈利能力的主要决定性因素。随着租赁业务规模的滚动壮大，同时也会给租赁公司带来持续融资压力，资金瓶颈是制约金融租赁公司发展的突出问题。

在这种情况下，信托和融资租赁的金融组合可以实现两种不同金融工具之间优势资源的互补，必将给企业形成一种创新的投融资渠道，解决企业发展的融资难问题。

(3) 委托租赁可以使资金使用方和资金委托方二者关系清晰，便于确定双方的权利义务。

委托租赁适用于与投资机构、优势企业进行投资合作的交易结构。当投资机构或现金流充沛的优势企业具备定向债权投资需求，或无财务公司的集团公司之间具有资金拆借需求时，租赁公司可采用委托租赁的方式与上述机构开展合作。

5. 委托租赁达成的法律条件

《金融租赁公司管理办法》第三章第一条第（三）款规定："经中国人民银行批准，金融租赁公司可接受法人机构委托租赁资金。"根据现行的监管法规，委托租赁中的委托人必须是法人，而且是获准具备经营融资租赁业务资格的法人，又必定是相关的融资租赁合同的出租人。

6. 委托租赁交易流程

(1) 签订委托合同，支付委托资金。租赁公司与委托人签订《委托租赁资金协议》，租赁公司以受托人的身份接受委托人的委托资金。

(2) 签订租赁合同，交付租赁物。租赁公司与由委托人指定的承租人签订

《委托融资租赁合同》，并向承租人交付租赁物。

（3）承租人支付租金。承租人根据《租赁合同》的约定向租赁公司支付租金，租赁公司向承租人出具租赁费发票。

（4）依据协议租金结算。租赁公司根据《资金协议》的约定从租金收入中扣除手续费及代扣代缴的相关税后，将剩余所有租金返还委托人，委托人向租赁公司出具符合税务要求的正式资金往来发票。

（5）《资金协议》及《租赁合同》执行完毕，租赁资产产权可以转移承租人，亦可以不转移承租人。

7. 委托租赁与委托贷款的区别

委托贷款是指由政府部门、企事业单位及个人等委托人提供资金，由商业银行（即受托人）根据委托人确定的贷款对象、用途、金额、期限、利率等代为发放、监督使用并协助收回的贷款。商业银行开办委托贷款业务，只收取手续费，不得承担任何形式的贷款风险。

目前，商业银行从事委托贷款业务主要依据中国人民银行在2000年发布的《关于商业银行开办委托贷款业务有关问题的通知》（银办发〔2000〕100号）的有关规定。

为规范商业银行委托贷款业务经营，加强委托贷款业务管理，促进委托贷款业务健康发展，银监会于2015年初公布了《商业银行委托贷款管理办法（征求意见稿）》。

委托租赁则是指具有从事融资租赁业务资格的公司作为出租人，根据委托人的书面委托，向委托人指定的承租人办理的融资租赁业务。在租赁期内，租赁标的物的所有权归委托人，出租人只收取手续费，不承担风险。租赁期满后，租赁标的物产权可以转移给承租人，也可以不转移给承租人。

（1）委托租赁与委托贷款相同之处：一是法律立足点相同，委托租赁和委托贷款都是基于代理关系。二是第三方的确定相同，且承租人（借款人）、租金（利率）、期限等均应由委托人确定。三是受托人责任相同，受托人只收取手续费，不承担风险。

（2）委托租赁与委托贷款不同之处：一是受托事项不同，委托租赁的受托事项是融资租赁，委托贷款的受托事项是发放贷款。二是受托人资质不同，委托租赁的受托人是从事融资租赁业务的企业，委托贷款的受托人是从事贷款业务的银行。三是委托的内容不同，委托租赁委托的是设备/租赁物，委托租赁委托的是资金。

(3) 委托租赁与委托贷款的争议之处：一是委托人是否可以将资金委托给融资租赁公司；二是委托租赁中是否可以不指名特定的第三方（承租人）。

《融资租赁企业监督管理办法》和商务部办公厅《关于加强和改善外商投资融资租赁公司审批与管理工作的通知》均明确规定，融资租赁公司不得从事吸收存款、发放贷款、受托发放贷款等活动。如果委托人将资金委托给融资租赁公司，由融资租赁公司采购设备，则设备的所有权在融资租赁公司，融资租赁公司应承担租赁物上的主要风险和报酬，这种交易结构已经偏离了代理的法律关系，更像是企业间借贷或委托贷款。因此，融资租赁公司在从事委托租赁业务时，应特别注意与企业间借贷和委托贷款划清界限。在委托租赁中，委托的应当是设备等租赁物而不是资金，承租人应当由委托人最终确定。

当然，这并不是说作为受托人的融资租赁公司不能够更多地参与交易。比如，融资租赁公司可以居间介绍承租人和供应商，甚至委托人可以委托融资租赁公司采购设备。但是，融资租赁公司参与的方式和程度，不能影响委托人的最终判断并独立承担责任。

（二）杠杆租赁

杠杆租赁是20世纪70年代在美国首先发展起来的租赁方式。杠杆租赁是一个包括承租人、设备供应商、出租人和长期贷款人的比较复杂的融资租赁形式。

1. 杠杆租赁的含义

杠杆租赁是出租人仅提供购物款中20%~40%的资金，再加上贷款人提供的60%~80%的资金，以便购买承租人所欲使用的资产，并交由承租人使用，承租人使用租赁资产后，定期支付租赁费用的交易。贷款人提供的这60%~80%的资金，则是将出租人拥有资产所有权和所有收益权按协议作抵押，由银行或银团、保险公司等金融机构以贷款提供。贷款人对出租人无追索权（即规定贷款者只能从租金和设备留置权中得到偿还，对出租人的其他资产没有追索权）。

因为，杠杆租赁中出租人既是出租人又是借资人，出租人仅出一小部分租金，以小博大，却能获得100%的购货资金，并按租赁资产价值的100%享受折旧及其他减税免税待遇，大大减少了出租人的租赁成本。这就是杠杆的效应，故被称为杠杆租赁。

由于金融机构的广泛参与，现在多适用于交易规模较大、交易时间较长的资本密集型设备租赁业务，如飞机、船舶、海上石油钻井平台、通信卫星设备和成套生产设备等，均采用此种方式，杠杆租赁推动了租赁业的快速发展。

2. 杠杆租赁的特征

（1）突出体现融资租赁的“融资”特性。杠杆租赁应用在资本密集型设备租赁业务，围绕着融资目的，杠杆租赁的做法类似银团贷款，由一家租赁公司牵头作为主干公司，为一个超大型的租赁项目融资。杠杆租赁是“融资性”特征的延伸和创新。

（2）交易由四部分参加者组成。与其他项目融资模式相比，杠杆租赁项目融资模式参与者多、管理复杂，一般由四部分参加者组成，即出租人、贷款人、供货人、承租人。

3. 杠杆租赁的业务流程

首先成立一个脱离租赁公司主体的操作机构——专为本项目成立资金管理公司垫付出项目总金额 20%~40%的资金，其余部分资金来源则主要是吸收银行和社会闲散游资，利用 100%享受低税的好处，“以小博大”的杠杆方式，为租赁项目取得巨额资金。其余做法与融资租赁基本相同，只不过合同的复杂程度因涉及面广而随之增大。具体步骤如下：

（1）未来承租人根据自己的需要确定拟委托租赁的技术、设备，向租赁机构递交以下文件，提出租赁委托。

（2）租赁机构审查上述文件，向用户提供初步租金概算，经租赁机构对项目的效益、企业还款能力和担保人担保资格等审定、批准、确认和同意后，同部立项，对外正式接受委托。

（3）与用户最后商定租赁条件，制定租金概算方案，签订租赁合同，并由经济担保人盖章确认担保。

（4）出租人向贷款方取得长期贷款，贷款金额通常超过租赁物价格的 50%，以租赁资产为抵押或以租金支付的转让为担保或两者兼而有之。

（5）出租人运用贷款和自己的资金向卖主购买所需设备，同时，供货方交货，用户验收。

（6）通知承租企业租赁合同正式起租，承租企业按起租通知规定按期支付租金。

（7）租赁期满，承租企业可对租赁设备作如下选择：以名义价购买、续租或将租赁设备退回租赁机构。

4. 杠杆租赁必须具备的条件

一是具备真实租赁的各项条件；二是出租人必须在租期开始和租赁有效期间持有至少 20%的有风险的最低投资额；三是租赁期满租赁物的残值必须相当

于原设备有效寿命的20%，或至少尚能使用一年；四是承租人行使合同规定的购买选择权时，价格不得低于这项资产当时的公平市场价格。

5. 杠杆租赁的作用

一般用于飞机、轮船、通信设备和大型成套设备的融资租赁。

(1) 解决融资难。对于基础设施建设和运营中所需的一些购置成本特别高的大型设备的融资，利用直接融资租赁的方式难以实现，杠杆融资租赁为此提供了一个较好的解决办法，采取杠杆融资租赁方式可以分散资金风险，解决融资困难。以杠杆形式为租赁项目取得资金一般用于购置成本特别高的大型设备，如飞机、轮船、隧道挖掘的专用机械设备。

(2) 具有显著的税收优势，减少租赁成本。美国等一些国家的政府规定，出租人所购用于租赁的资产，无论是靠自有资金购入的还是靠借入资金购入的，均可按资产的全部价值享受各种减税、免税待遇。因此，杠杆租赁中出租人仅出一小部分租金却能按租赁资产价值的100%享受折旧及其他减税免税待遇，这大大减少了出租人的租赁成本。

(3) 租赁物租金相对较低。在正常条件下，杠杆租赁的出租人一般愿意将享受到的各种减税、免税待遇利益以低租金的方式转让给承租人一部分，从而使杠杆租赁的租金低于一般融资租赁的租金。

(4) 资金安全性好。在杠杆租赁中，贷款参与人对出租人无追索权，因此，它较一般信贷对出租人有利。而贷款参与人的资金也能在租赁物上得到可靠保证，比一般信贷安全。

目前，中国租赁市场还不是很发达，实践中，杠杆租赁的作用还没有充分展现出来。

（三）单一项目融资租赁

单一项目融资租赁是国际融资租赁业的一项重要业务，在中国，自2010年1月银监会下发《关于金融租赁公司开展融资租赁业务的通知》以来，SPV租赁、单机、单船租赁这样一些新名词引起社会广泛关注。

1. 单一项目融资租赁含义

(1) SPV的定义。SPV (Special Purpose Vehicle)，指的是特殊目的载体或特殊目的机构。SPV的原始概念来自风险隔离设计，它的设计主要为了达到“风险隔离”的目的。一般来说，SPV没有注册资本的要求，一般也没有固定的员工或者办公场所，SPV的所有职能都预先安排外派给其他专业机构。SPV必须保证独立和破产隔离。SPV的资产和负债基本完全相等，其剩余价值基本可以不计。SPV 可以是一个法人实体。SPV 可以是一个空壳公司。SPV 同时也可以是拥有国家信用的中介。

（2）SPV 租赁业务。SPV 租赁也称为单一项目融资租赁，是指融资租赁公司依据国家有关法律法规在境内保税地区为从事融资租赁业务并实现风险隔离功能所专门设立的租赁项目子公司。在国际上，这种业务叫作 SPV 租赁，即通过设立特定租赁公司对特定租赁物进行租赁运营的融资租赁行为。融资租赁公司通过设立 SPV，将单架飞机、单艘船舶等作为租赁标的物，出租给承租人营运，是目前国际航空、航运租赁业的普遍做法，已经成为国际通行的行业惯例，是一种风险隔离的有效措施，提高了融资租赁公司的生存及竞争能力。

由于单一项目融资租赁采取的方式是，一架飞机或一艘船即可注册一个公司，承租人与出租人一对一地开展业务，因此人们就习惯地将这种业务称之为“单机租赁”或“单船租赁”。其实这样叫是不准确的，这里所说的“单机”或“单船”，并不见得就是指单架飞机或一艘船舶，而应是一单业务。这单业务可以是一架飞机、一艘轮船、一台设备，也可是 1 架飞机、2 艘轮船、3 辆汽车或 5 台机床。因此，将单机单船租赁称为单一项目融资租赁较为确切。

按照以上理解，我国当前所说的“SPV 租赁”或单机、单船租赁，是指我国银行系的金融租赁公司，按照《中国银监会关于金融租赁公司在境内保税地区设立项目公司开展融资租赁业务有关问题的通知》的相关规定，通过在我国境内保税地区设立专门项目公司方式所开展的融资租赁业务。当前所说的项目公司，也就是指融资租赁公司依据国家有关法律法规在境内保税地区为从事融资租赁业务所专门设立的租赁项目子公司。

2. 单一项目融资租赁（SPV）方式起源

SPV 租赁方式起源于爱尔兰和开曼群岛。爱尔兰是个人口只有 400 万的小国，在那里租赁飞机，只缴纳 12.5%的税费，爱尔兰正是通过较低的赋税水平和综合配套的金融服务，推进了航空租赁业的发展，使其从 20 世纪 60 年代一个落后的农业国一举成为世界排名第六的金融强国。

在开曼群岛，单一项目融资租赁业务十分发达，在那里租赁飞机，税收基本为零，从而形成了一个独具特色的航空租赁业。两个地区利用其自由港的税收政策和地理优势，开展航空租赁业务取得的巨大成功。其所采取的方式是：一架飞机注册一个公司，承租人与出租人一对一地开展业务，因此人们就习惯地将这种 业务称之为“单机 SPV 租赁”。

3. 单一项目融资租赁的交易功能

和一般的融资租赁模式相比，单一项目融资租赁模式具有自己的明显优势。

(1) 隔离风险。SPV的原始概念来自风险隔离设计，它的设计主要目的是为了达到“风险隔离”。单一项目租赁模式也是一种风险隔离的设计模式。融资租赁公司通过设立单一项目公司，将单架飞机、单艘船舶等作为租赁标的物出租给承租人营运，每一个项目公司只对应一笔租赁合同，实行单独管理、单独核算，形成了项目的封闭运作。一旦项目出现风险，单项子公司即与母公司实现“破产隔离”，可以有效地防范风险蔓延影响到母公司，有利于贷款银行控制项目风险，提高融资租赁公司的生存及竞争能力。

例如，某融资租赁公司出去的船舶在美国漏油了，根据美国环保规范，必然先冻结公司全部资产，待环保评估完成后对责任方进行天价罚款。那么，如果是SPV租赁，资产冻结会被严格隔离在出事船舶本身，如果非SPV租赁，而是直接母公司持有船舶，冻结的将会是公司全部海外资产。按美国的效率，调查一般得花上几年时间。这种情况下，即使租赁公司按合同关系不应对运营承担任何责任，但因客户原因造成租赁公司大量资产无法运营生息，结果公司没等到结果就可能被直接拖垮了。

(2) 减轻税负。由于SPV租赁公司大多是设立在自由港或保税区域的免税特殊公司，持有当地的免税证明或设立在低税率地的壳公司，出租人不承担或少承担当地的相关税费或优惠的税收政策，将有利于出租人实现项目收益最大化。

以飞机为例，如果国内融资租赁公司从国外购买飞机租给国内的航空公司，要缴纳总计高达22.85%的进口税费，融资租赁公司只能将这些税费作为购置成本均摊进租金，使国内融资租赁公司的报价高出国外租赁公司约10%~20%。而在国内保税地区用设立项目公司的方式进行飞机租赁，项目公司则免交关税和增值税，航空公司用报关方式缴纳的关税和增值税可分期缴纳，并可申请优惠税率，此外不需要再向注册地政府缴纳其他税收，租金报价中仅包含融资成本。这样，国内租赁公司与国外租赁公司基本上就可在同一水平上进行市场竞争。

由于出租人的成本降低，相应地也减少了承租人航空公司的成本支出。承租人以融资租赁方式引进飞机或船舶，承担的关税和进口环节增值税等可分期缴纳，降低承租人一次性的大额资金需求，而按一般贸易方式引进时需一次性缴纳关税和进口环节增值税。

总之，这种模式对承租方、出租方和生产制造商三方来说都很有利，可以达到清晰明了、合作共赢的效果。

4. 我国发展单一项目租赁交易的动因

我国发展单一项目租赁业务是经济深入发展的必然结果，也是融资租赁业发展的必然需求。

（1）接受国际通行做法。一直以来，国际上机船融资通常采取设立单机单船壳公司（SPV）的办法。融资租赁公司通过设立SPV，将单架飞机、单艘船舶等作为租赁标的物，进行项目融资，出租给承租人营运。这是国际市场通用做法，也是目前国际航空、航运租赁业的普遍做法，已经成为国际通行的行业惯例。我国经济走向世界，单一项目租赁业务也必然是国内航空、航运公司均普遍要接受的行业惯例。

（2）有助于增加国家和地方的税收收入。过去，我国境内许多航空公司的飞机和一些航运公司的船舶，大都是通过这种方式在国外引进的。据统计，早在2009年3月，我国境内航空公司通过国外租赁公司获得租赁融资飞机的总架数为762架，约占国内在役机队总数的50%，超过飞机租赁份额的70%。这些业务主要是境外专业航空租赁公司垄断经营。现国内租赁公司直接开展这一业务，尽管减轻了税负，但还是要缴纳营业税和所得税的。这样，就等于拓展了国家和保税地区的一个重要税收来源。

（3）有助于推动航空、船舶、装备制造业的发展。这种方式不仅可以为国内企业提供方便和优惠，还可以这种方式吸引国外客商到中国来采购飞机、船舶和所需机械装备，再配以相关政策，能直接推动国内飞机、船舶和大型装备制造业的内销和出口。

（4）有助于吸揽国外和民间资本。单项公司所使用的租赁资金，可以是融资租赁公司的自有资金，可以是银行贷款，也可以是国内外的社会资金。方法是将项目合同所需资金分成若干股，由国内外资金持有者认购，租赁专家用类似基金的方式进行管理和运营。根据约定，承租人缴纳租金后，投资者即可按照所占的股份进行本息的陆续回收。当前国内外社会资金很多，初步测算，租赁公司运用这一办法吸取的资金成本要比银行资金低1个百分点左右。

（5）有助于保税区功能的延伸。国外许多成功的保税地区，一个很重要经验就是实现税收优势与金融优势的有机结合。SPV租赁模式就是保税地区税收优势与金融优势结合的具体体现，是保税功能的有效延伸。我国所有保税区、保税港区，尤其是综合保税区，都应认真研究和积极探讨这种业务模式。

5. 我国单一项目融资租赁交易的运行

我国开展单一项目融资租赁业务，有相应的业务运行规定，而且必须要获得批准。

（1）业务准入地区。根据银监会的规定，中国只有内陆保税地区可以开展单一项目融资租赁业务。内陆保税地区是指经国务院批准设立，实行封关管理，货物出区进入国内销售按货物出口的有关规定办理报关手续，并按货物实际状态征税，货物出港视同出口，实行退税的特殊海关监管地区。截至2013年底，中国大陆共有48家保税地区，其中，保税区16个，保税港区14个，综合保税区18个。按规定，这些保税地区均可获准开展单一项目融资租赁业务。

（2）企业准入条件。按银监会的规定，金融租赁公司要想在境内保税区以项目租赁形式开展融资租赁业务，必须先向银监会提出申请，只有具备以下条件的公司才有可能获批。这些条件是：

——公司的资本充足率不低于8%；

——提足各项风险准备金后的净资产不低于10亿元人民币；

——具备健全的公司治理、内控制度和风险管理制度，且执行良好；

——具备开办业务所需要的相关经验的专业人员、会计核算系统和信息管理系统；

——制定了开办业务所需要的业务流程、风险管理、内控制度和会计核算制度，并经董事会批准；

——最近三年内无重大违法违规经营记录；

——银监会规定的其他审慎性条件。

此外，银监会还有一条必须遵守的硬规定，金融租赁公司在获准开展项目租赁业务后，公司设立的所有项目公司的资本金之和不能超过其公司净资产（合并报表口径）的50%。

（3）业务申报文本。金融租赁公司申请在境内保税地区设立项目公司开展融资租赁业务资格，应向中国银监会报送以下材料（一式三份）：

——在境内保税地区设立项目公司开展融资租赁业务的申请书；

——在境内保税地区设立项目公司开展融资租赁业务可行性分析报告；

——设立项目公司开展融资租赁的业务管理制度，必须包括对业务操作流程、风险管理、内部控制、会计核算、信息披露等内容的相关规定；

——经办业务的有关人员名单、拟承担工作职责及简历；

——租赁公司最近两年的年度审计报告；

——公司董事会同意在境内保税地区设立项目公司开展融资租赁业务的决议；

——公司对提交材料真实性及依法合规开展业务的承诺书；

——银监会要求提交的其他文件和资料。

银监会规定，金融租赁公司申请在境内保税地区设立项目公司开展融资租赁业务资格的审批程序按照《非银行金融机构行政许可事项实施办法》中申请开办新业务的有关规定执行。

天津东疆保税港区是国内最早探索SPV租赁业的保税港区，该区以其高效便捷的服务，吸引了工银、民生等多家融资租赁项目公司落户。区管委会搭建的服务平台，全程代办项目公司事宜，3天之内即可帮助其拿到营业执照。区外管局、海关、检验检疫、边检等部门进行了全力配合。

6. 单一项目融资租赁交易风险防范

单一项目融资租赁虽然具有风险隔离的功能，但就单一项目公司本身而言，也和其他融资租赁业务一样，具有相当的业务风险，如：信用风险、市场风险、操作风险、策略风险、流动性风险等。

因此，单一项目融资租赁的风险防范，也是业务健康发展的必要手段。按照目前银监会的规定，单一项目融资租赁的风险防范措施主要有：

(1) 坚持每个项目公司对应一笔租赁合同，每个项目公司实行单独管理，单独核算。项目公司存续期间的各项收入和成本、开支应遵循租赁项目相关的合同约定。

(2) 母公司应定期检查项目公司的经营情况，对项目公司项下设备资产的运营情况实施有效的风险监控。

(3) 项目公司的会计核算应遵守《企业会计准则》的相关规定。

(4) 项目公司应在公司年度财务会计报告附注中单独说明在境内保税地区设立项目公司有关情况，并由外部审计事务所对金融租赁公司在境内保税地区设立项目公司开展融资租赁业务出具专项审计意见。

(5) 母公司应将项目公司业务纳入管理部门监管报表的统计范围，并根据要求填报与项目公司相关的专项报表。

(6) 母公司要按期以专项报告形式向监管部门报送设立项目公司开展融资租赁业务的相关情况，包括报告期内新设、存续和关闭项目公司情况；租赁资产类型和规模；财务状况和经营成果；经营环境和风险分析；运行管理和风险控制措施。

(7) 项目公司履行租赁合同完毕或发生重大事项，包括股权转让、资产出售、标的物损毁、灭失等重大损失及发生诉讼情况，母公司应在10个工作日内向主管部门报告。

(8) 项目公司项下与租赁业务有关的合同履行完毕后，母公司应及时解散项目公司，并负责组织清算组进行清算。

(9) 母公司设立的所有项目公司的资本金之和不能超过其公司净资产（合并报表口径）的50%。

四、跨越国界的融资租赁创新交易形式

进入21世纪，许多境外企业，特别是港台以及东南亚国家把制造业都迁移到大陆境内。由于大陆的租赁行业并不发达，企业特别希望在中国境内能得到（原迁地）境外租赁公司的服务。因此跨境租赁的法律问题和实际操作问题引起了境外租赁公司的广泛关注。同时中国的企业也逐步走向世界，当企业走出国门时，也希望有国内的租赁公司能扶持他们一把。因此怎样开展跨境租赁业务也就成为融资租赁业发展的一个亟待需要解决的热点问题，我国跨境租赁应运而生。

（一）跨境租赁含义与特征

1. 跨境租赁含义

跨境融资租赁是融资租赁的一种形式，指的是一国与别国之间进行的融资租赁交易活动，我们把这个统称为跨境租赁。也就是说，凡是融资租赁交易三方（出租人、承租人、供货人）中的一方或一方以上的当事人在境外的融资租赁交易活动，就是跨境融资租赁。

例如，境内C企业一直是D银行的重点客户。因其在境外设立新的制造基地，出现设备购置资金缺口5亿元。因企业制造基地在境外独立核算，D银行无法提供直接融资。D银行遂向某具备境外融资资质的金融租赁公司做介绍，由其向C企业制造基地发放融资租赁款3亿元。该金融租赁公司再申请贷款2.5亿元，D银行经审查后予以发放。通过跨境租赁方式，突破了国界的地域限制。

就我国而言，跨境租赁通常是指出租人在国外，承租人在国内（进口租赁），或者是出租人在国内，承租人在国外（出口租赁）的融资租赁业务。我国在还没有引进融资租赁时，跨境融资租赁就在中国开始了。最早的跨境融资租赁是民用飞机，出租人是国外的大型租赁公司，租赁物是飞机。直到现在还有

90%以上的大型民用飞机是通过跨境租赁引进的。

跨境租赁的法律依据是《国际租赁公约》。订立该公约的目的是：本公约各当事国，认识到在保持国际融资租赁交易各方的公正平衡的同时，消除对设备国际融资租赁的某些法律障碍的重要性，意识到使国际融资租赁得以更多地使用的需要，意识到管辖着传统的租借合同的那些法规需要适应于融资租赁交易所造成的特有的三边关系这一事实，因而认识到有必要制定出某些主要与国际融资租赁的民法和商法方面有关的统一规则。尽管这个公约才有七国签字，批准后才能生效；尽管租赁最发达、跨境租赁做得最多的美国没有签字；尽管中国是签字国但没有经过人大批准，这个公约还是常被中国制定政策的部门参考和引用。

当前，随着保税区特别是自贸区的建立，跨境融资租赁业务也呈现大幅增长之势。因此,跨境融资租赁的定义概念外延扩展至只要融资租赁交易结构中的三方有任一方或一方以上在境外，即可划入跨境融资租赁的范畴。同时，融资租赁资金如果从境外来即具有涉外性，也同样可归于跨境融资租赁。

2. 跨境租赁的特征

（1）业务范围跨国界。相较于国内融资租赁，跨境融资租赁最大的特点是具有涉外性，即每一笔跨境融资租赁业务中，均含有涉外因素。即融资租赁交易结构中的三方有任一方或一方以上在境外。

（2）租赁期限长。租赁期限较长，一般接近租赁物的寿命，且租赁期满后，承租人可以选择将租赁物退回出租人或者按残值购买。

（3）租赁物价值高。跨境租赁多用于飞机、轮船，还有一些附加价值高的高科技的产品。从中国经济发展角度来讲，国内对高新技术必将会有更新的进口的需求。国内的产品追上国际水平以后，也必将会有很多高端产品的出口，在进口和出口的需求当中会有许多将采用跨境租赁的方式。

（二）跨境租赁的功能作用

跨境租赁在各国的经济活动中占有越来越重要的地位，在微观和宏观两个方面都起着作用。

1. 跨境租赁微观作用

（1）对出租人的优越性

——扩大设备销路的新途径。机器设备只有尽快销售出去，才能收回资金，促进生产的进一步发展。如果需要设备的用户，缺乏资金又不易获得银行贷款，难于一次付清货款时，就难以达成交易。采用租赁贸易的方式，以租金的形式回收资金，是商品拥有者扩大商品销路的一条新途径。出租者承接租赁业务，起着促进达成交易的作用，并能从中获得一定的利益。

——能获得较高的收益。出租者在设备出租期间所获得租赁费的总和，一般都比出售该设备的价格要高。而设备的所有权仍属于出租者，使其收益更安全可靠。

——能得到缴纳税金的优惠待遇，可以享受税负和加速折旧的优惠。采用融资租赁形式出租的设备，国家一般均不将其作为该企业的资产处理，因此能在本国获得减免税的待遇。

(2) 对承租人的优越性

——能充分利用外资。当国内生产企业急需引进国外先进设备，又缺乏外汇资金时，跨境租赁是利用外资的有效途径。因为国际信贷购买设备，仍需自筹部分资金，并预付 15%的合同价款。而用租赁方式引进，生产企业可先不付现汇资金即可使用设备，留待以后分期支付租金给国外出资者，使企业资金周转不会遇到困难，从而达到提高产品质量，增加产量和扩大出口的目的。

——能争取引进时间。国内生产企业如果向银行申请贷款和外汇，再委托进口公司购买所需设备，一般来说，时间是相当长的。而使用融资租赁的形式，通过信托公司办理，可使融资与引进同步进行，既减少了环节，又缩短了时间，使进口货物很快落实，从而达到加快引进的目的。

——有利于企业的技术改造。企业采用租赁方式，能经常替换残旧和过时的设备，使设备保持高效率及其先进性，使企业产品更具有竞争力。尤其是经济寿命较短或技术密集型的设备，用经营租赁方式引进最新设备，出资者负责维修，更能使企业的技术改造有所保证。

——不受国际通货膨胀的影响。租赁合同经双方认可，根据租赁时设备的售价初银行利息而确定的金额，在写成正式书面合同文件后，就固定了下来。因此，在整个租期内，合同条款不会变动，即使遇到通货膨胀或国际贷款利率上浮等情况发生，也不能改变合同中已订的价款、利率和租金。

——能减少盲目引进的损失。购买引进设备，一旦发现其产品不符合国内外市场的形势和要求，要想很快脱手是相当困难的。若压价出售，会使企业蒙受不必要的经济损失；暂时闲置不用，又会使企业背上沉重的包袱，占用资金；勉强维持生产，而产品又销售不出去，则会造成更大的损失。而采用经营租赁方式，承租人可按自身需要选择生产厂商和所需设备。承租人只需和租赁公司达成协议，资金和采购设备均由租赁公司负责，这样使承租人企业损失降低到最小程度。

——增强流动资金。对承租人而言，租赁设备不作为企业的负债记录，不影响企业的举债能力，可以增强流动资金的周转能力，改善企业的资产质量。

——承租人支付的租金可列入生产或经营成本，承租人还可以分享租赁公司所享受的减免税优惠、降低了企业应税收入的数额。

2. 跨境租赁的宏观作用

相较于其他金融工具，融资租赁凭借自身集生产、投资、贸易、租借、服务等多种功能于一体的复合特征，一向被认为是与实体经济联系最为紧密的金融工具。其能够有效连同工业、商业与金融业，具有盘活存量、增量表外融资、期限收支匹配、租金支付灵活、跨境配置资源等独特的市场功能。

基于跨境租赁当事人不在同一国内，因此进行跨境租赁业务对一个国家经济发展就具有相应独特的作用，主要是：

（1）促进引进国外先进技术设备，改善产业结构。融资租赁公司开展业务必须结合合适的租赁物，这一特点有效地将融资租赁的业务范围限制在了实体经济范围内，也因此使得融资租赁开展业务，具有实体经济属性的限制。因此，在进行跨境租赁业务时，即使外资租赁公司借外债，最终也都会通过购买租赁物而进入实体经济，不会变成“热钱”。

李克强总理2015年年底视察工银金融租赁时指出，要大力支持融资租赁行业发展，并专门提到要拓宽国际化业务。2015年8月31日，国务院办公厅下发了68号文《国务院办公厅关于加快融资租赁业发展的指导意见》。文件明确指出：支持通过融资租赁方式引进国外先进设备，扩大高端设备进口，提升国内技术装备水平。

众所周知，中国高端制造业中的精密设备，如高精度机床、关键仪器设备等主要靠进口，而进口这些技术设备代价极其昂贵，收益则是细水长流。因此，中国的制造业承受的资金链压力无疑是巨大的。相较而言，银行不太愿意向这类“重资产”企业提供贷款，若是民营企业就更难了。在这种现实情况下，跨境租赁业务无疑是最佳辅助工具。通过融资租赁方式租用机器设备，可大大缓解企业的资金链压力。

（2）促进商品销售。融资租赁的业务特性是“融资”加“融物”。在“融物”方面，体现在“物”的生产、制造、使用、处置的各个环节中，围绕“物”来获得保障和风险控制。从商品贸易角度看，通过跨境租赁，既可以解决产品滞销问题，又可满足国内外用户对设备的需求。特别在当前国内经济下行、供给侧改革势在必行的时候，融资租赁可以在去产能、去库存、去杠杆、降成本、补短板五大方面发挥效用。当前，国家在政策上对融资租赁一再给予肯定和支持，也是对其服务实体经济功能的重视。当前国家经济政策倡导“去产能，去库存”，通过跨境租赁让国内的优质过剩产能和库存“走出去”，是一条重要的道路。

2015 年 8 月 31 日，国务院办公厅下发了 68 号文《国务院办公厅关于加快融资租赁业发展的指导意见》。文件明确指出：鼓励工程机械、铁路、电力、民用飞机、船舶、海洋工程装备及其他大型成套设备制造企业采用融资租赁方式开拓国际市场，发展跨境租赁。引导融资租赁公司加强与海外施工企业合作，开展施工设备的海外租赁业务，积极参与重大跨国基础设施项目建设。鼓励境外工程承包企业通过融资租赁优化资金、设备等资源配置，创新工程设备利用方式。探索在援外工程建设中引入工程设备融资租赁模式。鼓励融资租赁公司“走出去”发展，积极拓展海外租赁市场。

例如，中联重科工程机械跨境租赁。进入 21 世纪,中国工程机械的产量和销量先后超过美国、德国和日本，均占到世界的 30%以上。融资租赁成了中国工程机械占领国际市场的一个重要通道。在这一方面，中联重科走在各生产厂家的前面，到 2013 年，中联重科工程机械境外融资租赁业务量已经占到 40%。

(3) 促进国际资金融通。从金融角度看，通过跨境租赁的方式进行国际投资，比单纯的国际信贷安全可靠，成为国际间直接投资的一种特殊形式。符合资质要求的外商融资租赁公司是境内企业跨境融资的良好载体。融资租赁公司开展业务必须有合适的租赁物。这对有能力借外债的外资租赁公司来说，这一规定有效地将外资租赁的业务范围限制在了实体经济范围内。因此，即使外资租赁公司借外债，最终也都会通过购买租赁物而进入实体经济。同时，融资租赁行业经过多年发展，已经形成比较规范的管理体系，在资本金管理、风险资产管理、财务税务制度、法律制度、融资租赁登记系统建设等方面，已经形成了较为规范的监管体系，作为企业引进外债的载体，有利于监管当局管理。

另外，境内企业通过租赁方式境外融资，也有利于有序引导境外中长期资金支持国内实体经济发展，有利于缓解境内企业融资难题，降低企业融资成本；有利于抑制“热钱”无序流动，保持国际收支稳定；有利于打破金融垄断，实现利率市场化；有利于提高人民币的国际地位，推动人民币的国际化进程；符合市场经济的发展方向，也符合目前经济的发展需求。

通过跨境租赁海外融资已经不是秘密。很多公司都在通过外资融资租赁公司的海外借款10倍杠杆来实现盘活存量资产，优化公司债务结构，采用售后回租获取跨境资金。

（4）促进企业国际化发展，开拓国际市场。随着我国改革的不断扩大、国际发展空间拓展。国务院提出要引导融资租赁公司加强与海外施工企业合作，开展施工设备的海外租赁业务，积极参与重大跨国基础设施项目建设。鼓励境外工程承包企业通过融资租赁优化资金、设备等资源配置，创新工程设备利用方式。探索在援外工程建设中引入工程设备融资租赁模式。鼓励融资租赁公司"走出去"发展，积极拓展海外租赁市场。支持有实力的融资租赁公司开展跨境兼并，培育跨国融资租赁企业集团，充分发挥融资租赁对我国企业开拓国际市场的支持和带动作用。

（5）跨境租赁促进"一带一路"建设。过去几年，跨境租赁在飞机、船舶、大型设备等等领域，成功地开展了一批具有良好示范作用和市场影响力的业务合作，都得到了有关国家的高度的认可。随着世界经济的发展，我国"一带一路"经济发展战略的提出和实施。"一带一路"的经济走廊沿途的国家也正在谋划海陆空三位一体的交通网络，并不断地加强基础设施建设，资源能源，生产贸易等相关领域的投资力度，这些也必将成为跨境租赁业务关注和积极投入的主要领域。

目前，金砖国家开发银行，应急储备基金，亚洲基础设施投资银行等专业的机构相继的成立了，这将在国家层面为金砖国家和"一带一路"沿途国家的基础设施建设，及其互联互通等等提供资金的支持和政策的保障。但是，这些还远远不能满足市场对资金的全部需求，还将需要其他的金融机构，乃至社会的资本共同参与。这将使得跨国的金融合作更加规范，复杂的项目风险更加可控，经济支持的力度更加全面和有效。

未来跨境租赁无疑将一如既往地作为重要手段，在"一带一路"战略实施过程中满足资金需求和提供业务机会，支持"一带一路"沿途国家的基础设施建设以及互联互通，促进中国跟相关的国家在能源电力、资源投资、生产贸易等方面的合作。

（三）跨境租赁交易的主要形式

依据融资租赁的构成要素，跨境租赁业务的主要形式尽管有直接租赁、售后回租、转租赁、委托租赁、杠杆租赁、联合租赁等，但依据跨境租赁的目的划分，跨境租赁业务方式可分为：

1. 跨境进口租赁

跨境进口租赁主要表现为国内产品、产能供应不够，临时从境外租赁设备境内或跨国使用；或者有些不允许进口的设备，通过租赁方式进口使用。租赁方式主要采用进口转租赁形式进行。

进口转租赁是指国内租赁公司按国内承租人所提交的设备订单，先以承租人的身份，从国外租赁公司租入设备，然后再以出租人的身份将所租设备转租给国内的最终承租人的一种租赁形式。

2. 跨境出口租赁

跨境出口租赁亦即出口租赁，是指国内租赁公司根据国外承租人的要求，从国内设备制造厂订购设备，然后将设备租赁给国外的承租人的一种租赁方式。主要表现通过跨境工程，用租赁方式将国内设备带到境外；或通过出口租赁将销售市场推到境外；或者为了防止知识产权流失，通过湿租方式将设备租到境外。在这种租赁方式下，我国租赁公司为保证按期收回租金，要求有一家银行对承租人提供担保，并由另一家银行进行保兑，国内租赁公司既是设备出租人，又是设备出口人。

出口租赁和进口租赁实际是一项跨国租赁的两个侧面，根据租赁设备的流向而划分。一项跨国租赁，对于租入设备的承租人而言，为进口租赁，对于设备租出的出租人而言，为出口租赁。对出租人的作用是可避开巨额关税。

（四）办理跨境租赁交易应注意的问题

一项跨境租赁业务，由于当事人属于不同国家，而且租赁物件也要从一个国家运到另一个国家，涉及的当事人多而且复杂，还常常面临交易货币的汇率风险。因而，承租人在办理国际租赁业务时应注意以下几点：

1. 关注资信问题

选择资信好、商誉卓著、业务成绩大的国外租赁公司。国内承租人应事先通过多种对外渠道和窗口（例如国内租赁机构或对外经济合作公司等）进行咨询，选择诚实的出租人，避免国外一些租赁公司利用我国企业贸易经验不足和政策上的疏漏牟取不义之利。

2. 注意各国法律规定

必须了解出租人所在国家的法律和税收制度，以便选择合适的商法作为鉴定和阐释国际租赁合同的依据，防止因法律选用不当而使国内承租人处于被动地位。

3. 规避汇率风险

在现行浮动汇率制度下，合同应加列处理汇价风险问题的条款。在交易币种的选择上，进口或支付租金时应争取选用汇价趋于下浮的软币，产品出口则应争取选用汇价趋于上浮的硬币。

4. 防止国外出租人乱收费

要防止国外出租人乱收费用。一般而言，承租人除了支付租金以外，不承担其他任何费用。所以诸如承担费、代理费、杂费及管理费等各种在银团贷款中方会出现的费用，承租人应予拒绝。此外，倘若国外出租人在收取租金之外，另要单独收取手续费时，必须在确认原租金不包括此项费用的条件下，方能同意支付。

5. 把好技术关

在技术把关上，国内承租人务必了解国内外有关行业的技术进展概况，进行必要的预测，以防止租赁物件由于无形损耗在租赁期内就丧失使用价值的风险。

6. 重合同、守信用

重合同、守信用、严格履行义务。像其他合同一样，国际租赁合同一经签订，就具有法律效力，因而承租人不得无故不履行合同规定的各项义务。但如发现合同不合理，则可根据国际惯例，及时提出重新谈判，进行修改或更正。

7. 关于税务处理问题

跨境租赁具有跨国性，很可能成为两国税制的调整对象，而各国税务当局对一项租赁贸易的认识和判断基准并非完全相同。因此，出租人应事先全面调查对方国家的预提税及相关规定，避免因跨国税务处理而遭受损失。

8. 外汇管制问题

跨境租赁因为涉及外汇和资金的进出境，因此不仅需要符合海关的政策，还要符合国家外汇管理局的政策以及涉外税收政策。尤其是中国的租赁进口贸易，涉及外汇资金的流出境与外债指标，没有外管局的批准，外汇租金是不可以汇到境外的。

第三节　融资租赁业务流程

融资租赁业是知识密集型和资金密集型产业。融资租赁公司主要掌握所有权和使用权分离的技术和资源，从而为出资人、供货商、生产企业提供租赁融资和租赁销售服务。融资租赁公司的技术含量主要体现在企业管理、风险控制体系和业务操作流程，这些是租赁公司的生命之源，服务之本。他们是三位一体，是不可分割的组成部分。业务操作流程离不开风险控制，风险控制的执行又离不开企业管理。

融资租赁不仅需要业务流程，还需要内外接口和支撑文件。在上述条件都具备的情况下，细节决定成败。提倡租赁创新，但一般不同意操作人员对业务操作程序进行创新和修改。业务流程就是企业规章制度，操作人员如果不明白为什么要这样设计程序，但必须严格按照程序的要求规范操作。随意改变哪怕是微小的程序，有可能带来严重的后果。

我国融资租赁操作程序有四个阶段：信息沟通、项目策划、项目运作和项目后管理。具体操作程序如下：

一、选择租赁公司和设备供货商

信息对称才能带来买卖公平，但在实际环境下信息完全对称不存在。信息对称的最大化要依靠沟通。

在确定采用融资租赁方式取得设备使用权的前提下，承租企业首先应认真选择租赁公司，了解租赁公司的以往业绩、融资条件、租赁费用等，并加以比较，选择适合自己的租赁公司。同时承租人为了达到最有效的融资目的，选择最佳供货人和最适合的设备，这是融资租赁操作程序关键的一步。选择最佳供货人和最适合的设备，承租人有能力自行选择的，可自行选择；如果承租人没有能力或能力不足以胜任，可以委托租赁机构代理选择，承租人应主要说明需要租入资产的名称、性能、数量、规格、生产厂商、交货地点等。租赁机构代理选择结果被承租人认可生效。

二、出租人对承租人的信用状况审查

在开展融资租赁以前，有两个基本条件必须得到满足：一是出租人对承租人的信用状况（包括承租人企业的产业特点、经营状况、财务报表、现金流量、项目情况、偿还能力、担保等）经审查后认可，并同意与其开展该项目的融资租赁交易；二是承租人必须对融资租赁的特点和实际运作有基本认识和一定的了解，出租人和承租人双方能配合在一起开展工作。

三、租赁公司租赁项目的审查

承租人在与供货商和租赁公司初步协商的基础上，应向租赁公司提出书面申请，并填写“设备租赁申请书”。租赁公司收到申请后，应向企业介绍有关手续的办理程序、租金的计算方式、租金的支付期间与支付方式等。

租赁双方达成初步意向后，能否向企业提供租赁服务，需由租赁公司对租赁项目进行审查，以确保出租方的利益。审查的内容包括：租赁项目的可行性、企业的资信与能力、租赁设备的先进性等。

四、签署购货合同与租赁合同

首先签订购货合同。购货合同应由承租人、出租人和供货商三者参加签订。在委托租赁的情况下，由租赁公司向供货商订购，并签订订货合同，同时由承租人副签。

二是签订租赁合同。经过承租企业与租赁公司实质性谈判，若双方达成共识，则签订租赁合同。承租人与出租人签订的租赁合同是重要的法律文件，双方应对租赁合同的具体内容平等协商达成统一，租赁合同应重点协商租金、租金支付的方式、手续费率、租期、利息率等双方的权利、义务。

五、设备的交接及货款支付

供货商应根据合同规定的日期将设备直接交给承租企业，企业负责验货、办理交接手续。租赁公司根据此情况向供货商支付设备价款。

六、支付租金

承租企业按合同规定的租金数额、支付方式等，向租赁公司支付租金。租金根据租赁对象的不同以及双方承担的义务和费用情况来确定。

七、维修保养

设备供货商按购买合同规定，维修保养租赁设备。

八、租赁期满租赁资产的处置

融资租赁合同期满时，承租企业应按租赁合同的规定，实行退租、续租或留购。租赁期满的设备通常都以低价卖给承租企业或无偿赠送给承租企业。

（一）退租

融资租赁合同期满，承租人按租赁合同约定的要求将租赁物退还给出租人，由出租人自行处理出租物，由于租赁物在出租期满内一般均已达到使用期限，出租人收回后难以再租或转让，所以，对租赁物期限届满后的处理，一般不采用这种方式。

（二）续租

在融资租赁合同期间届满前的合理时间内，承租人应通知出租人，就租赁物的继续租用进行协商，确定续租期限、租金等内容，在融资租赁合同期间届满时签订续租合同。

（三）留购

承租人支付名义货价后获得出租物的所有权，承租人获得租赁物的所有权，进行固定资产投资，这种方法对出租人、承租人均有利，所以，融资租赁合同期间届满后，对租赁物的处理一般多采用这种方式。

第九章　融资租赁的风险管理

融资租赁从理论上讲，就是一种价值单向转移的信用形式，这样的价值运动形式就使得交易当事人处于一个不对等的关系中。转移价值一方在让渡资金使用权时，什么也没得到，只得到一纸承诺，即按约定时间支付租金。但信用的过程中却充满了各种不确定因素，一纸承诺可能就得不到实现，造成转移价值一方招致损失，这就是风险。融资租赁业务的融资融物，收取租金作为对价的运作方式，就决定融资租赁是个风险行业，这已经是不争的事实。如何将风险控制在可以承受的范围之内，形成一个相互衔接的风险管理体系，就成为融资租赁发展的一个重要课题。

第一节　融资租赁的风险及特点

融资租赁业务过程复杂，具体涉及业务洽谈、项目评审、项目决策、业务运作、项目管理等多个环节，各个阶段间存在着紧密的逻辑关系。融资租赁的风险来源于许多不确定因素，是多方面相互关联产生的。融资租赁公司只有对风险有充分的预见，并能够予以有效防范，才能立于不败之地。

一、融资租赁风险的种类

从国内外已有经验看，融资租赁业务面临以下几类主要风险：

（一）信用风险

信用风险，即是交易对手违约导致的未来收益的不确定性。信用风险是各种风险种类中的首要风险，是各种风险爆发带来损失的基础因素。由于融资租赁具有金融信用属性，因此更应关注和防范融资租赁信用行为带来的信用风险，信用风险贯穿整个业务活动中。融资租赁的信用风险主要是指承租人及其他合同当事人未能及时足额支付租金或履行其义务，导致出租人受到损失。

一是承租人违约风险。融资租赁交易中，承租人自己选择供应商和租赁物，从供应商处直接取得租赁物，并通过租赁期间内占有和使用租赁物实现自己追求的经济利益。在租赁期间出租人将租赁物转移给承租人占有、使用并保留了对租赁物的处分权。因此，租赁物不仅满足了融资租赁承租人的生产需求，而且是其实现经济利益的依托，承租人和租赁物之间的关系因而是非常密切的。在融资租赁业务中，租赁物由承租人直接控制，从理论上讲，这一事实情况给承租人创造了在未经出租人同意的情况下通过向第三人转让、抵押，或擅自移动租赁设备所在地、未经许可对设备进行加工改进等方式处置租赁物的可能性，尤为在第三人为善意的情况下，出租人对租赁物的所有权将受到严重侵害，出租人有可能丧失对租赁物的所有权而承担风险等。

另外，融资租赁的租赁物件一般为大型的机器设备价值比较高，合约期限一般为 3~7 年。时间较长在租赁期间将不可避免地遇到政治风险、货币风险、不可抗力风险、当事人信用风险、金融资本市场风险等众多阻碍，任何不确定因素都可能导致承租人出现资金信用危机，甚至破产。承租人和保证人因拖欠租金、转卖租赁物、损毁租赁物、逃避违约罚款等违约行为而导致违约。

由于承租人违约，尤其是几家大客户相继违约，会使整个融资租赁公司的资金流动性变弱，甚至出现现金流中断。因此，对出租人来说，承租人的信用和还租能力是最大的风险，它直接影响融资租赁公司的经营和生存。因此从立项开始就应对此加以关注，关键要准确把握承租人盈利能力和现金流分析，毕竟盈利是偿还租金的主要来源，而现金流是偿还租金的现实来源。

二是出租人信用风险。融资租赁出租人是租赁物的所有人，在租赁期间出租人将租赁物转移给承租人占有、使用并保留了对租赁物的处分权。承租人享有租赁物的占有、使用、收益的权利。因此，出租人不得以自己是租赁物所有人为由，夸大融资租赁服务功能、对承租人提出不当要求，干扰或阻碍承租人正常占有和使用租赁物，造成违约行为而导致交易风险。

出租人在融资租赁交易中的主要功能是以购买租赁物的方式为承租人提供融资服务，而如期收回融资额并获取一定利润则是出租人的主要目的和利益所在。作为融资服务提供者，出租人所应承担的风险不应当超过其他融资服务的提供者（如银行）所承担的风险，否则容易造成违约行为而导致风险产生。

三是供应商信用风险。即供应商因不承担租赁物瑕疵担保责任，不兑现维修、回购等违约行为而导致的风险。融资租赁中的供货商，其在融资租赁交易中的地位与一般买卖交易活动中的出卖人地位相同。融资租赁出租人向供货商支付租赁物价款后，供货商实际上已实现了自己的经济利益。所不同的是，供货商所应承担的承诺是按照融资租赁出租人的指示直接向承租人交付货物，同时也要向融资租赁承租人承担瑕疵担保责任。但供货商或因破产和其他原因不能够承担租赁物质量瑕疵、数量有误等责任引起的风险、权利瑕疵风险等，最终责任应由供货商来承担的。

总之，信用风险是目前行业中最常见和危害最大的风险。20 世纪 80 年代，中国刚刚组建起来的 40 多家融资租赁公司，在运营几年之后，几乎都面临租金拖欠问题，其中外商租赁企业的拖欠额高达 3 亿多美元，最后导致几乎所有企业都陷于经营困境。即使在当前，承租人拖欠租金、供应商和保证人不履行责任的事件屡有发生。同时，出租人不履行租赁合同等骗租行为、供应商因不兑现维修、回购等违约行为也有出现。

（二）政策变化风险

政策性风险属于系统性风险，国内外经济政策的任何波动都有可能对融资租赁公司的业务和租金回收带来风险。主要包括国家宏观经济变化、国家法律法规变化、国家政策对融资租赁物件所属行业的态度变化、企业改制对融资租赁的影响、对融资租赁企业准入制度和行业监管的变化、有关融资租赁税务制度的改革、有关融资租赁会计处理的改革等。这些国家相关政策的变动，都会对融资租赁企业的经营造成直接影响。

如全球性的金融危机导致使许多出口型加工业、运输业等企业受到重创，造成相当多的融资租赁公司出现租金逾期和坏账，特别是运输业的不景气，使船舶建造业受到大的冲击，一些造船厂关闭停产，有的承租人甚至弃船出逃，给许多租赁企业带来损失。

又如经济结构调整下的行业风险。这是指因国内外宏观经济环境的变动所造成整个行业景气或不景气的波动风险，诸如盲目发展、重复建设等问题。过去过于依赖外资和房地产，固定资产投资中增长最快的房地产本身技术含量低，带动的重化工业大多是钢铁、水泥等能耗大、污染重的产业，增加了节能环保的压力，房地产快速致富的特性打破了整个宏观资金配置的平衡，减少了本应流向技术创新、节能降耗的资金。在国家对这一类企业压缩投资，降低规模时，已经发生的融资租赁业务必然会遭遇风险。

再如经济运行周期性波动的风险。融资租赁行业的需求与设备的投资需求高度相关，而设备的需求与经济周期和投资需求有较大相关性，因此融资租赁行业对经济周期存在较强的敏感性。如经济周期波动的收缩阶段，是宏观经济环境和市场环境日趋紧缩的过程，很多企业就会面临较为严峻的财务风险和现金流风险，租赁公司将会面临客户违约的风险。

还有监管政策变动风险。目前，按照审批机构不同，我国融资租赁公司分为三类，第一类是由中国银监会审批监管的金融租赁公司，第二类是根据注册资本大小由商务部外资司或省级商务主管部门审批监管的中外合资或外商独资融资租赁公司，第三类是由商务部流通发展司和国家税务总局共同审批监管的内资试点融资租赁公司。融资租赁公司设立多头审批，设立依据的法律法规、准入条件各不相同，各有各的监管政策，而且可能发生变化，这对融资租赁公司的设立、业务、管理等都将面临不公、混乱的风险。

（三）金融风险

融资租赁是一种以融物为手段进行资金融通的特殊金融业务，是出租人将物品租赁给承租人，承租人向出租人定期支付租金，租赁结束后所有权转让给承租人。整个租赁环节中，双方签订租赁合同，约定所有权转让、起租设定、租赁期限、还款间隔、租金金额、留购价款等要素。无论从法律与财务描述都确定了融资租赁天然地具有一般金融产品的特征，具有金融属性，因此也必然也会遇到金融风险的冲击。

首先融资租赁涉及资金流，因此不可避免地同利率波动存在相关性，利率波动直接影响融资租赁资金成本和盈利水平。如果融资租赁合同使用的是外币，还会涉及汇率风险，特别是使用非美元硬通货，双重汇率的风险有时会使企业的融资成本翻番。货币支付也会有风险，特别是国际支付，支付方式、支付日期、时间、汇款渠道和支付手段选择不当，都会加大风险。

其次还会发生流动性风险。融资租赁公司的流动性风险主要是指融资租赁公司大多是通过资金杠杆产生效益的，而融资租赁公司的融资渠道又较为匮乏，大部分的资金还是来源于银行体系，负债中很大一部分是短期负债，但资产端受限于融资租赁的长周期，很多是长期债权，因此绝大多数融资租赁公司都存在严重的资产负债期限不匹配的情况。随着业务的增加，负债率上升，稍有管理不慎，就会使得公司的流动性风险暴露出来。

（四）产品市场风险

在市场环境下，不论是融资租赁、贷款或是投资，只要把资金用于添置设备或进行技术改造，首先应考虑用租赁设备生产的产品在市场的风险。主要包括承租企业产品市场需求风险、其产品的市场竞争能力风险、产品更新替代风险、原材料供应风险等。为此，承租人应事先做好细致调查，摸清产品的销路、市场占有率和发展趋势，以及消费者的心态和消费能力。对这些因素若了解的不充分，调查的不细致，有可能加大市场风险。

此外，还有技术变更风险。包括技术成熟度、技术寿命、技术管理等。融资租赁的好处之一，就是先于其他企业引进先进的技术和设备。在实际运作中，技术先进与否、是否成熟、是否在法律上侵犯他人权益等，都是产生技术风险的重要原因。严重时会因技术问题，使设备陷于瘫痪状态。这些因素都应当引起承租企业与融资租赁公司的关注，只有提前科学制定相应的对策，才能有效加以防范。

（五）贸易风险

因融资租赁又具有贸易属性，贸易方面的风险从订货谈判到试车验收都存在着风险。由于商品贸易在近代发展的比较完备，社会也相应建立了配套的机构和防范措施，如信用证支付、运输保险、商品检验、商务仲裁和信用咨询都对风险采取了防范和补救措施。但由于人们对风险的认识和理解的程度不同，有些手段又具有商业性质，加上企业管理的经验不足等因素，这些手段未被全部采用，使得贸易风险依然存在。如主要包括供货方信用风险、合同欺诈风险、合同订立纰漏风险、货款支付风险、货物质量风险、货物技术风险、货物运输受损风险等。

在贸易洽谈中，应明确出租人和承租人双方的权力，义务和风险，在签订租赁合同时应在法律上明确各时间段的责任，确定风险的划分。

（六）管理风险

主要指融资租赁业务中，由于内部控制或信息系统失灵而引起的损失风险。引起管理风险的原因在于融资租赁公司内部控制制度不严、评估体系不健全或操作人员业务生疏或过失，信息流通不畅造成的。

融资租赁项目多数为经济价值大、科技含量高、较复杂的项目，若未对租赁物的投资需求及项目市场前景进行科学的项目评估，盲目扩展业务规模，甚至通过私人交易的方式进行融资租赁投资，其结果就很可能是租金回收的困难；如果由于缺乏融资租赁项目管理经验，经营不善，筹资不足，未能按购货条件付款，使得供货人拒绝或推迟供货，那么承租人就不能如期使用设备，也无法按时向出租人支付租金，这样也将给出租人带来风险。另外，一个完整的融资租赁过程往往需要涉及金融、贸易（采购或供应）、设备（技术）等方面的专门知识，因此对管理过程的控制和从业人员的控制较为困难，这也加大了融资租赁的操作风险性，而其复杂性同时也削弱了操作的透明度。

（七）经济环境风险

所谓经济环境是指构成企业生存和发展的社会经济状况和国家经济政策。企业的经济环境是指企业面临的社会经济条件及其运行状况、发展趋势、产业结构、交通运输、资源等情况，是制约企业生存和发展的重要因素。

融资租赁业务因参与企业生产，涉及许多方面都与社会经济环境因素有关。环境的变化会对项目本身产生风险。投资环境是决定社会风险大小的基本条件，社会经济秩序和政策的稳定性、产业结构的布局、经济发展的势态、环保节能状态、管理人员的能力、地方政府对项目的关注程度以及项目本身的合法性都会对租赁项目产生风险。

（八）不可抗力风险

有些风险不是人为的，属于不可抗力的。主要包括自然灾害、政治动荡、军事战争造成社会经济混乱，租金不能及时偿还的风险等。出现这种问题时，只能争取把损失降到最低。

二、融资租赁风险的特点

（一）风险关联性强

由于融资租赁业务涉及的信用关系多，关联性非常强。在传统的租赁中融资与购物业务是分别进行的，是独立的、互不约束的。而融资租赁则有融资、融物双重职能，资金运动紧紧伴随着物资运动，它是以融物而达到融资目的的信用形式，涉及至少三个当事人，即出租人、承租人和供货商。三个当事人的关联由两个合同或两个以上合同所构成。两个合同的签约使三方当事人利益相连，成为不可分割的一个整体，任何一方违约，势必影响其他两方的利益。而且他们之间不能相互转移风险，当事人没有哪一方在风险来临时可独善其身。只是由于双方在租赁交易中的地位、立场不同，其风险因素对他们的影响程度不同。相比之下出租人（租赁公司）受影响因素较多，风险的范围更广，其风险管理更为重要。

（二）风险系统性强

融资租赁风险具有很强的系统性。任何方面的风险，都必然涉及租赁物的种种产业链上，快速影响一国的制造业，一国的实体经济发展。

融资租赁业作为一种将“融资”与“融物”有机结合的金融创新工具，其租赁资产的形成、交易和后续处置过程中涉及实体经济的诸多产业门类，如航空、船舶、地铁、机械装备、医疗设备、城市基础设施、新能源汽车、海上作业平台等众多领域。其地理范围广泛，东西南北中甚至可以超越国界。因此，从“租赁全产业链”视角分析租赁业、租赁上下游产业，以及与租赁相关产业之间的内在逻辑关系，内在规律等，其风险影响也必然呈现产业链条式的影响特征。融资租赁业务的前端是融资租赁公司融资渠道，要加强与其他金融机构合作；中间要与租赁物供需企业加快合作；后端还要发展二手设备再制造中心，走绿色产业道路。融资租赁产业链还对接政府、金融机构和企业，涉及政府管理、经济管理、金融、贸易、保险、担保、公证、物流、法律、物资回收等多个领域，因此哪个方面堵塞都会涉及融资租赁公司、设备供应厂商、出资方和担保、保险等融资租赁产业链的各方利益。

第二节　融资租赁的风险管理

从理论上讲，在一个完全有效的市场，只要有信用行为，就有各种不确定因素导致的风险存在。越高收益的租赁项目，其内含的风险也必然较高。因此，在进行融资租赁业务时，必须高度重视对风险的防范，进行有效的风险管理。

一般而言风险管理的流程，从时间顺序或过程顺序来看分为：风险的识别、 风险计量、风险监测、风险控制四个主要步骤，其中风险识别是有效风险控制的首要一步。只有在对风险的类型及产生的原因有了正确的认识的基础上，才能对风险的程度做出较为正确的预测。同样，只有对风险有了正确的识别和预测，才能评估是否可以承担风险，才能针对性地提出预防和控制风险的具体措施。

一、增强风险防范意识

中国当前的现实是，融资租赁业再度复兴后，行业推进速度十分迅速。在这种情况下，增强风险防范意识，完善应急管理机制已经迫在眉睫。

（一）增强风险防范意识是融资租赁业发展的需要

融资租赁业本身就是一个风险行业，就其风险特征来说又具有关联性和系统性。一旦风险发生就可能转变成行业危机，甚至于社会危机，对社会稳定和社会秩序都会造成巨大的影响。因此，提高从业人员对行业风险属性的认知，形成风险鉴别和防御的思想观念，对融资租赁业而言，是一种宝贵的精神财富。事实上，要想保持融资租赁业健康发展，要想使融资租赁业在国家经济转型、经济持续发展中发挥推动力，就必须增强风险防范意识。

（二）增强风险防范意识是完善应急管理机制的前提

行业从业者风险意识的提高，不仅有利于综合风险管理工作水平的提高，更有利于风险应急管理工作的完善。广泛普及风险应急反应知识，可以收到事半功倍的应急管理效果。加快应急管理制度的落实及应急技术的开发。增强行业综合风险管理能力，降低安全保障成本，实现企业可持续经营目标。

（三）增强风险防范意识是降低租赁风险的基础

业内人士风险防范意识的提高，就可以提高自身的警惕性，就会主动将一些局部的风险得以控制，不会演变为更大影响力的风险，把租赁风险消灭在萌芽状态。

二、建立科学规范的融资租赁风险控制体系

如果资金是融资租赁企业的血液，那么科学规范的融资租赁风险控制体系就是预防“败血症”，清理“血栓”，保证租赁资金安全性、流动性、盈利性的保障。

（一）融资租赁风险控制体系建立原则

1. 融资租赁风险控制必须建立在产业链的基础上

融资租赁是个复合型产业，涉及经济管理、政府管理、金融、贸易、保险、担保、公证、物流、法律、物资回收等多个领域，关系到融资租赁的出资人、出租人、承租人、设备供应厂商等多方利益。只有从融资租赁基本模式“三方两合同”出发，充分有效整合融资租赁公司、设备供应厂商、出资方和担保、保险等租赁产业链的各方业务，分析各环节之间的资源传递和价值转移关系，找出租赁产业各个环节风险产生变化的运行规律，才可能有效化解、转移、锁定风险，并通过叠加控制效应，降低项目整体风险。

融资租赁产业链是分析防控风险的基点，融资租赁业的风险管控必须建立在产业链的基础上。

2. 融资租赁风险控制必须依托于科学规范的企业内部管理机制

风险控制和企业管理是一对孪生兄弟。风险控制和企业管理相结合就是全程风险控制，就是从业务拓展、市场营销开始，经过尽职调查、租赁方案设计、风险揭示与评估、风控方案的安排、项目评审会的民主、集体评审、最终审批人的一票否决，到租后的资产管理以及合规性管理与内部审计监督，租赁业务操作的全过程。风险控制一环不漏，分兵把口，层层把关。融资租赁业务过程复杂，加强融资租赁企业内部管理机制建设能有效避免风险“瓶颈”问题，降

低风险度。

融资租赁组织机构应适应融资租赁业务抗风险、高效率的营运要求，在岗位配置、功能组合与人才配备上，进行严谨有序，系统协调和灵活反应的机构设计。明确各个部门乃至各个岗位的责、权、利，建立各部门和不同管理层次之间权责明确，工作衔接，防止出现互相推诿、互相扯皮的现象。尤其对保证融资租赁项目安全起关键作用的项目评审部门，要作为要害部门在权责和地位上给予特别关注；决策委员会要直接对董事会负责，保证其工作相对于经营管理层的独立性、公正性、客观性；对于公司经营运筹处于核心地位的财务部门，也要突出其应有的中心地位。

融资租赁公司要健全、规范业务建制。各项经营活动的业务流程与过程控制，相关部门间的协调配合与审核制约等有科学的设计与安排，使许多业务和项目经营置于必要的监督、指导、制约与责任连带关系，具体而言就是项目评审、项目审批、业务操作相分离，资金的筹措、决策、使用、监督相分离。领导决策层对重大问题的决策，有科学决策和民主决策程序，并利用风险决策机制来对付融资租赁的多风险特性。

3. 科学的融资租赁项目结构和规范的操作流程是风险控制之本

科学的融资租赁项目结构是包括融资租赁项目推荐、项目沟通、项目评估和审核、项目融资、项目运作、项目运行中的风险监控、项目的退出的各个过程。还包括明确融资租赁业务过程中相关各方的责任、权利、利益，形成风险共担、利益共沾、相互制约、共同发展等方面构成。

规范的融资租赁操作流程包括：相互沟通、项目前期策划、项目实务操作和项目后续管理。在操作流程中，明确进度、质量、步骤要求和注意事项。每项任务都分解到个人，彼此权责明确，工作衔接，有效防止互相推诿、扯皮，堵塞可能的融资租赁操作性过程风险。

在这个基础上形成的融资租赁的风险控制手段，就能贯穿于融资租赁业务操作流程全过程，有效地预防、规避、减低融资租赁的风险。

（二）融资租赁风险管理的流程

融资租赁项目风险管理的流程，从时间顺序或过程顺序来研究，我们可以把项目风险的管理划分为风险的识别、风险的预测、风险的评估、风险的防范、风险的控制手段。

1. 融资租赁风险识别

风险的识别，是经济单位和个人对所面临的以及潜在的风险加以判断、归类整理，并对风险的性质进行鉴定的过程，是风险管理的第一步。风险识别主要包括感知风险和分析风险两方面内容。风险在一定时期和某一特定条件下是否客观存在，存在的条件是什么，以及损害发生的可能性等都是风险识别阶段应予以解决的问题。

风险识别首要内容就是广泛地、持续不断地收集与本企业风险和风险管理相关的内部、外部初始信息，包括历史数据和未来预测。应把收集初始信息的职责分工落实到各有关职能部门和业务单位。收集初始信息要根据所分析的风险类型具体展开。例如：搜集分析国内外宏观经济政策以及经济运行情况；搜集分析国内外企业财务状况；分析市场价格波动变化状况；分析行业业务运营状况；分析国内外法律环境；等等。对收集的初始信息应进行必要的筛选、提炼、对比、分类、组合，以便进行风险评估。

2. 融资租赁风险评估

完成了风险管理初始信息收集之后，企业要对收集的风险管理初始信息和企业各项业务管理及其重要业务流程进行风险评估。风险评估包括风险辨识、风险分析、风险评价三个步骤。

风险辨识即是指查找企业各业务单元、各项重要经营活动及其重要业务流程中有无风险，有哪些风险。

风险分析即是对辨识出的风险及其特征进行明确的定义描述，分析和描述风险发生可能性的高低、风险发生的条件。

风险评价即是评估风险对企业实现目标的影响程度、风险的价值等。

风险评估的方法应将定性与定量方法相结合。定性方法可采用问卷调查、集体讨论、专家咨询、情景分析、政策分析、行业标杆比较、管理层访谈、由专人主持的工作访谈和调查研究等。定量方法可采用统计推论（如集中趋势法）、计算机模拟（如蒙特卡洛分析法）、失效模式与影响分析、事件树分析等。企业在评估多项风险时，还可根据对风险发生可能性的高低和对目标的影响程度的评估，绘制风险坐标图，对各项风险进行比较，初步确定对各项风险的管理优先顺序和策略。

风险评估应由企业组织有关职能部门和业务单位实施，也可聘请有资质、信誉好、风险管理专业能力强的中介机构协助实施。

在大部分融资租赁业务中，信用风险的定量评估，是进行决策的主要参考指标之一。除了定量评估的结果，一个融资租赁从业人员和审批人员在衡量一个租赁项目的信用风险时，还需要评估以下各方面内容：

（1）对承租人经营风险的定性判断。包括对承租人公司背景、行业风险和营运风险的分析。

（2）对承租人财务风险的定性和定量判断。包括财务数据反映出来的经营风险、财务弹性。

（3）其他。如果一个融资租赁的还款来源依赖于一个具体的经营项目，还需要分析项目的市场前景、出售安排、采购安排、项目现金流量的预测和压力测试。

3. 融资租赁风险管理机制

风险管理基本流程的第三步是风险控制，制定风险管理机制。风险管理机制，是指企业根据自身条件和外部环境，围绕企业发展战略，确定风险偏好、风险承受度、风险管理有效性标准，选择风险承担、风险规避、风险转移、风险转换、风险对冲、风险补偿、风险控制等适合的风险管理工具的总体策略，并确定风险管理所需人力和财力资源的配置原则。

内控制度的建设是风险管理的核心内容。巴塞尔委员会把内控制度的目标分为操作性目标、信息目标和合规性目标。中国的融资租赁公司应从该内控的三大目标出发，建立完善的内控制度，目的就是为了保障业务的操作能够根据公司的政策、规定、内控程序等明确的方式进行，这是防范风险的重要手段。

融资租赁企业的风险监控机制是指严格风险控制执行；每期租赁租金都要严格按照合同保证回收进度；随时监控承租人的经营行为，防患于未然；一旦承租人出现违约行为立即停止租赁合同并申请租赁物件诉讼保全和强制执行。通过以上环环相扣的措施保证租金的尽可能的回收和融资租赁物件的回收。其中最主要的是：

全程风控，就是从业务拓展、市场营销开始，经过尽职调查、租赁方案设计、风险揭示与评估、风控方案的安排、项目评审会的民主、集体评审、最终审批人的一票否决，到租后的资产管理以及合规性管理与内部审计监督，租赁业务操作的全过程，风控都一环不漏，分兵把口，层层把关。

全员风控，就是不仅业务一线人员（客户经理、项目经理）、业务二线风控人员（风控经理），评审委员、资产管理，审计人员等专门进行风险控制，公司的其他人员也从不同角度、不同的信息渠道关注公司业务经营的风险，如财务人员从租金的收取环节了解承租人的财务信息是否有异动；行政人员也可从媒体和生活中关注公司客户的零散资讯，为业务人员提供信息资料，全公司的人员都来关注业务风险，比仅仅业务线员工来关注风险，必将更周到、更少遗漏。

全面风控，就是租前行业分析、行业风控指引，项目调研、风险评估、集体决策等事中风控，租后资产监督（以及引入司法援助），环环相扣；从财务、业务、资产和收益多视角调研、判断与监督，将风险控制在公司可接受的程度之内。

全程、全员、全面风控机制的建立，形成“横向到边、纵向到底”的立体、动态风控体系。

4. 设立风险警戒指标体系

风险预警指标机制从动态上对融资租赁风险实现控制。其运行主要是通过设定风险预警指标和预警点。风险预警指标分为财务预警定量指标，一般是按承租企业财务报表上报周期定期监测；非财务指标是指管理人员预警、租赁公司与企业关系预警、承租企业生产经营预警、体制变更预警等定性指标，一般是即时监测、随时更新。每个企业都应根据国家有关规定和自己的实际状况，建立和形成一个明确具体的风险防范指标体系，使企业所有管理者都明了企业单前处于什么样的经营状态。

这一指标体系包括：资本充足率不得低于 8%；资产负债率不得超过 100%；或有负债比例不得超过 50%；股东业务所占比重不得超过其股本金总额等这样一些重要警戒指标。

通过对风险预警定性和定量指标的定期或随时监控，将有关融资租赁风险评定的融资租赁企业外部的重要信息和融资租赁企业内部业务运作的纰漏和不足及时反馈给专门的风险控制部门，错误操作及时纠正，使融资租赁企业在风险动态控制中始终保持健康状态运营。

5. 设立风险控制手段

最后，风险管理要着眼于风险控制。风险控制是对已经识别和测量的风险，采取分散、对冲、转移、规避和补偿等策略以及合格的风险缓释工具进行有效管理和控制的过程。融资租赁公司通常应采用积极的措施来控制风险，达到降低其损失发生的概率，缩小其损失程度来达到控制目的。

控制风险的最有效方法就是制定切实可行的应急方案，编制多个备选的方案，最大限度地对企业所面临的风险做好充分的准备。当风险发生后，按照预先的方案实施，可将损失控制在最低限度。比如，可以依靠财产保险、信用担保、信用保险和应收账款保理等“保”字号的机构，把他们的优势整合到风险控制体系中。把企业风险分解为社会风险，让社会力量为企业承担风险。还可以要求厂商回购租赁物件，在他们具有翻新销售的条件下，虽然是单一企业，但中间的收益使他们更愿意承担这个责任。还可以把租赁资产交给有能力的专业资产管理公司,让他们支付一定的保证金来分担风险。再比如有些承租企业信用比较好，但因某种原因遇到暂时的困难。如果市场还在，现金流还在，通过缓收租金、租金放假提供租赁项下流动资金贷款等方式帮助企业渡过难关，保住企业就保住了租赁债权。

风险控制的措施因不同行业、不同承租人不同项目，不同业务的具体情况不同而各异，并且常常需要大量的专业人才和专业知识。因此，对于中国的融资租赁行业来说，行业刚刚起步，各种方法和措施并不算完全成熟和完善，那么对于融资租赁行业，特别是风险控制的手段创新，就显得尤为重要和关键。

第十章　融资租赁的监管

随着融资租赁功能作用的发挥，融资租赁行业正呈现持续高速增长的发展势头，不断拓宽的融资租赁融资渠道以及各种利好政策，正吸引各路资本争相涌入。如何规范融资租赁行业健康发展，将风险控制在可以承受的范围之内，就成为监管部门和行业关心考虑的首要问题。

第一节　融资租赁的监管模式

一、国际融资租赁监管模式

国际上对融资租赁公司的监管各不相同。各国依据本国国情对融资租赁业实施监督管理，就同一个国家，在不同阶段也有不同的做法。就监管程度而言，大致可以划分为市场调控、适度监管和严格监管三种类型。

市场调控模式以美国和英国为代表，主要是国家将融资租赁公司视同普通工商企业管理，不受金融监管部门的管制，也并不设单独的行业主管部门，经营中所涉及的外汇、税收、信贷等事项分别遵从各对应的职能部门的相关规定。监管当局对融资租赁企业基本不实施任何监管，通过发挥市场机制的作用规范融资租赁企业依法经营和运作。适度监管模式实际上是一种间接监管，以德国和日本为代表，即通过监管投资于融资租赁企业的母公司（通常为金融机构）从而实现间接监管融资租赁企业。直接监管模式一般都将融资租赁视为一种金融衍生产品，对融资租赁企业本身实施同银行一样的、直接的、严格的金融监管，典型国家为法国、意大利、西班牙、巴西和韩国。

国外对融资租赁监管的共同特点是按照融资租赁的金融性还是非金融性来监管的。在适度监管和直接监管型中，由于金融背景的融资租赁企业的金融性质更为明显，所以对这些企业的监管较为严格。对于独立的、厂商背景的融资租赁企业，基本不实施监管，更多地发挥市场调控的作用。考虑到融资租赁兼具投融资、设备促销、资产管理等多种功能，而且介入融资租赁经营的投资者日趋多样化，按照金融还是非金融机构来监管，都有一定合理性。按照金融机构进行监管，可以视为是强调了融资租赁业的融资功能；按照普通工商企业监管，则强调了融资租赁业的非融资功能。

可见，对于融资租赁的监管问题，国际上并没有一个统一的定论，各国都是根据本国实际情况因地制宜。成熟市场经济国家的实践已经证明，即使不对融资租赁实施任何监管，该业也能够顺利发展。但是，在某些新兴市场中，融资租赁尚需经历一个被监管的阶段，以使融资租赁成为一项值得信赖的产品，使融资租赁业成为一个可以独立生存的行业。就我国而言，综合考虑各方面的情况，融资租赁在现阶段还是需要被监管的，但监管的程度一定要适中，不能过于严格，以免制约该行业的快速发展。

二、我国融资租赁分部门监管模式

由于融资租赁的双重性，对融资租赁的监管问题有着不同的认识。我国则倾向于专门监管的主张，并已经将融资租赁交易置于政府监管之下。整体来看，我国融资租赁行业依据审批和监管机构采用分部门监管模式。

（一）我国融资租赁分部门监管模式

目前，我国存在两类不同的融资租赁监管模式。

1. 银监会审批设立和监管模式

银监会审批设立和监管的融资租赁机构名称为金融租赁公司，定性为非银行金融机构。金融租赁公司按照金融机构的方式接受监管，与银行一样实施严格的审慎监管，内容包括资本充足率、单一客户融资集中度等指标。

金融租赁公司适用《金融租赁公司管理办法》。该办法由中国人民银行于2000年发布，2007年改由银监会修订，2014年3月银监会再次修订该办法。根据该办法，金融租赁公司实行机构监管的方式，金融租赁公司被限定为经银监会批准特定的非银行金融机构，其他融资租赁公司不得有“金融租赁”字样。

2. 商务部审批设立和监管模式

除金融租赁公司以外的融资租赁公司（包括外商投资融资租赁公司及内资融资租赁试点企业）适用《融资租赁企业监督管理办法》，由商务部于2013年10月颁布实施，由商务部负责审批，定性为非金融机构。

定性非金融机构的融资租赁公司，在法律层面不受金融监管当局监管，但又因为从事特定金融业务而接受特定监管主体的监管。目前，定性非金融机构的融资租赁公司在监管框架大体上类似于对金融机构的监管，也有最低资本金、杠杆率等监管指标的要求。但一般来说不论监管规则的设定还是具体执行的严格程度都要弱于对金融机构的监管，但要明显高于一般工商企业。

（二）我国融资租赁分部门监管模式存在的必然性

与国际经验相比，我国当前的融资租赁监管模式具有独特性，这是我国改革开放的产物，也是融资租赁业发展阶段的必然。

融资租赁业自进入中国之日起，就存在着分部门监管的基本格局。改革开放初期，我国经济比较困难，国家没有太多资金用于购买国外先进设备，早在1981年，我国将融资租赁作为引进外资和外国先进设备的平台而设立。对于早期的中国融资租赁业来说，融资租赁公司的设立需要审批，具有审批权的部门包括原外经贸部、物资局、原电子工业部和原邮电部等。中外合营或外商独资的租赁公司由原对外经贸部审批。1998年之后，由于国内贸易部、国家经贸委等部委在大部门制改革进程中先后撤销，关于融资租赁内资试点企业、外资企业的审批被转交给商务部，因此，商务部同时具有了内资和外资租赁公司的审批职责，具体分属外资司和市场建设司两个部门。此后，中国银行等国有银行所属的信托部门开始兼营融资租赁业务，因为有银行背景，就要由人民银行审批管理。这种初始期的谁审批谁监管的格局一直延续到今天，最终形成目前商务部和银监会“双头监管”模式。

我国的多头监管的监管体制是在改革开放的实际运行中，根据实际需要自然而然产生的，不是事先设局好的，也不是借鉴国外那个国家的。当然，自然形成的一些管理方法和制度，并不一定就是科学的。现行的两套监管制度如何对待，是当前的一个难题。在我国，如果一个大型制造企业期望发起设立一家融资租赁公司，面临着是从银监会获得批准还是从商务主管部门获得批准的不同选择，获批的难易程度不同，获批后面临的监管规则和政策环境也有所不同。当前两套监管制度并不符合市场经济最基本的平等竞争原则，但改变实属不易。

（三）我国融资租赁分部门监管模式的特点

相比之下，我国融资租赁分部门监管模式的特点无疑更为显著。主要表现为：

1. 监管主体的不同，融资租赁公司性质不同

整体来看，我国融资租赁行业依据审批和监管机构的区别，划分为“两类三种机构”。第一类是金融租赁公司，由银监会审批设立，定性为非银行金融机

构。金融租赁公司按照金融机构的方式接受监管，与银行一样实施严格的审慎监管，内容包括资本充足率、单一客户融资集中度等指标。第二类是融资租赁公司，定性为非金融机构。融资租赁公司又进一步分为内资和外资两种，由商务部和省级商务主管部门审批、监管。

2. 融资租赁公司监管偏于复杂和严格

金融租赁公司按照金融机构的方式接受监管，与银行一样实施严格的审慎监管，相比之下，融资租赁公司则按照准金融机构的方式进行监管。所谓准金融机构，是中国的一种特殊称谓，专指那些没有获得金融许可证，在法律层面不受金融监管当局监管，但又因为从事特定金融业务而接受特定监管对象监管的合法企业、机构或组织。针对准金融机构的监管框架大体上类似于对金融机构的监管，也有最低资本金、杠杆率等监管指标的要求，但一般来说不论监管规则的设定还是具体执行的严格程度都要弱于对金融机构的监管，当然要明显高于一般工商企业，监管偏于复杂和严格。融资租赁公司监管偏于复杂和严格，主要是我国尚不具备按照普通工商企业对融资租赁进行监管的市场竞争条件。

一是尽管融资租赁兼具融资功能和非融资功能，但从现状来说，融资功能是驱动我国融资租赁市场发展的最重要因素。在美国等发达市场，节税是融资租赁发展的最主要驱动力，但我国相关税收体系建设还很不完善，使得税收因素在推动融资租赁发展中的作用有限。

二是融资租赁涉及实物资产的二手交易、租赁物登记等配套机制尚不完善，也影响了融资租赁非融资功能的发挥。目前不管是哪一类融资租赁公司，类信贷的售后回租业务都占据主导地位，直接租赁业务占比较低，这正是融资租赁的融资功能占据主导的鲜明写照。由于融资租赁业更多地体现出一种类似专业“放贷人”的特征，与金融风险的累积密切相关，因此十分有必要由专门的监管主体施行较为严格的监管。

三是在融资租赁初级发展阶段，相关法律、财税等各项制度正处于建设中，再加上行业协会等自律组织发展滞后，权威性不够，必须有一个强有力的行业主管机构担当政策呼吁者、诉求传递者的角色，而这仅仅依靠地方政府职能部门是不够的，必须要有中央政府职能部门的参与。如营改增后融资租赁行业的差额纳税政策就离不开商务部与财政、税务部门的协调。

三、我国融资租赁分部门监管模式存在的问题

目前我国融资租赁的分部门监管模式也存在许多问题，问题并非由于分部

门监管本身，而在于分部门监管下对本质相同的业务执行不同的监管规则，从而造成不同的经营和竞争环境，导致了市场分割。融资租赁市场的分割和竞争的不公平，不利于我国融资租赁业的长远发展。

（一）企业行业定位存在差别

融资租赁的企业属性决定着融资租赁业务的属性。在我国，同为融资租赁企业，但基于监管部门的不同，企业的行业定位也存在着差别。银监会审批的金融租赁公司定位为非银行金融机构，商务部审批的融资租赁企业则定位为生产性服务业，不同的行业定位，直接导致企业发展条件和业务范围的差异和矛盾。例如对于外汇业务而言，金融租赁公司可以向外汇管理局申请经营外汇业务许可证，从事外汇租赁业务，而商务部批准设立的融资租赁公司不能直接经营外汇业务。

（二）市场竞争环境不平等

在我国，金融租赁公司和融资租赁公司不仅仅是名义上的区别，更代表着由监管规则所塑造的不同业务发展空间，造成同类市场主体的“游戏规则”之间的差异。在一些具体业务上，某一租赁企业能否进入要看它的出身。竞争起点不同、不平等，也就无法形成真正有效的竞争。以对融资租赁公司的业务扩张十分关键的外部融资渠道为例，根据现行监管规则，金融租赁公司能够通过同业市场拆借、吸收非银行股东 3 个月（含）以上定期存款等方式筹资，但融资租赁公司既不能吸收股东存款也不能进入银行间同业拆借市场融资。再例如在最低限额注册资本的要求上。金融租赁公司要求为 1 亿元人民币或等值的自由兑换货币，而且必须为一次性实缴货币资本；外资融资租赁公司为不低于 1000 万美元，没有一次性实缴的规定；内资融资租赁公司则要求 1.7 亿元人民币，远远高于对其他两类公司的注册资本要求。

此外，即使存在差异化竞争，但由于并非市场驱动的结果，所以很容易造成市场主体行为的扭曲。如由于外资融资租赁公司设立门槛相对较低，而且在融入境外资金方面享受政策上的便利，因此在近年境外利率显著低于境内利率的背景下，许多外资融资租赁公司纷纷成立，却不以开展真正的融资租赁活动为目的，而是成为为境内其他公司或项目融入海外廉价资金的通道，不仅对融资租赁业的整体声誉带来负面影响，更对国内金融稳定产生干扰。

因政出多门，企业不能享受同等国民待遇，严重影响行业发展。如租赁物登记和公示系统是影响租赁业发展的一个极其重要的基础设施。人民银行征信中心于 2009 年 7 月建成了融资租赁登记公示系统，两类三种融资租赁公司都在使用；2014 年商务部建成“全国融资租赁企业管理信息系统”，将其定位为内资融资租赁试点企业和外商投资融资租赁企业等的租赁物登记公示和查询平台。两个租赁物登记公示和查询平台的存在，使租赁物出现多头登记的现象，必会造成企业无所适从，租赁物统计查询混乱、数据不真实。

再如呆账准备金的财税处理存在不同。根据现行规定，金融租赁公司可以按照《金融企业呆账准备提取管理办法》在没有发生损失前计提呆坏账准备金，并在一定额度内允许税前抵扣；相比之下，融资租赁公司则不能享受金融企业计提准备金并税前扣除的优惠政策，从而使其处于较为不利的税收地位。

四、我国要建立统一的监管模式

从世界范围看，各国对融资租赁行业实行着不同的监管制度，有的国家实行严格监管制度，有的国家实行宽松监管制度。在中国，由于实行谁审批谁监管的办法，监管的方法和力度各有不同。一般看来，金融租赁企业的监管政策和监管机构比较完备，但过于严格。商务部的内资和外资企业监管政策和机构尚不够完备，显得过于宽松。

从长远看，中国必须建立起统一的监管体制，实行适度监管的模式。从我国情况看，要对整个融资租赁业实施统一管理，是个涉及诸多方面的系统工程，关键突破点就在于统一各类融资租赁公司的监管规则和其他财税、法律等规则，需要在租赁制度、租赁政策和租赁业务等方面进行一系列改革。在统一商务部的规则和银监会的规则时，银监会应当适时调整监管思路，不能完全像监管银行那样监管金融租赁公司，而应该从控股子公司的角度、从关联交易的角度对银行系融资租赁公司进行监管。

第二节　融资租赁监管体系建设

根据国际惯例，一个完善、有效的监管体系应包括如下几个层次，即国家监管、行业自律、机构内控，这三个方面从不同的层次各行其是、各负其责、相互配合构成了一个完善的、严密的监管体系。融资租赁业的监管也应建立分工明确、各司其职的多层次监管体系。

一、政府监管

政府层面的监管是融资租赁业风险防范的核心，政府监管的目标是，使整个行业运行处在可控的良好状态，避免因行业的风险而危及整个国民经济。但是，政府并不是行业运行的主体，中央政府的主要职责在于顶层设计，并在相关基础设施建设方面发挥主导作用，而不应该任由各个部门相互博弈。政府对融资租赁行业的监督管理主要是通过法律法规、规章制度的建设，制定实施各种相关政策来进行监管和风险管控。

（一）建立统一的融资租赁监管部门

从历史沿革看，融资租赁行业监管我国存在着由银监局和商务部门分别监管的现实。但是，融资租赁作为一个业态来讲，没有一个统一的行业主管部门，是非常不正常的。从行业发展看，应统一监管，建立统一的融资租赁业管理制度、监管标准、监管条例，改变我国目前融资租赁业多头监管的局面，促进行业进一步发展。2015 年 9 月 7 日，国务院办公厅印发《关于加快融资租赁业发展的指导意见》，其中提出了针对内资试点企业、外资企业统一监管改革方向。该意见称：“理顺行业管理体制。加强行业统筹管理，建立内外资统一的融资租赁业管理制度，实现经营范围、交易规则、监管指标、信息报送、监督检查等方面的统一。”

就我国情况来讲，融资租赁行业主管部门应当是一个，行业主管部门应是国务院商务部。这是因为，虽然融资租赁业具有较强的金融性，但随着行业的迅速发展和业务模式的不断创新，其商业服务性特征愈加突出。另外，从我国实际情况看，融资租赁作为一个行业，有大量的与有关部门的协调以及对地方的业务指导工作，特别是需要有统一的发展规划和政策措施。综合以上考虑，融资租赁业的行业主管部门应以国务院商务部为宜，由其对全国融资租赁业进行综合、协调、指导、管理和服务，对整个融资租赁行业进行适度监督管理。

但是，在统一商务部的监管规则时也应该看到，对具有银行背景的融资租赁公司的监管，是金融监管部门以外的部门难以替代的。建议：融资租赁公司设立前期，由商务部监管，降低准入限制，对其从事的融资租赁业务进行统一引导和监管；对于涉及类似于银行业务的经营，可能产生整体金融风险的业务，须向银监会申请业务资格，接受银监会的严格监管，核心在于“监管规则统一适用于各主体”。

在此前提下，在《国务院 2015 年立法工作计划》中，融资租赁企业监管条例就被明确指定由商务部负责起草。2015 年 6 月 8 日，商务部流通发展司在北京召开融资租赁立法工作座谈会，座谈会围绕融资租赁企业监管条例宗旨和原则、需重点解决的问题、事中事后监管、制度与监管指标设置、加强行业自律作用等几个方面进行了研讨，启动了融资租赁企业监管条例起草工作。理顺行业管理体制的改革已然在路上。

当然，最终设立统一的融资租赁行业监管主体，制定行业统一的监管指标和监管规则，仍需国家立法确定。

（二）健全融资租赁法律法规建设

融资租赁法规建设，是融资租赁行业健康发展的保障，也是一个国家、一个地区、一个城市最基本的投资环境。

1. 国际融资租赁法规建设

国际融资租赁发展进程中，有两个专门针对融资租赁行业法律规范的国际性条约，在各国开展融资租赁活动和立法工作中发挥了重要的指导、借鉴和示范作用。这两个国际性条约均由国际统一私法协会主持起草，中国政府作为该协会成员单位由商务部门派员参与了起草工作。

(1) 国际融资租赁公约

全称为《国际统一私法协会国际融资租赁公约》（以下简称《公约》），是国际统一私法协会制定的，1988 年 5 月 28 日在加拿大首都渥太华召开的国际外交会议上通过。制定公约的目的和宗旨是：①坚持公正均衡原则；②主要是为了消除各国在经营国际融资租赁业务方面的法律障碍，及发生纠纷后适用统一的国际规则；③鼓励更多企业利用国际融资租赁方式，促进国际贸易的发展，维护各方正当权益，而不能因有了国际公约而使其受到限制；④该公约主要调整特定的三方关系：即出租人、承租人和供货商之间的三方关系；⑤要照顾到国际融资租赁中的民事和商事法律方面的统一规则。

中国代表参加了公约文本的起草审议工作，并在最后文本上签了字。由于在《公约》的某些内容上存在较大分歧，特别是中国和大部分发展中国家认为出租人作为设备所有人应承担对设备的责任，而英、美、日等国代表则认为出租人只是扮演资金融通的角色，不承担任何其他责任。这一根本性分歧最终未能消除，所以，许多国家并未批准加入《公约》，而使《公约》因批准国不足尚未生效。虽然目前《公约》没有生效，但是《公约》的内容在国际融资租赁实践中具有重要的指引和示范作用，其中许多内容在中国合同法第十四章“融资租赁合同”中也有较多反映。

(2) 租赁示范法

随着融资租赁业在全球的迅速发展，在《国际融资租赁公约》的基础上，国际统一私法协会自 2006 年 4 月起，又着手制定一部专门的《租赁示范法》，供各国在立法时参考。

《租赁示范法》起草工作历时两年多，先后两次经国际统一私法协会的政府专家委员会讨论，并经国际统一私法协会常务理事会修改审定后，于 2008 年 7 月授权分发各国政府再次征求意见。2008 年 11 月 13 日，国际统一私法协会全体代表大会及政府专家委员会联席会议在罗马举行，会议审议并于 13 日正式通过了《租赁示范法》，成为各国立法者参照的范本。

2. 中国融资租赁法规建设

（1）健全国家融资租赁法规建设

中国融资租赁业再度复兴后，法规建设也取得进展。《中华人民共和国合同法》中就包含“融资租赁合同”设立专门章节，而且在其尚未出台的前三年，就出台《关于审理融资租赁合同纠纷案件若干问题的规定》，确定了融资租赁业的法律地位，不仅在中国的经济法中占有领先地位，在国际上也有深远影响。正如有些人所说：中国在租赁立法上，是我国唯一先有“司法解释”，后有法律的法规出台方式。

但总体看，中国融资租赁业的法规建设仍不健全，至今都没有出台《融资租赁法》，现行涉及融资租赁方面的法律规定不够系统和完整，即使在《中华人民共和国合同法》中包含有融资租赁列名合同，也不能完全涵盖所有内容。其他涉及监管、会计、税收、海关、工商等方面的规定更是分布于不同的条例、规章、决定和说明，甚至补充说明当中。实践证明，中国需要尽快出台一部专门的融资租赁法。

2004 年 3 月，全国人大财经委会同国家发改委、商务部、人民银行、银监会、国家税务总局、国家工商总局、财政部、交通部等部委组成了融资租赁法起草组，正式启动立法工作。

在起草过程中，为了更好地借鉴国际经验，起草组曾三次组团赴七个国家进行立法考察，召开了四次立法国际研讨会。此间，起草组与相关国际组织，如国际统一私法协会、各国租赁业协会和国际知名专家学者建立了联系，国内许多协会组织及企业人士参与了立法调研工作。

2006 年 8 月底，起草领导小组主持召开有十多个有关中央国家机关参加的征求修改意见的会议，绝大多数与会单位认为，这部法律草案基本成熟，经过进一步修改完善后，可以报全国人大常委会审议。业内对《融资租赁法》普遍寄予厚望，希望能及早出台。但事与愿违，报送的《融资租赁法（草案）》未被列入全国人大的立法审议日程。几年来的实践再次证明，融资租赁业急需一个统一有效的司法保障。

(2) 完善地方融资租赁法规建设

融资租赁业与其他事物一样，它的形成和发展也要遵循物竞天择、适者生存的自然法则，关键是如何使“不适者”变成“适者”。中国的融资租赁业也是如此，在全国租赁环境尚未成熟时，一个城市和地区要想发展这一行业，只有一个办法，就是创造一个可以使融资租赁业得以形成和发展的小环境。近几年来，天津市为了发展融资租赁业，出台了扶持行业发展的具体办法。2011 年天津市政府出台了《关于促进租赁业发展的意见》，这是中国融资租赁业再度复兴后的第一部较完整的地方法规，有力地促进了天津融资租赁业的发展。天津利用滨海新区先行先试的政策优势，争取到了一些行业政策。这些政策加在一起，基本打造了一个适于融资租赁业生存的小环境，形成一个可促进融资租赁业发展的小气候。经过多年的努力，天津已经成为中国最大的融资租赁业聚集地。2011 年以后，上海、北京、武汉、深圳、东莞、宁波等许多城市，也先后出台促进本市融资租赁业发展的扶持政策。这些地方法规对整个行业的发展也起到了至关重要的作用。

(3) 出台融资租赁相关政策

现代融资租赁发展的一个最显著的特点就是税收优惠，如果没有政府的税收优惠等一系列扶持政策，融资租赁业就不会有如此快速的发展。

因此，不少国家对融资租赁均采取税收扶持政策。如跨境融资租赁，有些国家对入境租赁物按照每期缴纳的租金为税基，分期缴纳进口环节的税收，而不是按照租赁物的价值一次性全额缴纳进口环节各项税收。在美国，1962 年出台了投资税收抵免政策，目的是通过增加设备投资来刺激经济活力与就业。其中对汽车、新型卡车、研究与开发方面的机器实行三年成本加速回收，税收减免 6%，对其他符合税法规定的合格装备实行 3 年、10 年或 15 年的加速成本回收，税收减免 10%。出租人可以将这一优惠通过减少租金与承租人共同分享，租赁双方特别是出租人的税收优惠构成美国租赁业的显著特点。

从中国目前来看，融资租赁业所享受或可争取到的税收优惠政策主要有：

一是差额纳税政策。2003 年，财政部、国家税务总局联合下发《关于营业税若干政策问题的通知》，简称“16 号文”，该文被称为“差额纳税”政策。从此，融资租赁与经营租赁不同，正式执行营业税差额交纳的政策，即以营业额减去成本为税基的差额纳税政策。在 2012 年开始的营改增试点方案中，虽然强调按租金本金和利息一并征收 17%的增值税不能改变，但对于增值税实际征收超过3%的部分，可以“即征即返”。

二是税收减免政策。如天津市政府明文规定，在天津滨海新区设立融资租赁企业，无论是国内投资还是外商投资，都享受同等优惠政策：开业后，税收两年免收三年减半征收。截至目前，浦东新区、中关村科技园、宁波梅山港、武汉光谷开发区、东莞市等许多地区，都公布了融资租赁业税收减免政策。

三是加速折旧政策。目前大部分国家是由出租方提取折旧，出租人的收益是租金收入减折旧后确定的。同时，允许承租人租金费用的扣除，降低融资成本，并根据租赁物使用的实际情况可加速折旧，这是一种合理的税收政策。在中国，根据财政部和国家税务总局的规定，企业技术改造采取融资租赁方法租入的机器设备，折旧年限可按租赁期限和国家规定的折旧年限孰短的原则确定，但最短折旧年限不短于3年。

四是风险准备金提取政策。风险准备金是为了适应融资租赁这一资金密集型行业，其资产负债比例较高的特点而建立的，有利于融资租赁行业的审慎经营和风险防范。如俄罗斯明确规定，允许融资租赁企业按照金融机构的标准计提呆账准备。从中国情况看，国家管理部门对融资租赁业可税前提取风险准备金尚无统一规定，这就给企业争取提取折旧保留了空间。当前，带有银行背景的金融租赁企业大都提取了折旧，由于落实了这一措施，一些金融租赁企业总资产已经接近或超过1000亿人民币，但不良资产仍保持为零或很低的良好纪录，其中，风险准备金政策发挥了重要作用。

（三）制定融资租赁业适度监管规则

融资租赁监管规则分为市场准入、市场运营、市场退出三个主要环节，每个环节采取什么模式，要视国家和地区的具体情况而定。

1. 市场准入制度

市场准入包括行政许可制度和最低注册资本金制度。融资租赁业带有较强的融资性，如果不严格准入容易造成市场混乱。

(1) 行政许可制度

目前国际上对融资租赁企业的行政许可制度主要可以分为登记备案制和审批制两种。登记制是指企业仅作简单的登记，就可以直接开展融资租赁业务，无须经过前置审批部门的审批。审批制是指企业开展融资租赁业务需要取得前置审批部门的批准，要审查申请材料是否符合标准。采取登记制的国家有美国、英国、澳大利亚、俄罗斯、韩国等；采取审批制的国家主要有法国、西班牙、意大利等。行政许可在新兴租赁市场中不失为一种明智的做法，这绝不仅仅是走过场，而是要确保企业家承诺严肃认真地从事租赁业务。

中国对融资租赁采取需要审批的市场准入制度，审批机关目前有银监会和商务部两个部门。

(2) 最低注册资本金制度

为了确保融资租赁公司能够生存和健康发展，监管部门应该建立最低注册资本金制度。确定最低注册资本金的具体数额应当考虑以下两点：一是不同国家的公司法对申请注册不同类型公司（如独资公司、股份制公司、有限责任公司和外资公司等）所要求的最低注册资本金数额；二是金融类企业最低注册资本金数额。如果允许融资租赁公司吸收公众储蓄存款，那么就应该要求融资租赁公司持有传统的银行金融牌照，则最低注册资本金将与开办一家银行相同。如果不允许融资租赁公司吸收公众存款，则最低注册资本金不必那么高，但还是要高于一般工商企业。

在我国作为非银行金融机构的金融租赁公司由银监会负责审批，且最低注册资本为 1 亿元人民币或等值的自由兑换货币，注册资本为实缴货币资本。除金融租赁公司以外的融资租赁公司（包括外商投资融资租赁公司及内资融资租赁企业）由商务部负责审批，其中外商投资融资租赁公司的最低注册资本为 1000 万美元。内资融资租赁企业由商务部审批并经商务部、国家税务总局联合确认，且最低注册资本金应达到 17000 万元。

根据我国融资租赁业发展趋势和实际可能，金融租赁、内资租赁和外资租赁的最低注册资本金可统一为 10000 万元人民币或等值外币。

2. 市场运营制度

融资租赁业市场运营制度的内容，除了必须通过审批获取经营牌照之外，还应满足审慎性规范的要求，规定市场运营制度，使融资租赁经营有据可循。

(1) 最低资本金制度

这是指企业获准成立后，为了维持正常生产经营所需的最低资本数额。最低资本金并非一成不变，应随着企业业务规模的变化及时调整。融资租赁企业的最低资本金要求应与银行有所区别。

(2) 单一客户风险暴露制度

这是指为了防范信用风险过于集中，应对单一客户（包括其关联企业）的融资租赁业务量进行限制。对单一客户风险暴露比率的限制多有不同，从比较保守的 10%到比较放开的 50%不等，一般在 20%~30%左右。还应该指出的是，当银行向其附属机构或子公司贷款时，需要为其设定一个特殊的单一客户风险暴露比率，与一般的单一客户风险暴露比率有所区别。

（3）内部交易制度

这是指向融资租赁公司的管理层提供融资租赁，更确切的说法是，向融资租赁公司所拥有的或能够完全控制的（子）公司提供融资租赁。如果融资租赁公司当其资金来源于私人投资而非公共募集时，那么滥用或违规挪用资金的风险就大大降低了，对内部交易的控制也应适当减弱。

（4）风险准备金制度

风险准备金，作为一种风险补偿机制，在银行、证券、保险等金融行业普遍设立。根据国内外已有经验教训，融资租赁公司建立风险准备金制度，是防范风险、保持公司健康运行的必要手段，是维护企业信誉的一个有效方式。在天津和武汉，市政府已明确租赁企业可酌情建立风险准备金制度，准备金可在税前的利润中提取，当年提取比例可在1%~2%。从国内外已有经验看，中国租赁企业的风险准备金率应在2%左右，最低比例为1%。

从当前情况看，在中国金融、内资和外资三类企业中，风险资产比例最低的是金融租赁企业，其中一个重要原因是金融租赁企业普遍建立和启用了风险准备金制度，而内资和外资租赁企业，除少数企业外，大都没有建立起这一制度，这对于处于高速发展的高风险行业来讲是一个风险隐患。

国家税务总局等部门应就此达成共识，支持融资租赁公司建立风险准备金制度，明确准备金在税前提取。

（5）杠杆比例制度

杠杆比例是指公司的资产负债比例。在成熟市场经济国家，如美国，经营较好的融资租赁公司的杠杆比例通常为7:1。在快速发展的新兴市场国家，这一比例可以达到10:1甚至15:1。我国实践证明，杠杆比例在10:1左右是谨慎的选择。根据《金融租赁公司管理办法》第五章第三十五条第一点，资本充足率的要求是金融租赁公司资本净额不得低于风险加权资产的8%。用简单的换算来说，相当于用8元钱撬动了其余92元钱的投资，杠杆比例相当于10倍左右。2013年9月18日商务部印发的《融资租赁企业监督管理办法》规定，融资租赁企业的风险资产不得超过净资产总额的10倍。

（6）报告和审计制度

对任何监管体系而言，被监管者都必须向监管者提供信息。就融资租赁而言，除了提交一般性的反映业务经营活动的财务数据之外，还必须依照审慎性规范的要求提供一些特殊信息，通常包括：损益表、资产负债表，以及相关的财务报表信息。这些报表通常由监管机构审查。外部审计由监管部门授权机构进行。审计是不定期的。

(7) 资产登记制度

融资租赁物权登记制度是出租人控制风险的重要途径。根据中国《物权法》的善意取得制度，如果没有在登记机构办理登记，出租人将无法对抗支付了合理对价的善意抵押权人或受让人。因此，只有建立具有法律效力的登记公示制度，才能确保融资租赁行业的生态环境健康公平，维护交易各方的安全。

2013 年 9 月 18 日商务部印发《融资租赁企业监督管理办法》中规定，按照国家法律规定租赁物的权属应当登记的，融资租赁企业须依法办理相关登记手续。若租赁物不属于需要登记的财产类别，鼓励融资租赁企业在商务主管部门指定的系统进行登记，明示租赁物所有权。中国融资租赁物权登记采取了分别登记制。具体登记机关有四个：一是运输工具登记部门；二是工商行政管理部门；三是公证部门；四是中国人民银行征信中心。

人民银行征信中心于 2009 年 7 月上线运行了融资租赁登记公示系统，可以登记公司租赁物上的权利状况。但与前述三个登记管理部门不同，征信中心的融资租赁登记公示系统缺少法律规定的支持，尚不具备对抗善意第三人的效力。因此建立一个具有法律效能的独立融资租赁登记和征信系统势在必行。

(8) 资产交易制度

所谓资产交易实际上是资产所有权的变更，即资产所有权交易，是指资产所有者将其资产所有权全部或者部分有偿转让的一种经济活动。资产所有权包括了所有、使用、处分、收益等四项权利，所谓的产权交易就是这四项权利的全部或部分转让。

融资租赁交易中要想提升租赁资产的流动性，就必须建立一个开放的、流动性强的租赁资产交易统一市场。开展融资租赁资产的物权、债权和股权交易，推动融资租赁资产的流动和利用。

(9) 资金拆借制度

同业拆借是租赁企业处理资金急需、解决资金头寸的一个重要途径。2007 年 7 月 3 日，中国人民银行根据《中华人民共和国中国人民银行法》《中华人民共和国商业银行法》等法律规定，制定了《同业拆借管理办法》，中国人民银行同业拆借市场正式运行。

由于只有具有银行背景或由银监会审批和监管的金融租赁公司被认为是金融机构，从 2011 年开始，几乎所有已经开业的金融租赁公司都先后进入了拆借市场。而商务部审批和监管的内资与外资融资租赁公司未经相关部门批准，不得从事同业拆借等业务，至今被排斥在市场之外。其实这是很不公正的，因为无论是内资租赁企业还是外资租赁企业，他们和金融租赁企业一样，都具有金融属性，应是非银行金融机构，因此应该允许内资和外资融资租赁企业享受同等金融业国民待遇，准许进入人民银行同业拆借市场。

内资与外资融资租赁企业除了继续争取进入人民银行同业拆借市场外，根据融资租赁业迅速发展的需要，融资租赁行业还应组建一个行业自助性、会员制的融资租赁同业拆借市场。

3. 市场退出制度

建立健全市场退出制度，更好地规范公司退出市场行为，维护市场运行秩序，依法妥善审理公司退出后的事宜，不仅是行业正常发展的保障。在维护和促进经济社会和谐稳定方面，也具有重要的现实意义。市场退出制度包括：

（1）风险评估制度

在融资租赁业务中存在各种不确定性，人们越来越多地重视采用定量方法来评估信用风险。到了 21 世纪前 10 年，金融工程学的快速发展和巴塞尔新资本协议体系的逐步建立，定量评估信用风险的完善体系被建立起来。主要内容应是：

对出租人或承租人经营风险的定性判断，包括对公司背景、行业风险和营运风险进行有权威的经常性评估。

对出租人或承租人财务风险的定性和定量判断，包括财务数据反映出来的经营风险、财务弹性。

如果一个融资租赁的还款来源依赖于一个具体的经营项目，还需要分析项目的市场前景、出售安排、采购安排、项目现金流量的预测和压力测试。

在美国、欧洲的国家和地区，风险评估制度逐渐在融资租赁业形成，融资租赁企业也比较自觉地接受和认可风险评估机构的评估，但在中国，融资租赁行业尚未建立起这一制度，这对整个行业风险防范制度的建设是一个重要缺失，必须尽早改变。

（2）破产保护制度

破产保护是由利害关系人提出申请，在法院的主持和利害关系人的参与下，对无法清偿到期债务但又有挽救可能的债务人，进行生产经营上的整顿和债权债务关系上的清理，以期摆脱财务困境，重获生产经营能力的法律程序。破产保护制度是现代破产制度中的最新发展成果，也是目前世界各国公认的挽救企业、预防破产最有力的法律制度之一。

(3) 兼并重组制度

对于经营管理处于困境但并非绝境的企业来说，不一定出了问题都要走关闭或破产的道路，对于处于困境的原经营者来说，走兼并和重组之路，也是退出市场的一种表现形式，与破产相比，往往是最为正确的选择。

(4) 退出清算制度

建立健全退出清算制度，更好地规范公司退出市场行为，维护市场运行秩序，依法妥善审理公司强制清算案件，维护和促进经济社会和谐稳定，具有重要的现实意义。

二、融资租赁行业自律

对融资租赁行业的管理，除了国家监管外，还应有行业协会的自律，亦称同业公会自律。自律就是自我约束，发挥行业协会的自我管理、自我服务、自我监督功能，是保证融资租赁行业良性运作必不可少的条件。

(一) 行业自律的作用

行业自律是市场经济发展到一定程度的必然产物。随着现代市场经济的发展，社会内部分工越来越细，商品生产、销售、服务的社会化程度越来越高。行业和企业之间既相互依存、共同发展，又相互排斥和竞争。为谋求共同的利益，维护各自行业、企业的利益，以在竞争中求生存、求发展，各种代表不同行业、企业利益的行会、协会、商会、联合会等便应运而生，并随着经济的发展而发挥巨大作用。行业自律的作用主要体现为：

第一，促进行业管理的规范化。行业协会属于民间性质，因而在促进全行业标准化管理上具有更大的灵活性和感召力，由它来代替政府机构实施行业性很强的管理，更有利于行业内的规范化建设。而且，行业协会处在融资租赁机构自我监管和政府管理之间，对提高行业内的均质度发挥着微妙的作用，这也是后两者所无法替代的。

第二，保证交易的公正性和竞争的充分性。行业协会提高了行业内的均质度，有利于交易在公正、合理的基础上进行，因而保证了融资租赁市场交易中风险的合理转移。行业间差异度的缩小，促进了竞争的充分性，从而保证市场功能的实现。

加强融资租赁行业自律体系建设，制定行业行为规范，应是各类各级融资租赁行业组织的一项长期的重要工作。通过自律监管作用的增强进一步促使市场机制发挥效力。2013 年 9 月 18 日商务部在印发的《融资租赁企业监督管理办法》第三章监督管理中规定，商务主管部门要重视发挥行业协会作用，鼓励行业协会积极开展行业培训、从业人员资质认定、理论研究、纠纷调解等活动，支持行业协会加强行业自律和依法维护行业权益，配合主管部门进行行业监督管理，维护公平有序的市场竞争环境。

（二）健全融资租赁业协会组织建设

行业协会组织是指介于政府、企业之间，商品生产者与经营者之间，并为其服务、咨询、沟通、监督、公正、自律、协调的社会中介组织。行业协会组织是一种民间性组织，它不属于政府的管理机构系列，而是政府与企业的桥梁和纽带。行业协会属于中国《民法》规定的社团法人，是中国民间组织社会团体的一种，即国际上统称的非政府机构（又称 NGO），属非营利性机构。

由于融资租赁业的特殊性，融资租赁行业自律组织与别的行业相比，要求更严格，更有特点。融资租赁行业协会是由从事融资租赁研究的学者、融资租赁从业人员等组成的民间行业组织。它通常以“协会”或“公会”的形式出现，以“行业自制、协调和自我管理”方式行使职权，以业务性指导和交流为主，表现出广泛性、行业性和自制性的特点。

随着融资租赁行业发展，很多国家和地区都根据行业发展的实际需要，及时组建了各种形式的租赁自律组织，并在普遍发展的基础上，形成全国性或地域性或专业性的行业协会、行业公会或行业商会，这些行业组织在制定行业法规、引导行业自律、调解业务纠纷、维护行业权益等方面都发挥了积极作用。

在我国融资租赁业快速发展的今天，行业组织的作用还没有得到充分的发挥。融资租赁作为一个全国性的独立业态，至今没有一个全国统一的行业协会组织。地方协会机构在全国各省市基本建立，但作用力较为弱化，权威性也不够大。因此，我国融资租赁业应加强行业协会的力量，要注重发挥本行政区域行业协会在规范企业经营行为、加强行业自律等方面的重要作用，通过自律监管作用的增强进一步促使市场机制发挥效力。

（三）健全行业自律管理制度建设

健全的行业自律管理制度对融资租赁业的发展非常必要。一是行业发展需要制定游戏规则；二是转变政府职能需要，政府更多集中在政策调节、市场监管、社会管理、公共服务职能上，将部分具体经济管理职能和社会管理职能转交给行业协会管；三是行业运行发展服务需要，各种调研报告、数据采集分析、咨询建议等，需要协会组织客观提供；四是协调行业内各参与者关系、纠纷需要，维护行业间的公平竞争和会员企业的合法权利，贯彻政府的宏观调控意图。

借鉴国际经验并结合国情，行业协会管理的主要内容主要包括以下几个方面：

1. 协调政企关系，发挥纽带作用

市场经济条件下，政府不再直接干预企业的微观行为和具体经营活动，而是采用经济和法律等手段对市场进行间接调控。政府作为管理者与企业之间的相互沟通与合作非常重要，政府必须了解经营者一方的意见，并与之达成共识。在这一过程中，政府不可能与各经营者分别进行联系，行业协会便成为政府和企业之间的桥梁和纽带，主要方法就是行业会员的资格审查和登记。在国外，凡是通过行业协会的资格能力测试，才能有资格进一步申请在政府主管部门登记注册。

租赁行业协会通过与会员企业共同制定的规定或文件，有效地协调政府与企业联系，积极宣传贯彻党和国家的路线方针、政策。通过专题调查研究、召开座谈会、研讨会、走访企业等形式，了解掌握全行业经营情况、发展趋势和国内外市场动态，为国家制定政策和立法等提供决策依据。

2. 加强行业自律，制定行约行规

租赁行业协会的主要职责在于自律，包括：

其一，了解行业会员的经营情况，包括业务活动、财务管理以及从业人员在交易过程中是否违规违纪行为等。

其二，引导行业从业人员的自律。进行专业考试，决定进入该行业的人员的素质要求，进行定期注册和考核，检查任职资格和职业情况。

其三，拟定行业职业道德准则、规则和行业质量标准，规范企业整体行为。

其四，调解纠纷、协调行业会员关系。当会员之间发生纠纷时，协会便按照协会章程及有关规定进行调节。

3. 组织教育培训，开展交流合作

租赁企业是以追求利润和效率为最终目标，经营者和从业人员的素质和技术的高低是企业成功与否的关键因素。人才培训就成为行业组织的一项十分重要的职能和任务。许多国家的租赁协会很重视教育培训工作，并投入大量的人力、物力、财力。协会由于对行业的经营管理技能状况比较熟悉，可以通过建立租赁业人才数据库对会员企业的各类人才实行动态管理，并根据市场不同层次的要求，定向培养高级经理人才。个别企业往往受到资金、人才、信息、风险等方面条件的限制，而协会能够发挥其技术、信息、人才中心的优势和组织协调功能，通过举办行业技术经验交流、研讨，为企业提供各项咨询；通过举办各类技术培训班、专业知识讲座，推动租赁业的技术进步和经营管理水平的提高。

4. 开展行业统计，发布行业信息

作为代表和维护企业利益的全国性租赁协会，收集、处理、传输信息给企业，可以起到良好的沟通作用。租赁市场的价格、供求变化、资金流向、各项经济政策和法规、关税等各种经济信息变化飞快，而这些都对企业经营者的决策有着重大影响。企业在利益刺激和市场导向的作用下，面向市场，依托市场，也需要研究市场，依据收集到的市场参数和信息，组织和安排生产、营销、科研，在竞争中提高自己的市场占有率。同时，国家也需要市场信息，作为调控经济、制定政策的依据。租赁行业协会搜集的信息，具有专业性、针对性和及时性的特点，具有更高的参考和实用价值。协会可通过建立跨地区、跨部门的信息网络，反映本行业的经济、技术动向，汇集行业管理改革经验，收集整理并传递各种经济技术信息，定期举行信息发布、信息交流或定期不定期地在行业协会网站或专门杂志上公布信息，为企业经营活动服务，协调企业经营活动与行业发展规划的关系。

来自民间的这种行业自律由于是同行业共同自愿协定的，在某种意义上来说更具有特别的约束力。

三、融资租赁企业内部控制制度建设

融资租赁企业内部控制制度建设亦称内部监管，是一种企业机构自省的自我监管。它通过制定各种纪律、制度来规范各市场主体的行为，以控制人的经济性和不完全理性引发的错误，减低内部人员不合理行为所造成的风险。在防范风险的过程中，企业机构的自我控制也是防范和化解风险的基本前提。近年来，融资租赁经营中出现的一些风险，都与其内部监管上的漏洞和执行中的不得力有直接关系。

近年来，我国融资租赁机构在加强内部管理、强化内部控制方面，下了很大功夫，取得了不小的成效，但必须清醒地看到，我国融资租赁机构内部监管还存在着不同程度的问题，个别企业机构的内部管理和控制尚不完善，缺乏必要的监督和制约，需要给予高度重视。因此要切实提高对建立健全融资租赁机构的内部监管重要性的认识，在全面清理现行管理制度和业务规章的基础上，结合自身实际，借鉴国际经验，按照风险防范的要求，抓紧整章建制，形成一

套责权分明、平衡制约、规章健全、运作有序的内部风险控制机制，把经营风险降到最低限度。

（一）建立内部控制制度的主要目标和原则

融资租赁公司作为企业，基本经营活动以经济效益为目标，内部控制措施和手段也必须服从和服务于经济效益目标。机构内控制度的具体目标和原则主要包括以下几个方面：

1. 确保国家法律和中央监管要求的贯彻执行

内部控制制度的建设必须遵循"有效性"原则。市场经济是法制经济，任何经济活动和经营行为都必须在法律的严格规范之下进行，而融资租赁公司无一例外地要受到比一般工商企业更为严重严格的监管。因此，融资租赁公司内部监管制度要为有效贯彻国家法律和中央监管规章服务，内部监管的措施和程序必须保证法律和监管规章在各个部门和所有人员中得到充分遵守和执行，有效地杜绝内部人员职务违法行为。

2. 确保将各种风险控制在可接受的范围内

内部控制制度的建设必须遵循"审慎性"原则。融资租赁业务经营过程中造成各种损失的可能性，是客观、普遍存在的，完全规避是不可能的。问题是如何有效的防范、控制和化解风险，将风险造成的损失控制在最小的、可接受的范围内。内部控制对融资租赁公司的重要作用，最主要体现在防范风险方面。融资租赁机构内部控制必须围绕防范和控制风险而设置和实施，企业运营始终处在良好状态，即使某一笔业务的失败也不会导致整个企业的破产。

3. 确保业务过程和操作环节得到全面控制

内部控制制度的建设必须遵循"全面性"原则。从国内外发生的风险事例来看，内部控制的失败并不是各个环节和各项措施都出了问题，而往往是由于一个或几个环节没有做到相互制约，有时甚至是一个看上去并不那么"关键"的环节的问题导致风险的发生。因此，内部控制还必须遵循"全面性"原则，控制程序和措施必须渗透到各个业务流域和各个操作环节，覆盖所有的部门和岗位，并真正做到相互制约。

（二）建立科学的企业机构内部控制制度

国际国内的无数事实告诉我们，融资租赁业长期而普遍存在的是三大风险，即信用风险、操作风险和管理风险。那么，行之有效的内部监管制度就要相对应这三大风险，充分发挥其防范和化解的作用。内部监管制度表面上看它是一种"制度"，实际上它应是一种自上而下和自下而上的对融资租赁机构内部任何人、任何事都有制约作用的“运行机制”。其基本内容如下：

1. 决策管理制度

各融资租赁公司应当建立科学、有效的最高决策管理组织，健全和完善股东大会、董事会、监事会和经营管理组织，明确各自的职责和权限，充分发挥其职能作用。并在这些机构中建立有效的议事规则，提高其意见和建议的权威性，确保业务决策的科学性、民主性和准确性。融资租赁公司最高决策组织对整个系统内部控制负完全责任，应当充分了解内部控制存在的问题并及时补充完善，将内部控制状况作为评价管理层工作成效的重要标准。

2. 人事管理制度

任何制度都需要人来执行，所以监管工作必须以人为本。从经济学理论上分析，在市场经济条件下，由于“经济人”的理性有限，如果不建立有效的制度和市场，对追求利益最大化的自然人进行约束和管理，某些机构的员工包括负责人就不可避免地会利用手中的权力进行一些违法违规活动以谋取私利，破坏市场秩序，对融资租赁业的安全稳健运行构成危害。建立人事管理制度是内控制度有效运作的重要条件和基础。

建立人事管理机制首先要把好进人关，择优录取；其次要加强培训，不断更新员工的知识，使培训制度化、经常化；再次在人员控制上，要有一套行之有效的、完善、配套的用人制度，要明确内部各层次人员的职责和权限，定岗定责到人，制定各种业务操作手册、行为规则和纪律守则。要加强管理人员的管理，实行指定休假和离职审查、离任审计制度。与此同时还要实行对融资租赁业务经营一线的负责人进行任职资格年检考试，加强对负责人的任职资格管理，这样有利于提高融资租赁公司负责人的整体素质和改善融资租赁经营管理水平，这也是当前我国一项势在必行的监管方式创新。

任职资格年检考试具有其他监管手段不具备的明显优势，一是全面性，任职资格考试的对象中既有公司各层级负责人，又有各业务部门负责人。二是针对性，资格年检考试的内容针对性强，主要是融资租赁政策法规和基础知识，与融资租赁实际工作联系紧密，都是融资租赁负责人在具体经营管理中必备的知识。三是客观性，任职资格年检考试的结果，能够较客观真实地反映机构负责人的专业理论水平和政策法规水平。通过考试，对那些考试成绩差，而且所在机构平时违规违纪问题较多、风险较大的机构负责人进行调整更换，有利于优化机构负责人群体，端正机构负责人的经营思想，督促其守法稳健经营。

此外还要有一套激励员工提高自身素质的措施，如提高收入和提高对违规者的处罚力度，还应建立一个失职追究制度，把责任与违章违规违法现象的多少及其后果联系起来，让员工在运用高收入的职位权利的同时，保持高度的责任心，最大限度地调动广大员工的积极性，造就出一支精通业务、敬业奉献的高素质员工队伍。

3. 职责分离制度

基本要求是业务活动的核准、记录、经办人应当尽可能做到相互独立，如果不能做到完全分离，也必须通过其他适当的控制程序来弥补。融资租赁业务过程复杂，涉及业务洽谈、项目评审、项目决策、业务运作、项目管理等多个环节，加强融资租赁程序环节风险控制，使许多业务和项目经营置于必要的监督、指导、制约与责任连带关系。具体而言就是项目评审、项目审批、业务操作相分离，资金的筹措、决策、使用、监督相分离。领导决策层对重大问题的决策，有科学决策和民主决策程序，并利用风险决策机制来对付融资租赁的多风险特性。

4. 授权和审批制度

融资租赁机构的各个业务部门都应当明确，开办任何业务活动必须经过有权批准部门的书面认可，并实施严格的授权，对越权行为予以严厉的处罚，越权造成的损失应追求相应的法律责任。根据“四只眼”原则，明确规定重要业务活动必须经两人以上审批签署方才有效，单人单岗处理业务的，也应建立后续监督机制。同时还必须明确规定履行各种审批权力应当承担的相应责任。

5. 内部审计制度

内部审计既是内部控制的一个组成部分，又是内部控制的一种特殊形式，即是对内部控制的再控制，进而提高现代企业风险管理水平。融资租赁公司应当建立具有独立性、权威性的内部审计机制，充分发挥内部审计在内部控制中的综合性再监督职能。应当设立专门的内部审计部门，内审部门应当根据业务发展的规模配备足够的、称职的内部审计人员，有效开展内部审计工作，并将内部控制制度的健全和执行情况作为工作重点。要为内部审计部门和内部审计人员开辟畅通的信息反馈和报告渠道，保证发现的问题能够及时、完整地为上级决策组织所掌握。

6. 风险防范制度

融资租赁业在经历了20世纪80年代和90年代由兴到衰的沮丧和“十一五”由衰到兴的激情后，应回归理性和稳健。租赁企业除了思想上高度重视，努力推动行业发展的同时，所有企业都应积极构筑完善的防范金融风险体系，要认真研究金融风险发生的特点、渠道、机理、原因，建立诸如报告审计制度、资产登记制度、风险评估制度、加速折旧制度等风险防范控制制度，将自己的发展建立在扎实稳健的制度保证基础之上，防止陷入危机。

第十一章　融资租赁的税收政策

“法律、会计、税收和监管”在国际上被认为是完善融资租赁业外部环境的四大支柱。税收作为其中的重要一环，直接影响着融资租赁企业的运营成本，关系到融资租赁业的长远发展。

第一节　我国融资租赁的增值税政策

2016 年 3 月 24 日，财政部、国家税务总局发布《关于全面推开营业税改征增值税试点的通知》，自 2016 年 5 月 1 日起，在全国范围内全面推开营业税改征增值税试点，建筑业、房地产业、金融业、生活服务业等全部营业税纳税人，纳入试点范围，由缴纳营业税改为缴纳增值税。

一、营业税改为缴纳增值税的意义

（一）增值税含义

营业税改为缴纳增值税，通俗来讲叫“营改增”，就是把以前缴纳营业税的应税项目改成缴纳增值税。就是改变以往对产品征收增值税、对服务征收营业税的方式，将产品和服务的增值部分，一并纳入增值税的征收范围，不再对“服务”征收营业税，并且降低增值税税率。其目的就是减少重复纳税，促使社会形成更好的良性循环，有利于企业降低税负，“营改增”可以说是一项减税的政策。

比如说一个产品 100 元，生产者销售时已经缴纳了相应的税金，购买者再次销售时卖出 150 元，那么他买来的时候 100 元相应的税金可以抵减，购买者只需要对增值的 50 元计算缴纳相应的税金。

增值税是对在中国境内销售货物或者提供加工、修理修配劳务，以及进口货物的单位和个人，就其实现的增值额征收的一个流转税种。增值税现已成为中国最主要的税种之一，增值税的收入占中国全部税收的 60%以上，是最大的税种。增值税由国家税务局负责征收，税收收入中75%为中央财政收入，25%为地方收入。进口环节的增值税由海关负责征收，税收收入全部为中央财政收入。

（二）增值税计税原理

从计税原理上说，增值税是对商品生产、流通、劳务服务中多个环节的新增价值或商品的附加值征收的一种流转税。实行价外税，也就是由消费者负担，有增值才征税，没增值不征税，但在实际当中，商品新增价值或附加值在生产和流通过程中是很难准确计算的。因此，中国也采用国际上普遍采用的税款抵扣的办法，即根据销售商品或劳务的销售额，按规定的税率计算出销项税额，然后扣除取得该商品或劳务时所支付的增值税款，也就是进项税额，其差额就是增值部分应交的税额，这种计算方法体现了按增值因素计税的原则。

增值税从理论原理角度就显示出其无可比拟的优越性。增值税保留了销售税多阶段、多环节征收的特点，征收范围广泛。除此之外，增值税的税负与增值额有关而与周转环节的多少无关，税收负担向前推移，消费者最终承担了全部税负。增值税在实际征收管理中一般都采取发票抵扣的方法。由于增值税的优越性，对许多国家都产生了巨大的吸引力。

二、融资租赁增值税政策

（一）融资租赁增值税征税的纳税人

各国对增值税纳税人的定义一般是指在一国境内从事销售货物和提供劳务以及进口货物和劳务等经济活动的单位和个人。我国财政部、国家税务总局《关于全面推开营业税改征增值税试点的通知》（财税〔2016〕36号文）第1条规定，凡在中华人民共和国境内销售或者进口货物、提供应税劳务和服务的单位和个人都是增值税纳税义务人，应当按照本办法缴纳增值税，不缴纳营业税。纳税人分为一般纳税人和小规模纳税人。应税行为的年应征增值税销售额（以下称应税销售额）超过财政部和国家税务总局规定标准的纳税人为一般纳税人，未超过规定标准的纳税人为小规模纳税人。目的在于减轻小企业的纳税负担。

全面“营改增”后融资租赁增值税的纳税人包括：（1）经中国人民银行、银监会或者商务部批准从事融资租赁业务的试点纳税人。（2）商务部授权的省级商务主管部门和国家经济技术开发区批准的从事融资租赁业务和融资性售后回租业务的试点纳税人中的一般纳税人，2016年5月1日后实收资本达到1.7亿元。

（二）融资租赁增值税征税范围

根据财政部、国家税务总局发布的《关于全面推开营业税改征增值税试点的通知》（财税〔2016〕36号文）规定，租赁服务分类征税。租赁服务其下还分为“融资租赁服务”和“经营租赁服务”。其中，融资租赁服务是指具有融资性质和所有权转移特点的租赁活动。经营租赁服务是指在约定时间内将有形动产或者不动产转让他人使用且租赁物所有权不变更的业务活动。

融资租赁应税服务范围为，按照租赁标的物的不同，融资租赁服务可分为有形动产融资租赁和不动产融资租赁，改变了以往的“有形动产融资租赁”这一单一标的物的纳税标准。

有形动产融资租赁，是指具有融资性质和所有权转移特点的有形动产租赁业务活动。即出租人根据承租人所要求的规格、型号、性能等条件购入有形动产租赁给承租人，合同期内设备所有权属于出租人，承租人只拥有使用权，合同期满付清租金后，承租人有权按照残值购入有形动产，以拥有其所有权。不论出租人是否将有形动产残值销售给承租人，均属于融资租赁。

值得关注的是，（财税〔2016〕36号文）强调，“融资性售后回租”不按照本税目缴纳增值税。“融资性售后回租”在（财税〔2016〕36号文）中被划分在“贷款服务”范畴。这意味着“回租”按贷款的税率征税，但不是认定“回租”属于金融资产。融资性售后回租，是指承租方以融资为目的，将资产出售给从事融资性售后回租业务的企业后，从事融资性售后回租业务的企业将该资产出租给承租方的业务活动。

（三）融资租赁增值税的税目及税率

财政部、国家税务总局《关于全面推开营业税改征增值税试点的通知》（财税〔2016〕36号文）对租赁业务进行了分类，提出了“不动产租赁服务”的概念，与“有形动产租赁服务”相区分，适用不同税率。出租人提供“有形动产租赁服务”（包括融资租赁和经营租赁）的增值税税率保持不变，为17%；新增的“不动产租赁服务”（包括融资租赁和经营租赁），增值税税率为11%。此外，36号文对融资租赁中的回租业务和直租业务进行区分，适用不同税率。明确将“融资性售后回租服务”纳入金融服务范围，按照“贷款服务”税目适用6%的增值税税率；而非回租型融资租赁服务和经营租赁服务仍属于“租赁服务”的范围，适用17%的增值税税率。

表 11-1　融资租赁业务的税务处理具体情况

类别	税目	税率	计税基础	承租人是否可以抵扣
有形动产融资租赁(直租)	租赁服务	17%	销售额计算在扣减两息基础上再扣减车辆购置税	可以
不动产融资租赁(直租)	租赁服务	11%	销售额计算在扣减两息基础上再扣减车辆购置税	可以
融资性售后回租	贷款服务	6%	销售额计算在扣减两息基础上再扣减本金	不可以

分类税务处理差别：融资性售后回租与有形动产/不动产融资租赁税务处理的核心区别在于出租人在购进租赁物时以及计算销售额时本金部分的差别以及租金专用发票能否作为承租人进项抵扣的规定；有形动产与不动产融资租赁税务处理的核心区别在于税率的不同及不动产融资租赁不能享受“超三返还”的税收优惠政策。

简而言之，按照 36 号文规定，融资租赁增值税税率一共有三种：6%、11%和 17%。其中，融资性售后回租税率为 6%，不动产租赁税率为 11%，有形动产租赁税率为 17%。

(四) 融资租赁增值税销售额的确定

销售额，是指纳税人提供应税服务取得的全部价款和价外费用。财政部、国家税务总局发布《关于全面推开营业税改征增值税试点的通知》(财税〔2016〕36 号文) 对租赁业务销售额进行规定。

1. 经中国人民银行、银监会或者商务部批准从事融资租赁业务的试点纳税人，提供融资租赁服务，以取得的全部价款和价外费用，扣除支付的借款利息 (包括外汇借款和人民币借款利息)、发行债券利息和车辆购置税后的余额为销售额。

2. 经人民银行、银监会或者商务部批准从事融资租赁业务的试点纳税人，提供融资性售后回租服务，以取得的全部价款和价外费用 (不含本金)，扣除对外支付的借款利息 (包括外汇借款和人民币借款利息)、发行债券利息后的余额作为销售额。

3. 试点纳税人根据 2016 年 4 月 30 日前签订的有形动产融资性售后回租合同，在合同到期前提供的有形动产融资性售后回租服务，可继续按照有形动产融资租赁服务缴纳增值税。

继续按照有形动产融资租赁服务缴纳增值税的试点纳税人，经中国人民银行、银监会或者商务部批准从事融资租赁业务的，根据 2016 年 4 月 30 日前签订的有形动产融资性售后回租合同，在合同到期前提供的有形动产融资性售后回租服务，可以选择以下方法之一计算销售额：

（1）以向承租方收取的全部价款和价外费用，扣除向承租方收取的价款本金，以及对外支付的借款利息（包括外汇借款和人民币借款利息）、发行债券利息后的余额为销售额。纳税人提供有形动产融资性售后回租服务，计算当期销售额时可以扣除的价款本金，为书面合同约定的当期应当收取的本金。无书面合同或者书面合同没有约定的，为当期实际收取的本金。试点纳税人提供有形动产融资性售后回租服务，向承租方收取的有形动产价款本金，不得开具增值税专用发票，可以开具普通发票。

（2）以向承租方收取的全部价款和价外费用，扣除支付的借款利息（包括外汇借款和人民币借款利息）、发行债券利息后的余额为销售额。

经商务部授权的省级商务主管部门和国家经济技术开发区批准的从事融资租赁业务的试点纳税人，2016 年 5 月 1 日后实收资本达到 1.7 亿元的，从达到标准的当月起按照上述第 1、2、3 点规定执行；2016 年 5 月 1 日后实收资本未达到 1.7 亿元但注册资本达到 1.7 亿元的，在 2016 年 7 月 31 日前仍可按照上述第 1、2、3 点规定执行，2016 年 8 月 1 日后开展的融资租赁业务和融资性售后回租业务不得按照上述第 1、2、3 点规定执行。

三、全面“营改增”对融资租赁业的影响

（一）提升融资租赁的社会认知度

融资租赁行业营改增有利于提升融资租赁的社会认知度，促进监管政策部门和社会公众更加了解融资租赁的特点、作用和优势。在融资租赁营改增过程中，各级财税部门实事求是，及时聆听租赁公司关于营改增政策的反馈和建议，逐步形成了较为符合实际的租赁税收政策。同时，除一般税收政策外，财税部门还指导租赁公司解决了一系列具体税务操作问题，包括租赁业务按权责发生制纳税、SPV 项目公司统一打印发票、申报纳税等。

（二）融资租赁产业链的税负降低

融资租赁营改增改在租赁，利在企业。实践证明，按照增值税原理，主要上下游企业均为增值税纳税主体且增值税链条环环相扣，进项税额就可以层层抵扣，从而降低整个产业链的税负。尽管租赁公司税负上升，但有利于承租人，

从整个租赁链条角度看税负还是实现下降，从而促进了租赁行业近几年的蓬勃发展。

（三）融资租赁公司融资成本上升

金融业全面纳入营改增后，对融资租赁公司影响弊大于利，租赁公司税负压力增加。一方面，售后回租业务视同贷款服务，承租人无法抵扣回租利息支出，租赁公司资产端较银行贷款等的比较优势明显下降。另一方面，融资租赁公司的资金主要来源于银行借款，由于银行贷款利息收入的税率从5%营业税改为6%增值税且不得抵扣，因此可能会提升贷款利率，这将可能导致租赁公司负债端融资成本上升。

另外，36号文规定，银行通过全国统一银行间拆借网络进行的无担保拆借业务产生的利息收入免征增值税，免征范围不包括场外拆借；同时，以货币资金投资收取的固定利润按照贷款服务缴纳增值税。按此规定字面意思理解，银行持有金融租赁公司发行的金融债到期利息收入将征收增值税。由于金融租赁公司主要融资来源为金融机构拆借（其中绝大部分为场外）及发行金融债，如果对银行场外拆借业务以及持有金融债到期利息收入按货币资金投资收取的固定利润征税，则银行很可能将税负转嫁给金融租赁公司。由于36号文不允许抵扣贷款服务进项税，从而金融租赁公司的融资成本将大幅增加。

（四）融资租赁增值税即征即退政策难以享受

即征即退政策，即从事融资租赁业务的试点纳税人中的一般纳税人，对其提供有形动产融资租赁服务和有形动产融资性售后回租服务中增值税实际税负超过3%的部分实行增值税即征即退政策。新的财税〔2016〕36号文件重新对超税负即征即退政策给予了延续，并且未设定截止日期。也就是说“即征即退”的优惠政策继续适用。

可享受即征即退的从事融资租赁业务的试点纳税人，根据36号文的规定，一是经中国人民银行、银监会或者商务部批准从事融资租赁业务的试点纳税人中的一般纳税人，提供有形动产融资租赁服务和有形动产融资性售后回租服务，对其增值税实际税负超过3%的部分实行增值税即征即退政策。二是商务部授权的省级商务主管部门和国家经济技术开发区批准的从事融资租赁业务和融资性售后回租业务的试点纳税人中的一般纳税人，2016年5月1日后实收资本达到1.7亿元的，从达到标准的当月起按照上述规定执行；2016年5月1日后实收资本未达到1.7亿元但注册资本达到1.7亿元的，在2016年7月31日前仍可按照上述规定执行，2016年8月1日后开展的有形动产融资租赁业务和有形动产融资性售后回租业务不得按照上述规定执行。

财税〔2016〕36 号文规定的征收率只有一种为 3%，用来比对租赁公司实缴增值税额是否超过 3%的征收率，超过部分即征即退。但在融资租赁业务实际运行中，3%即征即退的分母不仅包括租赁利息收入，还包括了租赁本金。按照此分母计算，现实中融资租赁公司的实际税负大概只能达到 0.5%，远小于 3%，达不到即征即退的水平，因此即征即返的适用可能性不大，优惠政策无法享受。

“即征即退”原本属于政府给产业的优惠政策，在一定时期符合条件的企业可以享受。防止税收政策因技术原因出现超税负过重不合理的现象存在，是弥补政策瑕疵的方法。但当享受“即征即退”的环境改变后，享受即征即退的企业就会失去这个政策。因此这个政策待遇是可以改变，而不是永久享受的政策。

（五）融资租赁的差额纳税政策继续适用

随着财税〔2016〕36 号文（以下简称“36 号文”）规定融资租赁业务继续适用差额征税政策，且不再区分有形动产融资租赁和不动产融资租赁。

融资租赁的差额征税政策，是指融资租赁公司以收到的全部价款和价外费用，扣除融资租赁公司自身承担的成本之后的金额为销售额来征税。租赁公司的成本包括租赁物直接相关的成本，如租赁物购入价、关税、增值税、消费税、运杂费、安装费和保险费等费用，也包括融资租赁公司的融资成本。

融资租赁业务的差额征税政策不同于一般企业的凭票抵扣法，即取得增值税专用发票进行认证之后抵扣的方法，而是直接扣减销售额，以抵扣销售额之后的金额作为计税基础。

可享受差额纳税的从事融资租赁业务的试点纳税人，其从事融资性售后回租服务的，差额纳税的扣除项不变。根据 36 号文的规定，2016 年 5 月 1 日起，对可享受差额纳税的、经商务部批准从事融资租赁业务的试点纳税人的资本限制，从此前的“注册资本”达到 1.7 亿元，调整为“实收资本”达到 1.7 亿元，并从达到标准的当月起执行差额纳税；而对于 2016 年 5 月 1 日后实收资本未达到 1.7 亿元但注册资本达到 1.7 亿元的，在 2016 年 7 月 31 日前仍可按照差额纳税，但 2016 年 8 月 1 日后，实收资本未达到 1.7 亿元，不得执行融资租赁和融资性售后回租的差额纳税。

2016 年颁布的财税〔2016〕36 号文，关于差额征税政策可抵扣的融资成本范围限定为借款利息和发债利息。但随着国内资本市场多元化发展，金融租赁公司的融资渠道已不仅限于银行借款以及发行债券，比如 IPO、资产证券化、保理、信托等，随着我国金融市场的逐步发展，融资租赁公司融资方式越来越多样化。因此，36 号文关于差额征税政策可抵扣的融资成本范围限定为借款利息和发债利息，就局限了金融租赁公司的融资渠道，并在一定程度上限制了金融租赁公司增加规模所急需的长期资金支持。因此，从政策制定的角度来看，国家税务主管部门需要尽快出台相关政策，进一步扩大融资租赁差额征税政策可抵扣融资成本的范围，将实践业务中广泛采用的新兴融资方式的融资成本纳入可抵扣范围。在抵扣凭证的要求方面，也需要考虑新兴融资方式的特点，不再强制要求把发票作为唯一的抵扣凭证。

（六）融资租赁售后回租市场或将变小

国家财税部门 2016 年 3 月颁布财税〔2016〕36 号文最大的变化在于规范售后回租业务为贷款业务。36 号文明确了“融资性售后回租、押汇、罚息、票据贴现、转贷等业务取得的利息及利息性质的收入，按照贷款服务缴纳增值税”。在附件 1《营业税改增值税试点实施办法》第 27 条指出，贷款服务的进项税额不得从销项税额中抵扣。36 号文将售后回租归入贷款服务，税率从 17%降至 6%，租赁公司售后回租税负下降；但同时规定下游企业不能作为进项抵扣，故承租人实际融资成本上升，租赁公司减少的税负远少于承租人实际增加的融资成本，使得售后回租丧失了相对银行贷款的节税优势，这将对金融租赁行业的发展速度、业务模式、定价结构及行业竞争力产生深远的影响。

据统计，截至 2016 年末，金融租赁行业售后回租占比超过 80%。售后回租之所以被广泛开展，主要由于目前市场环境不完善，相关政策不配套等外部因素，以及租赁公司对租赁物管理方面缺乏专业人才，上下游配套产业及其他方面制度的不配套，使得直租开展存在一定限制，在这种情况下，开展售后回租能够对实体经济产生积极贡献；同时，售后回租有助于企业盘活存量资产和提高交易效率，符合经济结构调整、产业升级的趋势。因此，租赁公司在目前大力发展售后回租业务有其必然性。执行 36 号文后，由于售后回租承租人无法抵扣利息支出进项，相比原方案租赁结构性减税效果减弱，相当部分下游实体经济企业融资成本大幅提高，售后回租在一定程度上丧失了节税优势，将对融资租赁行业发展产生较大不利影响。

（七）融资租赁营改增后促进直租业务发展

对于目前占融资租赁全部业务模式 22.4%的直接租赁，业内人士认为，营改增后或将促进直租业务发展，特别是不动产直租的发展。

根据计算得出，同样一笔借款利息抵扣直租销售额与回租销售额，借款利息全部抵扣直租业务的销售额对租赁公司最为有利。不动产租赁业务出租人的税率虽然由 5%增加到了 11%，但是承租人可以进行增值税进项税额的抵扣，承租人降低的税负高于出租人增加的税负，因此从整体上降低了不动产租赁的税负，能促进直租业务的发展。

第二节　我国融资租赁的所得税政策

所得税就是直接税。从纳税人上来看，企业所得税的纳税人是国内的企业和外商投资企业。中国内外资企业税收待遇早在 2008 年已统一，不再区别对待，税率 25%，符合政策的可以享受所得税优惠的除外。

一、融资租赁投资税收抵免规定

按照现行税法规定，企业进行国产设备投资，只要符合技术改造投资抵免企业所得税政策规定，无论采取何种方式，包括融资租赁方式，均可抵免企业所得税。对租赁公司购买的用于出租的有利于促进企业技术进步、环境保护等的设备，经批准可以实行抵免企业所得税。

如天津市政府明文规定，在天津滨海新区设立融资租赁企业，无论是国内投资还是外商投资，都享受同等优惠政策：开业后，税收两年免收三年减半征收。截至目前，浦东新区、中关村科技园、宁波梅山港、武汉光谷开发区、东莞市等许多地区，都公布了融资租赁业税收减免政策。

二、融资租赁所得税计税基础规定

所得税征税的计税基础是以企业所有收入减去成本以后的差额余额来征税的，也就是收益减去成本费用的余额。所得税就是收入减去支出的余额乘上一定的税率来缴纳的税。融资租赁公司的所得税是按价差来征税的，也就是资金收入里已扣缴掉购货成本以及融资借款的利息支出。但在现实实施中还是多少有差别的。

一是《企业所得税法实施条例》第五十八条规定，融资租入的固定资产，以租赁合同约定的付款总额和承租人在签订租赁合同过程中发生的相关费用为计税基础；租赁合同未约定付款总额的，以该资产的公允价值和承租人在签订租赁合同过程中发生的相关费用为计税基础。

二是《企业所得税法实施条例》第四十七条规定，以融资租赁方式租入固定资产发生的租赁费支出，按照规定构成融资租入固定资产价值的部分应当提取折旧费用，分期扣除。《新企业会计准则第 21 号——租赁》第十一条规定，在租赁期开始日，承租人应当将租赁开始日租赁资产公允价值与最低租赁付款额现值两者中较低者作为租入资产的入账价值，将最低租赁付款额作为长期应付款的入账价值，其差额作为未确认融资费用。承租人在租赁谈判和签订租赁合同过程中发生的，可归属于租赁项目的手续费、律师费、差旅费、印花税等初始直接费用，应当计入租入资产价值。

同时，第十五条、第十六条还规定，未确认融资费用应当在租赁期内各个期间进行分摊。承租人应当采取实际利率法计算确认当期的融资费用。承租人应当采用与自有固定资产相一致的折旧政策计提租赁资产折旧。能够合理确定租赁期届满时取得租赁资产所有权的，应当在租赁资产使用寿命内计提折旧。无法合理确定租赁期届满时能够取得租赁资产所有权的，应当在租赁期与租赁资产使用寿命两者中较短的期间内计提折旧。

从税法有关融资租赁计税基础的规定可以看出，条例并未规定计算最低租赁付款额的现值，这与会计准则的规定是有差异的。条例采用相对简化的处理方式，按合同规定的租赁付款额或者公允价值作为固定资产的入账价值，将会计准则中确认的未实现融资费用直接计入固定资产原值，然后分期计提折旧。由此可见，税法规定融资租入的固定资产的计税基础与会计上该资产的入账价值是存在差异的，需进行纳税调整。在会计上未计入资产成本的未确认融资费用，因其实际已经包含在计税基础中，按规定应当以折旧的方式在固定资产的使用期限里分期扣除，不得在税前直接扣除，应调整应纳税所得额。

三是关于融资性售后回租，《国家税务总局关于融资性售后回租业务中承租方出售资产行为有关税收问题的公告》（国家税务总局公告 2010 年第 13 号）指出，根据现行企业所得税法及有关收入确定规定，融资性售后回租业务中，承租人出售资产的行为，不确认为销售收入，对融资性租赁的资产，仍按承租人出售前原账面价值作为计税基础计提折旧。租赁期间，承租人支付的属于融资利息的部分，作为企业财务费用在税前扣除。

三、融资租赁的加速折旧规定

加速折旧，是指按照税法规定准予采取缩短折旧年限、提高折旧率的办法。加快折旧速度，是减少应纳税所得额的一种税收优惠措施。其目的一是可以减少企业所得税，二是可以增强公司未来竞争和融资能力。

在利用融资租赁的情况下，承租人企业可以享受加速折旧的优惠。财政部、国家税务总局 1996 年 4 月 7 日以财工字〔1996〕41 号文发布的《关于促进企业技术进步有关财务税收问题的通知》第四条第 3 款规定："企业技术改造采取融资租赁方式租入的机器设备，折旧年限可按租赁期限和国家规定的折旧年限孰短的原则确定，但最短折旧年限不短于三年。"而利用银行贷款自行购置设备，就不能享受该优惠待遇。

随着税制的不断改革，面对经济发展新常态，2014 年 10 月，国务院常务会议决定，对生物药品制造业、专用设备制造业等 6 个行业的企业实行固定资产加速折旧政策。该项优惠政策的实施，对促进企业技术革新、加强产业转型升级、推动中国经济向中高端水平迈进，起到了积极作用。

为进一步拉动有效投资，进一步促进产业升级，2015 年 9 月 16 日，国务院第 105 次常务会议决定，将固定资产加速折旧优惠扩大到轻工、纺织、机械、汽车四个领域重点行业（以下简称四个领域重点行业）。这次政策调整受益面更广、惠及企业更多，2015 年减税约 50 亿元。这项举措对鼓励企业扩大投资，促进传统产业改造升级，增强经济发展后劲，具有重要意义。

根据国务院扩大固定资产加速折旧优惠范围的决定，《财政部国家税务总局关于进一步完善固定资产加速折旧企业所得税政策的通知》（财税〔2015〕106 号，以下简称财税 106 号文）对此次完善固定资产加速折旧企业所得税政策做了明确规定，具体包括：一是规定了四个领域重点行业的企业固定资产加速折旧政策，即对轻工、纺织、机械、汽车四个领域重点行业的企业 2015 年 1 月 1 日后新购进的固定资产，允许缩短折旧年限或采取加速折旧方法；二是规定了四个领域重点行业小型微利企业固定资产加速折旧的特殊政策，即对轻工、纺织、机械、汽车四个领域重点行业的小型微利企业 2015 年 1 月 1 日后新购进的研发和生产经营共用的仪器、设备，单位价值不超过 100 万元（含）的，允许一次性计入当期成本费用在计算应纳税所得额时扣除，不再分年度计算折旧；单位价值超过 100 万元的，允许缩短折旧年限或采取加速折旧方法；三是规定了企业加速折旧优惠政策的选择权，即企业根据自身生产经营需要，可选择是否实行加速折旧政策；四是规定了政策执行起始时间和前 3 季度未能享受优惠的税务处理，即此次固定资产加速折旧政策从 2015 年 1 月 1 日起执行。2015 年前 3 季度未能计算办理享受的，统一在 2015 年第 4 季度预缴申报时或 2015 年度企业所得税汇算清缴时办理享受。

本次政策中规定了符合条件的固定资产可以采取缩短折旧年限方法，也可以采取其他加速折旧方法，其目的是使固定资产成本尽快回收，加快企业资金流转，引导企业加大投资。在实际操作中需注意以下几点：

第一，采取缩短折旧年限方法的，按照企业新购进的固定资产是否为已使用，分别实行两种不同的税务处理方法。国家税务总局公告 2016 年第 68 号《国家税务总局关于调整增值税普通发票防伪措施有关事项的公告》规定，企业购置的新固定资产，最低折旧年限不得低于企业所得税法实施条例规定的折旧年限的 60%；企业购置已使用过的固定资产，其最低折旧年限不得低于企业所得税法实施条例规定的最低折旧年限减去已使用年限后剩余年限的 60%。

第二，采取其他加速折旧方法的，企业也可以选择双倍余额递减法或年数总和法。双倍余额递减法和年数总和法，在《国家税务总局关于企业固定资产加速折旧所得税处理有关问题的通知》（国税发〔2009〕81 号）作了明确规定，具体计算按照国税发〔2009〕81 号文有关规定执行。

为推进税务行政审批制度改革，方便纳税人享受加速折旧优惠政策，税务部门已经取消“企业享受符合条件的固定资产加速折旧或缩短折旧年限所得税优惠的核准”事项，符合条件的纳税人可以在企业所得税预缴申报和汇算清缴申报中直接享受该项优惠政策，不需要到税务机关办理审批手续。

为保证优惠政策正确执行，引导企业正确核算，68 号公告对企业享受加速折旧政策提出了要求，即企业应将购进固定资产的发票、记账凭证等有关资料留存备查，并建立管理台账，准确反映税法与会计差异情况。

加速折旧是项优惠政策，但不能节税，只能是递延纳税。优惠的只是企业合法占用国家的税款。

四、融资租赁的所得税税前扣除规定

大多数西方国家允许承租人把租赁的总成本当作费用在税前扣除。如美国规定，采用“真实租赁”的承租人，可把租赁的总成本当作一种费用在纳税利润中扣除。根据《中华人民共和国企业所得税法实施条例》第四十七条规定，纳税人以融资租赁方式租入固定资产发生的租赁费支出，按照规定构成融资租入固定资产价值的部分，应当提取折旧费用分期扣除。

五、融资租赁的预提所得税规定

预提所得税是对在一国境内未设立机构、场所的外国企业所得的来源于该

国的股息、利息、租金、特许权使用费和其他所得的征税办法的统称。中国的预提所得税并非是独立于外资企业所得税之外的另一税种，而只是为适应上述跨国权益所得的特点，所采取的一种源泉征收办法。当这类所得在中国境内发生时，即以这类所得的取得者为纳税人，以支付所得的单位为扣缴义务人，从每次支付的款项中代扣代缴应纳税额。

根据中国现行税法规定，对在中国境内没有设立固定机构、场所的外国租赁公司，以融资租赁方式向中国境内用户提供设备所取得的租金按10%的比例税率计征。

第三节　融资租赁的其他税政策

一、融资租赁的进出口税政策

关税是海关依法对进出境货物、物品征收的一种税。早在1982年海关总署关税处在给中国东方租赁有限公司《关于租赁进口设备申请免税问题的复函》中指出："如果承租企业列入技术改造计划，租赁设备经进口审批部门证明确属国内不能保证供应的、先进适用的生产设备，承租单位可提供租赁合同和经批准的进口订货卡片影印本，向我署申请减免关税。"最近几年，海关总署也就几个国内企业通过融资租赁公司采取融资租赁方式融资进口符合减免税条件的国外设备的减免税申请做过类似的批复。

（一）一般进口租赁

如果出租人在境内，不论是出租人根据承租人对进口货物的选择，还是依据自己的对进口货物选择与境外卖方签订了有效进口购买合同，出租人以购买方式进口，则该设备的进口应视为一般货物进口贸易。根据海关法和关税条例，进口货物的收货人是关税缴纳义务人。在融资租赁业务中承租人是收货人，应依法缴纳关税。

（二）跨境租赁

跨境租赁是指境内承租人（包括转租人又称第一承租人，第二出租人）依据与境外出租人签订的租赁合同，申请以租赁方式进口的业务。

修订后的有关关税的法律法规对一般货物的进口和租赁方式的进口关税纳税义务人、关税减免税、关税的完税价格的认定均有了明确的规定。

根据《中华人民共和国进出口关税条例》第十四条的规定，"以租赁（包括租借）方式进口的货物，应当以海关审定的货物的租金，作为完税价格"。根据《中华人民共和国海关审定进出口货物完税价格办法》第十七条的规定，“租赁方式进口的货物，按照下列方法估定完税价格：

（1）以租金方式对外支付的租赁货物在租赁期间以海关审定的租金作为完税价格；

（2）留购的租赁货物以海关审定的留购价格作为完税价格；

（3）承租人申请一次性缴纳税款的，经海关同意，按照本办法第二章的规定估定完税价格”。

如果承租人对租赁进口的设备只是要求境外出租人提供一种短期的租赁服务，租赁合同中并没有规定承租人在租赁结束时有留购租赁物或享有留购租赁物的选择权。《中华人民共和国海关法》第五十九条规定：“经海关批准暂时进口或者暂时出口的货物，以及特准进口的保税货物，在货物收发货人向海关缴纳相当于税款的保证金或者提供担保后，准予暂时免纳关税。”

《中华人民共和国进出口关税条例》第三十条进一步明确规定：“经海关核准暂时进境或者暂时出境并在六个月内复运出境或者复运进境的货样、展览品、施工机械、工程车辆、工程船舶、供安装设备时使用的仪器和工具、电视或者电影摄制器械、盛装货物的容器以及剧团服装道具，在货物收发货人向海关缴纳相当于税款的保证金或者提供担保的，准予暂时免纳关税。”“前款规定的六个月期限，海关可以根据情况酌予延长。”“暂时进口的施工机械、工程车辆、工程船舶等经海关核准酌予延长期限的，在延长期内由海关按照货物的使用时间征收进口关税。具体办法由海关总署另行规定。”

2016 年 8 月 2 日，财政部、海关总署、国家税务总局发文《关于在全国开展融资租赁货物出口退税政策试点的通知》称，对融资租赁出口货物试行退税政策。通知指出，对融资租赁企业、金融租赁公司及其设立的项目子公司（以下统称融资租赁出租方），以融资租赁方式租赁给境外承租人且租赁期限在 5 年（含）以上，并向海关报关后实际离境的货物，试行增值税、消费税出口退税政策。

对融资租赁海洋工程结构物试行退税政策。对融资租赁出租方购买的，并以融资租赁方式租赁给境内列名海上石油天然气开采企业且租赁期限在 5 年（含）以上的国内生产企业生产的海洋工程结构物，视同出口，试行增值税、消费税出口退税政策。

二、融资租赁的印花税

根据《国务院办公厅关于加快融资租赁业发展的指导意见》（国办发〔2015〕68号）有关规定，财政部、国家税务总局2015年12月24日下发了《关于融资租赁合同有关印花税政策的通知》（财税〔2015〕144号），为促进融资租赁业健康发展，公平税负，融资租赁合同有关印花税政策如下：

一是对开展融资租赁业务签订的融资租赁合同（含融资性售后回租），统一按照其所载明的租金总额依照“借款合同”税目，按万分之零点五的税率计税贴花。

二是在融资性售后回租业务中，对承租人、出租人因出售租赁资产及购回租赁资产所签订的合同，不征收印花税。

三是本通知自印发之日起执行。此前未处理的事项，按照本通知规定执行。

按照现行的税法规定，融资租赁按租金总额的十万分之五缴纳印花税，经营租赁按租金总额的千分之一缴纳印花税。这也是根据税法中将融资租赁业务看作金融业务的定义制定的。

三、融资租赁的房产税

如果融资租赁的标的物是房屋时，由于租赁费包括购进房屋的价款、手续费、借款费用等，与一般的房屋出租的“租金”的内涵不同，且租赁期满之后，当承租方偿还最后一笔租赁费时，房产一般都转移到承租方，实际是一种变相的分期付款购买固定资产的形式，所以在计征房产税时应以房产余值计算征收。至于租赁期间的房产税的纳税人，由当地税务机关根据实际情况确定。

四、融资租赁的城市维护建设税和教育费附加

城市维护建设税的交纳人是在征收范围内从事工商经营，并缴纳消费税、增值税、营业税的单位和个人。因此，在每一笔融资租赁的业务中，租赁方应在缴纳增值税的同时缴纳城市维护建设税。目前税率是根据纳税人所在的不同地区进行区分的。根据《中华人民共和国城市维护建设税暂行条例》，纳税人所在地在市区的，税率为7%；纳税人所在地在县城、乡镇的，税率为5%；纳税人所在地不在市区、县城或乡镇的，税率为1%。

五、融资租赁的契税

在融资租赁中，所有权最终可能转移，也可能不转移。但在房屋的融资租

赁中，在最后一般都发生产权的转移，因此，就可能涉及契税的交纳。契税是以所有权发生转移的不动产为征税对象，向产权承受人征收的一种财产税，因此，有可能发生契税的缴纳。契税实行 3%~5%的幅度税率，由各省、自治区、直辖市人民政府按照本地区的实际情况决定。

第十二章 融资租赁的会计准则

会计是租赁业发展的四大支柱之一，因此，要开展租赁业务，无论是企业的业务人员和财务人员，还是政府的监管部门，都必须了解和掌握租赁会计。这样，在会计处理上，就迫切需要颁布能与国际会计惯例接轨的租赁会计准则。中国财政部于 2001 年制定发布了中国第一项租赁会计准则——《企业会计准则——租赁》，2006 年对《企业会计准则——租赁》进行修订后发布了《企业会计准则第21 号——租赁》。根据财政部《"十二五"会计改革与发展规划纲要》安排，在"十二五"期间实现中国所有大中型企业全面执行企业会计准则体系的目标。

鉴于此，本书拟以财政部 2006 年发布的《企业会计准则第 21 号——租赁》(以下简称《租赁会计准则》) 为依据，对中国融资租赁业务的会计处理进行系统讲解。

第一节 融资租赁会计制度的设立

一、我国融资租赁会计制度的发展过程

20 世纪 80 年代初，中国兴起了融资租赁的业务。1981 年 4 月，中国国际信托投资公司、北京市机电设备公司和日本东方租赁股份有限公司共同出资创建了中国第一家租赁公司——中国东方租赁有限公司。同年 7 月，中国国际信托投资公司与国家物资局共同组建了中国第一家金融租赁公司（属非银行金融机构）——中国租赁有限公司。这两家租赁公司的成立，标志着现代租赁业在中国的诞生和现代租赁体制在中国的建立。随着融资租赁业务的开展，有关融资租赁业务的会计处理也适时进行了调整和完善。中国有关租赁会计的规定大致可分为三个阶段：

第一阶段（2001 年之前），中国对出租人租赁业务的会计处理主要体现在《金融企业会计制度》中，承租人租赁业务会计处理尚不存在系统规定。

第二阶段（2001 年至 2005 年），为了进一步规范租赁业务的会计处理和相关信息披露，经过充分的调查研究和多次修改，财政部 2001 年 1 月 18 日以财会〔2001〕7 号发布《企业会计准则——租赁》，自 2001 年 1 月 1 日起在所有企业施行。该准则对租赁各方的会计核算和信息披露做了明确规定，是我国租赁会计研究和时间的里程碑，对我国租赁业务的健康发展具有深远的影响。

第三阶段（2006 年之后），从 2005 年初开始，财政部在总结会计改革经验的基础上，顺应中国市场经济发展对企业会计提出的新要求，借鉴国际财务报告准则，全面启动了企业会计准则体系建设。经过近两年的艰苦努力，建成了由 1 项基本准则、38 项具体准则和 32 项应用指南构成的企业会计准则体系。企业会计准则体系最显著的特征是立足国情、国际趋同。在企业会计准则体系建设的过程中，对中国 2001 年发布的《企业会计准则——租赁》也按照立足国情、国际趋同的要求进行了修订，财政部 2006 年 2 月 15 日以财会〔2006〕3号印发了包括《企业会计准则第 21 号——租赁》在内的 38 项具体准则，自 2007 年 1 月 1 日起在上市公司范围内施行，鼓励其他企业执行。执行该 38 项具体准则的企业不再执行原会计准则、《企业会计制度》和《金融企业会计制度》。

修订后的《企业会计准则第 21 号——租赁》又称为新准则，新准则的发布、实施，对于规范承租人和出租人对融资租赁和经营租赁的会计处理和相关信息的披露，提高会计信息的相关性和可靠性，推动中国租赁业乃至整个社会主义市场经济的发展，起到了积极的作用。它不但进一步完善了中国租赁业发展的“四大支柱”（即法律、监管、税务和会计），有利于租赁业的风险防范和租赁市场培育，同时在会计处理上也与国际惯例相协调，为租赁业的发展和壮大提供了良好的会计规范。

租赁是一类特殊的业务事项，从这个角度看，新的租赁会计准则属于特殊业务准则，但它又不同于一般的特殊业务准则，而带有特殊行业准则的特征。其业务的特殊性，主要是从承租人的角度而言，不同于企业的固定资产、存货、应收款项等共同业务，有其自身的特殊性；其行业的特殊性，主要是从出租人的角度而言，租赁业作为一个特殊行业，无论是其业务范围还是经营方式等都与其他工商企业有许多不同之处，其会计核算有独特之处。因此，财政部在制定租赁会计准则时，将其作为一个特殊业务准则，分别融资租赁和经营租赁对承租人的有关会计处理做出了规定；又从一个特殊行业准则的角度，对租赁公司这一特殊行业的基本业务的会计处理做出了规定。

二、有关融资租赁的认定标准

租赁会计准则规定，符合下列一项或数项标准的，应当认定为融资租赁：

为了区分都以租赁为名的不同性质的租赁，必须为融资租赁设定标准，符合标准的是融资租赁，不符合标准的是其他经营性租赁。在融资租赁的认定标准上各国的规定并不完全相同。

我国新修订的《企业会计准则第21号——租赁》第五条规定，融资租赁是指实质上转移了与资产所有权有关的全部风险和报酬的租赁。其所有权最终可能转移，也可能不转移。所有权的转移是认定融资租赁的充分条件，但不是必要条件。

《企业会计准则第21号——租赁》第六条明确规定，符合下列一项或数项标准的，应当认定为融资租赁：

1. 在租赁期届满时，租赁资产的所有权转移给承租人。

2. 承租人有购买租赁资产的选择权，所订立的购买价款预计将远低于行使选择权时租赁资产的公允价值，因而在租赁开始日就可以合理确定承租人将会行使这种选择权。

3. 即使资产的所有权不转移，租赁期也占租赁资产使用寿命的大部分。(75%)

4. 承租人在租赁开始日的最低租赁付款额现值，几乎相当于租赁开始日租赁资产公允价值；出租人在租赁开始日的最低租赁收款额现值，几乎相当于租赁开始日租赁资产公允价值。

5. 租赁资产性质特殊，如果不作较大改造，只有承租人才能使用。

需要说明的是，对于标准3中的“大部分”，通常掌握在租赁期占租赁资产使用寿命的75%以上（含75%）。但是，这条标准强调的是租赁期占租赁资产使用寿命的比例，而非租赁期占该项资产全部可使用年限的比例。如果租赁资产是旧资产，在租赁前已使用年限超过资产自全新时起算可使用年限的75%以上时，则这项判断标准不适用，不能使用这项标准确定租赁的分类。对于标准4中的“几乎相当于”，通常掌握在90%以上（含90%）。

不符合以上五项标准中任何一项，则不能认定为融资租赁。不能认定为融资租赁即为经营租赁。在从会计准则的角度，通常把融资租赁以外的租赁都认定为经营租赁。从其租赁目的看，这种租赁主要是承租人出于经营上的临时需要，或由于季节性需要。在经营租赁下，出租人保留了与资产所有权有关的大部分风险和报酬，而且，按照租赁协议，由于将资产使用权转让给承租人，因而出租人有权向承租人收取租金。作为另一方的承租人就有义务因取得资产的使用权而支付租金。一般情况下，这种租赁的租赁期明显短于资产的使用寿命。

由于承租人和出租人的权利和义务是以双方签订的租赁合同为基础确定的，因此，通常情况下承租人和出租人对同一项租赁所认定的类型应当一致。即如果出租人将其划归为融资租赁，原则上承租人也应将其认定为融资租赁，而不应认定为经营租赁，反之亦然，从而避免同一项资产在承租人和出租人之间作不同的认定。但是，对于标准 4，由于分别从承租人和出租人的角度加以认定，在最低租赁付款额的现值不等于最低租赁收款额的现值的情况下，也可能会出现出租人和承租人对同一项租赁作不同的认定。这种情况应该是极少见的。

三、融资租赁会计处理的相关概念

融资租赁的创新性主要体现在租赁安排的创新上，租赁安排的创新性主要体现在租赁合同条款的设定上，而租赁合同条款需要借助于大量租赁概念来实现。因此，要了解、掌握融资租赁的会计处理，首先应掌握与租赁相关的几个主要概念。

1. 租赁。租赁是指在约定的期间内，出租人将资产使用权让与承租人，以获取租金的协议。从会计上将租赁认定为是一项协议，其实质是出租人和承租人在约定期间内的一项协议，而不是通常表现出来的交易行为。

租赁的主要特征是，在租赁期内出租人将资产的所有权和使用权进行适当分离，将资产的使用权转移给他人（承租人），至于资产的所有权可以转移也可以不转移，同时，使用权的转移是有偿的，承租人要取得资产的使用权必须以向出租人支付租金为代价，从而使租赁有别于资产购置和不把资产的使用权从合同的一方转移给另一方的服务合同，如劳务合同、运输合同、保管合同、仓储合同，以及无偿提供使用权的借用合同。

2. 租赁期。租赁期是指租赁合同规定的不可撤销的租赁期间。租赁期又称租赁期限或还租期限，其长短一般在租赁合同中有明确规定。租赁期对于租赁的分类、承租人租赁债务金额和出租人租赁债权金额的确定、承租人租赁资产折旧期间的确定都具有重要意义。因此，从会计准则的角度，应当对租赁期做出定义。

3. 最低租赁付款额。最低租赁付款额是指在租赁期内，承租人应支付或可能被要求支付的款项（不包括或有租金和履约成本），加上由承租人或与其有关的第三方担保的资产余值。承租人有购买租赁资产选择权，所订立的购买价款预计将远低于行使选择权时租赁资产的公允价值，因而在租赁开始日就可以合理确定承租人将会行使这种选择权的，购买价款应当计入最低租赁付款额。

最低租赁付款额是从承租人角度规定的一个概念，其中“最低”一词是相对或有租金、履约成本等而言的。最低租赁付款额是在租赁开始日就可确定的、承租人将必须向出租人支付的最小金额，或者说是承租人在租赁开始日对出租人的最小负债。租赁合同规定的内容不同，最低租赁付款额的构成内容也不相同。如果租赁合同没有规定优惠购买选择权，则承租人在租赁期内应支付或可能被要求支付的各种款项包括：

第一，租赁期内承租人每期支付的租金；

第二，租赁期届满时，由承租人或与其有关的第三方担保的资产余值；

第三，租赁期届满时，承租人未能续租或展期而造成的任何应由承租人支付的款项。

如果租赁合同规定有优惠购买选择权，则承租人在租赁期内应支付或可能被要求支付的各种款项包括：

第一，自租赁开始日起至优惠购买选择权行使之日止即整个租赁期内每期的租金；

第二，行使优惠购买选择权而支付的任何款项。

4. 最低租赁收款额。最低租赁收款额，是指最低租赁付款额加上独立于承租人和出租人的第三方对出租人担保的资产余值。

与承租人的最低租赁付款额相对应，最低租赁收款额是从出租人角度规定的一个概念，其中“最低”一词也是相对或有租金、履约成本等而言的。

最低租赁收款额是在租赁开始日就可确定的、出租人将能够向承租人等收取的最小金额，或者说是出租人在租赁开始日对承租人等的最小债权。

出租人除了根据租赁合同规定要求承租人支付最低租赁付款额外，如果还存在与承租人和出租人均无关、但在财务上有能力担保的第三方对出租人的资产余值提供担保，则表明租赁期届满时能够保证出租人实现这一确定的金额，这一担保的资产余值也应包括在出租人的最低租赁收款额之中。最低租赁收款额实质上是出租人根据租赁合同从其他方面收回的租赁投资本金和融资收益。

5. 公允价值。公允价值是指在一项公平交易中由熟悉有关情况并自愿交易的双方当事人交换某资产或某债务的金额。

6. 担保余值。担保余值就承租人而言，是指由承租人或与其有关的第三方担保的资产余值；就出租人而言，是指就承租人而言的担保余值加上与承租人和出租人均无关、但在财务上有能力担保的第三方担保的资产余值。其中，资产余值，是指在租赁开始日估计的租赁期届满时租赁资产的公允价值。

担保余值是分别站在承租人和出租人分别认定的，都是对租赁期届满时出租人无法通过租金收回租赁投资的本金和报酬的一种担保。

担保余值是相对于未担保余值而言的。为了促使承租人恰当地使用租赁资产，尽量减少出租人的风险和损失，租赁合同有时要求承租人或与其有关的第三方对租赁资产的余值进行担保，此时的担保余值是针对承租人而言的。这里“与其有关的第三方”是指在业务经营或财务上与承租人有关的各方，如母公司、子公司。除此以外，担保人还可能是与承租人和出租人均无关、但在财务上有能力担保的第三方，如担保公司，此时的担保余值是针对出租人而言的。

7. 未担保余值。未担保余值，指租赁资产余值中扣除就出租人而言的担保余值以后的资产余值。

未担保余值表明未有人担保、而由出租人自身负担的那部分余值。这部分余值能否收回，没有切实可靠的保证，因此，在租赁开始日未担保余值并没有转移给出租人以外的第三人，不能作为应收融资租赁款的一部分，不能通过租金或其他方式由出租人以外的第三方来承担，而应由出租人自身来承担其风险和损失。未担保余值的出现，使得出租人的租赁投资分为两部分来体现，一部分已转化为租赁债权，另一部分作为单独的一项资产来保留。

8. 或有租金。或有租金是指租赁付款中其金额不固定但可以根据其他因素(如销售量的百分比、使用量、价格指数、市场利率等)，而不仅仅是对以时间因素确定的租金。

或有租金是适应租赁安排创新的要求而产生的。或有租金的制度安排有助租赁双方共享租赁资产通过使用实现的利益，是对出租人利益的进一步保护，也是对承租人恰当使用资产的一种激励。

或有租金是相对于通常租金而言的，主要有两个特点：一是金额不固定，需要依据未来不确定事项的发生或不发生来确定；二是确定的依据不是时间的长短，即或有租金的实质不是资金的时间价值，而是一种利益分享，需要依据使用租赁资产所产生的销售量（包括产品销售金额或销售数量）、租赁资产的使用量、在租赁资产使用期间物价指数的变化等未来事项来确定，如由于承租人使用租赁资产所实现的产品销售收入超出租赁合同约定的金额外，出租人应分享的部分相对于因使用租赁资产的时间长短而支付的通常租金具有很大的不确定性。

9. 初始直接费用。初始直接费用是指承租人或出租人在租赁谈判和签订租赁合同过程中发生的，可归属于租赁项目的手续费、律师费、差旅费、印花税等。

承租人和出租人在达成租赁协议之前，需要进行充分的谈判和协商。在这个过程中，无论承租人还是出租人都不可避免地会发生一些费用，如手续费、律师费等，这些费用有助于最终达成租赁协议，是租赁双方为达成租赁协议必须要承担的成本。对于承租人来讲，是承租人取得租赁资产的直接相关支出（在构成融资租赁的情况下），应当比照直接购买固定资产相一致处理，计入资产的成本；对于出租人来讲，是出租人租赁资产投资的重要组成部分（在构成融资租赁的情况下），构成了租赁投资的本金，应当通过租金来得到补偿和实现。

10. 履约成本。履约成本，是指租赁期内为租赁资产支付的各种使用费用，如技术咨询和服务费、人员培训费、维修费、保险费等。

同样，承租人和出租人在租赁协议的履行过程中，除支付租金或收取租金外，还可能发生一些与租赁资产使用相关的费用，如技术咨询和服务费、维修费、保险费等，这些费用会计上认定为租赁协议执行过程中发生的费用，即履约成本。履约成本与出租人购买租赁资产或承租人取得租赁资产使用权没有直接关联性，但对于租赁协议的履行是必不可少的。

11. 租赁期开始日。租赁期开始日是指承租人有权行使其使用租赁资产权利的开始日。

12. 租赁内含利率。租赁内含利率是指在租赁开始日，使最低租赁收款额的现值与未担保余值的现值之和等于租赁资产公允价值与出租人的初始直接费用之和的折现率。

13. 资产余值。资产余值是指在租赁开始日估计的租赁期届满时租赁资产的公允价值。

第二节　融资租赁中承租人的会计处理

承租人对融资租赁的会计处理主要涉及以下几个方面：

一、租赁期开始日租赁资产成本和租赁负债金额的确定

租赁期开始日，是指承租人有权行使其使用租赁资产权利的日期，表明租

赁行为的开始。在该日，承租人应当对租入资产、最低租赁付款额和未确认融资费用进行初始确认；出租人应当对应收融资租赁款、未担保余值和未实现融资收益进行初始确认。

一般情况下，租赁期开始日会晚于租赁开始日，如果在租赁开始日，承租人即确认租赁资产和租赁债务，就可能影响高估承租人的资产和负债，可能会出现承租人还未实际使用租赁资产，就已经支付了相当多的租金，这实际上与承租人采用租赁的初衷相违，侵害了承租人的利益，对承租人不公平。因此，承租人应在租赁期开始日确认租赁资产和租赁债务，出租人应在租赁期开始日确认租赁债权。

承租人在计算最低租赁付款额的现值时，如果知悉出租人的租赁内含利率，应当采用出租人的租赁内含利率作为折现率，否则，应当采用租赁合同规定的利率作为折现率。如果出租人的租赁内含利率和租赁合同规定的利率均无法知悉，应当采用同期银行贷款利率作为折现率。其中，租赁内含利率，是指在租赁开始日，使最低租赁收款额的现值与未担保余值的现值之和等于租赁资产公允价值与出租人的初始直接费用之和的折现率。租赁内含利率就是出租人的租赁投资回报率。

租赁开始日租赁资产的公允价值通常是指租赁资产的购买价格，除非租赁资产的购买价格显失公允，或者该项租赁资产是一项旧资产。租赁开始日最低租赁付款额的现值实质上就是承租人在租赁期内支付的租金在租赁开始日的现值，从公平合理的角度来讲，或者从理论上讲应该等于租赁资产的购买价格，但是由于承租人对租赁能够承受的资金成本和出租人对租赁要求的租赁投资回报率不完全一致，租赁资产的公允价值有可能与最低租赁付款额的现值存在差异。在这种情况下，根据谨慎性的要求，避免承租人高估资产价值，应当按照两者中较低的金额作为租赁资产的成本，作为计提折旧的基础。

对于租赁负债的具体账务处理，可以有两种方法，一种是净额法，一种是全额法，但是这两种方法对财务报表的影响是相同的，在资产负债表中反映的租赁负债的金额是相同的，在利润表中确认的利息费用的金额是相同的。在净额法下，在平时账务处理中不反映未发生的利息费用，不全额反映法律上认定的租赁债务金额。在全额法下，在平时账务处理中反映未发生的利息费用，同时全额反映出法律上认定的租赁债务金额。租赁会计准则实质上采用了全额法，在将最低租赁付款额作为长期应付款记录的同时，还系统完整地记录了未确认融资费用。

二、在租赁期内未确认融资费用的分摊

在融资租赁下，承租人向出租人支付的租金中，包含了本金和利息两部分。承租人支付租金时，一方面应减少长期应付款，另一方面应同时将未确认的融资费用按一定的方法确认为当期融资费用。在先付租金（即每期期初等额支付租金）的情况下，租赁期第一期支付的租金不含利息，只需减少长期应付款，不必确认当期融资费用。

承租人在租赁期内，每期期末应对未确认融资费用进行合理分摊，应当采用实际利率法计算确认当期的融资费用。采用实际利率法必须要确定融资费用分摊率，融资费用分摊率实际上是承租人在该项融资租赁下愿意承担的资金成本。根据租赁开始日租赁资产和负债的入账价值确定基础不同，融资费用分摊率的选择也不同。未确认融资费用的分摊具体分为下列几种情况：

第一，以出租人的租赁内含利率为折现率将最低租赁付款额折现、且以该现值作为租入资产入账价值的，应当将租赁内含利率作为未确认融资费用的分摊率。

第二，以合同规定利率为折现率将最低租赁付款额折现、且以该现值作为租入资产入账价值的，应当将合同规定利率作为未确认融资费用的分摊率。

第三，以银行同期贷款利率为折现率将最低租赁付款额折现、且以该现值作为租入资产入账价值的，应当将银行同期贷款利率作为未确认融资费用的分摊率。

第四，以租赁资产公允价值作为入账价值的，应当重新计算分摊率。该分摊率是使最低租赁付款额的现值与租赁资产公允价值相等的折现率。

存在优惠购买选择权时，在租赁期届满时，未确认融资费用应全部摊销完，并且租赁负债也应当减少为优惠购买金额。在承租人或与其有关的第三方对租赁资产提供了担保或由于在租赁期届满时没有续租而支付违约金的情况下，在租赁期届满时，未确认融资费用应当全部摊销完，并且，租赁负债应减少至担保余值或该日应支付的违约金。

三、租赁资产折旧的计提

在融资租赁下，承租人应对融资租入的固定资产计提折旧，而不是出租人对租赁资产计提折旧。承租人对租赁资产计提折旧，主要应解决好两个问题：一是折旧政策的选择；二是折旧期间的确定。

（一）折旧政策的选择

承租人对于融资租入的固定资产，计提折旧时，应采用与自有应折旧资产相一致的折旧政策。同自有应折旧资产一样，租赁资产的折旧方法一般有年限平均法、工作量法、双倍余额递减法、年数总和法等。

如果承租人或与其有关的第三方对租赁资产余值提供了担保，则应计折旧总额为租赁期开始日固定资产的入账价值扣除担保余值后的余额；如果承租人或与其有关的第三方未对租赁资产余值提供担保，则应计折旧总额为租赁期开始日固定资产的入账价值。

（二）折旧期间的确定

确定租赁资产的折旧期间时，应视租赁合同的规定而论。如果能够合理确定租赁期届满时承租人将会取得租赁资产所有权，即可认为承租人拥有该项资产的全部使用寿命，因此应以租赁期开始日租赁资产的使用寿命作为折旧期间；如果无法合理确定租赁期届满时承租人能够取得租赁资产的所有权，则应以租赁期与租赁资产使用寿命两者中较短的期间作为折旧期间。

四、履约成本的会计处理

履约成本是承租人租赁期内为租赁资产支付的各种使用费用，如技术咨询和服务费、人员培训费、维修费、保险费等，这些使用费用通常不符合固定资产后续支出资本化的条件，应当在实际发生时计入当期损益，不应计入相关资产的成本。

五、或有租金的会计处理

或有租金是指金额不固定，以租期意外（销售量、使用量、物价指数等）的其他因素无依据计算的租金。新准则第十七条规定："或有租金应当在实际发生时计入当期损益。"这是因为或有租金的金额不确定，无法采用系统合理的方法对其进行分摊，只能在实际发生时，借记"制造费用""营业费用"等科目，贷记"银行存款"等科目。

六、租赁期满时的会计处理

承租人在租赁期满时对租赁资产处理的三种情况。

（一）返还租赁资产

借记"长期应付款——应付融资租赁款""累计折旧"科目，贷记"固定资产——融资租赁固定资产”科目。

（二）优惠续租租赁资产

承租人如果行使优惠续租选择权，则应视同该项租赁一直存在而做出相应的会计处理。如果期满没有续租，根据租赁合同要向出租人支付违约金时，借记“营业外支出”科目，贷记“银行存款”等科目。

（三）留购租赁资产

承租人根据合同行使优惠购买选择权并支付购价时借记“长期应付款——应付融资租赁款”，贷记“银行存款”等科目；同时，将固定资产从“融资租赁固定资产”明细科目转入有关其他明细科目。

第三节　融资租赁中出租人的会计处理

出租人对融资租赁的会计处理主要涉及以下几个方面。

一、租赁期开始日租赁债权的确定

融资租赁作为一种特殊的长期债务融资方式，与所有权有关的全部风险和报酬，实质上已经转移给了承租人。出租人应将应收租金视为对其投资（及服务）的补偿和回报。新准则第十八条规定：“在租赁期开始日，出租人应当将租赁开始日最低租赁收款额与初始直接费用之和作为应收融资租赁款的入账价值，同时记录未担保余值；将最低租赁收款额、初始直接费用及未担保余值之和与其现值之和的差额确认为未实现融资收益。”出租人发生的初始直接费用通常包括有印花税、佣金、律师费、差旅费、谈判费等，应包括在应收融资租赁款的初始计量中，并减少租赁期内确认的融资收益金额。

需要注意的是，租赁资产在租赁开始日的账面价值高于或者低于公允价值，其差额应当计入当期损益。

二、在租赁期内租赁收入的确认和计量

融资收益作为出租人提供长期债务融资所获得的利息报酬，随着各期租金的支付逐步得到实现。收回的本金，应当冲减应收融资租赁款的账面余额；获得的利息报酬，应当确认为当期融资收入。因此，这些利息应当在租赁期的各个期间的期末进行分配，确认为各期的融资收入。为了反映出租人的投资在每个期间都获得了系统、稳定的回报，应当采用实际利率法，按照租赁内含利率

计算确定当期的租赁收入，以使出租人在该项融资租赁中的各个期间获得固定投资回报。

由于在租赁期开始日出租人支付的初始直接费用也作为租赁债权的组成部分计入租赁债权，因此，在租赁期内，应当按照各期确认的融资收入占未实现融资收益的比例，对初始直接费用进行分摊，冲减租赁期内各期确认的租赁收入，作为租赁收入的调整。

三、未担保余值发生变动的会计处理

未担保余值的金额决定了租赁内含利率的大小，从而决定着未实现融资收益的分配。未担保余值作为出租人没有通过融资租赁转移出风险和报酬的一项特殊资产，应当定期对其进行检查，至少于每年年末检查一次。期间，如有证据表明未担保余值已经减少或者已确认损失的未担保余值得以恢复的，均应当重新计算租赁内含利率，并将由此而引起的租赁投资净额的减少确认为当期损失，以后各期根据修正后的租赁投资净额和重新计算的租赁内含利率确定应确认的融资收入。期末，出租人的未担保余值的可收回金额低于其账面价值的差额，应当作为资产减值损失计入当期损益，同时，将未担保余值减少额与由此所产生的租赁投资净额的减少额的差额，调整未实现融资收益和资产减值损失，从而将未担保余值的减值反映为租赁投资本金的减值。

四、或有租金的会计处理

新准则第二十一条规定：“或有租金应当在实际发生时计入当期损益。”出租人在融资租赁下发生的或有租金应计入当期损益。

五、租赁期届满时的会计处理

租赁期届满时出租人应区别以下情况进行会计处理：

（一）承租人将租赁资产交还出租人的四种情况

一是存在担保余值，不存在未担保余值。出租人收到承租人交还的租赁资产时，应当借记“融资租赁资产”科目，贷记“长期应收款——应收融资租赁款”科目。如果收回租赁资产的价值低于担保余值，则应向承租人收取价值损失补偿金，借记“其他应收款”科目，贷记“营业外收入”科目。

二是存在担保余值，同时存在未担保余值。出租人收到承租人交还的租赁资产时，借记“融资租赁资产”科目，贷记“长期应收款——应收融资租赁款”

"未担保余值"等科目。如果收回租赁资产的价值扣除未担保余值后的余额低于担保余值，则应向承租人收取价值损失补偿金，借记"其他应收款"科目，贷记"营业外收入"科目。

三是存在未担保余值，不存在担保余值。出租人收到承租人交还的租赁资产时，借记"融资租赁资产"科目，贷记"未担保余值"科目。

四是担保余值和未担保余值均不存在。此时，出租人无需作账务处理，只需作相应的备查登记。

（二）优惠续租租赁资产

如果承租人行使优惠续租选择权，则出租人应视同该项租赁一直存在而做出相应的账务处理，如继续分配未实现融资收益等。如果租赁期届满时承租人没有续租，根据租赁合同规定应向承租人收取违约金时，并将其确认为营业外收入。同时，将收回的租赁资产按上述规定进行处理。

（三）留购租赁资产

租赁期届满时，承租人行使了优惠购买选择权。出租人应按收到的承租人支付的购买资产的价款，借记"银行存款"等科目，贷记"长期应收款——应收融资租赁款"科目。

六、列示和披露义务

出租人在财务报表中应当按规定履行列示和披露的义务。

（一）列示

新准则第三十五条规定："出租人应当在资产负债表中，将应收融资租赁款减去未实现融资收益的差额，作为长期债权列示。"

（二）披露

新准则第三十六条规定，出租人应在附注中披露与融资租赁有关的下列信息：

1. 资产负债表日后连续三个会计年度每年将收到的最低租赁收款额，以及以后年度将收到的最低租赁收款额总额。

2. 未实现融资收益的余额，以及分配未实现融资收益所采用的方法。

第四节　售后租回的会计处理

售后租回交易是一种特殊形式的租赁业务，是指卖主（即资产的所有者）将资产出售后，又将该项资产从买主（即资产的新所有者）租回。售后租回方式下，卖主同时是承租人，买主同时是出租人。

对于售后租回交易，无论是承租人还是出租人，均应按照《租赁会计准则》规定的标准，将售后租回交易认定为融资租赁或经营租赁。对于出租人来讲，售后租回交易（无论是融资租赁还是经营租赁的售后租回交易）同其他租赁业务的会计处理没有什么区别。而对于承租人来讲，由于其既是资产的承租人同时又是资产的出售者，所以，售后租回交易同其他租赁业务的会计处理有所不同。因此，《租赁会计准则》关于售后租回交易的有关规定主要是站在承租人的角度上做出的。

一、融资租赁方式下售后租回的会计处理

在售后租回交易形成一项融资租赁的情况下，卖主（承租人）先把资产销售出去然后再租赁回来，进行交易的目的是为了取得现金流入，在资产出售时可以取得全部价款的现金，而租金可以分期支付，实质是出租人向承租人提供资金，并以资产作为担保。由于在形成融资租赁的售后租回交易方式下，与资产所有权有关的全部报酬和风险转移给了卖主（即承租人），并且售后租回交易的租金和资产的售价往往是以一揽子方式进行谈判的，应视为一项交易，出售资产的损益应与租金的金额相联系。因此，在这种情况下，无论卖主（承租人）所发生的销售收入高于还是低于出售前资产的账面价值，所发生的收益或损失都不应立即确认为当期损益，而应将其递延并按资产的折旧进度进行分摊，作为折旧费用的调整。按折旧进度进行分摊是指在对该项租赁资产计提折旧时，按与该项资产计提折旧所采用的折旧率相同的比例对未实现售后租回损益进行分摊。分摊时，按既定比例减少未实现售后租回损益，同时相应增加或减少折旧费用。其他的会计处理同一般情况下对融资租赁的处理。

二、经营租赁方式下售后租回的会计处理

如果售后租回交易没有符合融资租赁的五项标准中的任何一项，则应将该交易认定为经营租赁。

在有确凿证据表明售后租回交易是按照公允价值达成的情况下，应将该交易作为两项交易分别进行处理，一项是作为资产的正常销售，如果资产的公允价值高于或低于账面金额，其差额应作为销售损益；另一项是作为经营租入资产进行会计处理。

在没有确凿证据表明售后租回交易是按照公允价值达成的情况下，应当该

项交易作为一项交易处理，但要区分以下两种情况分别处理：

1. 卖主（即承租人）售价低于公允价值的差额，应计入当期损益；但如果该损失将由低于市价的未来租金补偿时，有关损失应予以递延（递延收益），并按与确认租金费用相一致的方法在租赁期内进行分摊。

2. 如果售价高于公允价值，其高于公允价值的部分应计入递延收益，并在租赁期内分摊。

租回损益应作为当期租金费用的调整项目；按租金费用比例进行分摊是指在对确认当期该项租赁资产的租金费用时，按与确认当期该项资产租金费用占租金费用总额的比例对未实现售后租回损益进行分摊。分摊时，按上述比例减少未实现售后租回损益，同时相应增加或减少租金费用。其他的会计处理同一般情况下对经营租赁的处理。

第十三章　中国融资租赁业现状与发展

中国融资租赁业经历了一个曲折而漫长的历程，发展到现在已是几经波折。但是，融资租赁毕竟是经济社会发展的客观需要，从2005年开始，中国融资租赁业再次崛起，发展非常迅速，但同时也面临一些必须解决的问题。

融资租赁市场的渗透率是表明一个国家租赁业发展程度的最重要的指标。一般而言，融资租赁市场渗透率是指租赁交易总额占固定资产投资总额比例，目前各国都将租赁渗透率作为比较各国融资租赁业发展程度的重要指标。根据世界租赁年鉴统计，目前发达国家融资租赁的市场渗透率约为15%~30%。其中美国31%；加拿大22%；德国21.7%；澳大利亚20%；法国15.4%；英国14.2%；日本8.7%，而我国据中国银行业协会统计，中国的融资租赁市场渗透率，2013年只有约5%。中国作为全球第二大经济体，无论从国际横向比较，还是从自身经济增速考量，融资租赁业仍应快速发展，且有巨大的发展空间。

第一节　中国融资租赁业发展现状

一、历史简要回顾

中国的融资租赁业始于20世纪80年代初期。截至20世纪90年代中期，外经贸部曾审批近42家外资租赁公司，但不久这些公司即陷于困境，到现在，经过重组摆脱困境、持续经营的企业只有9家。

表13-1　2010年持续经营的外资租赁企业

企业	注册时间	注册地	注册资金（万美元）
中国东方租赁有限公司	1981	北京	3000
中国环球租赁有限公司	1984	北京	2500
光大国际租赁有限公司	1987	成都	600

续表

企业	注册时间	注册地	注册资金(万美元)
中国康富国际租赁有限公司	1988	北京	1000
华通国际租赁有限公司	1988	沈阳	500
远东国际租赁有限公司	1991	上海	6047
东联融资租赁有限公司	1991	上海	1500
扬子江国际租赁有限公司	1992	上海	2500
新世纪国际租赁有限公司	1992	北京	1500

在此期间，中国人民银行审批了16家金融租赁公司，到20世纪90年代末也所剩无几。下述这些公司大都经过一次或多次重组才得以生存和发展。

表13-2 2010年持续经营的金融租赁企业

企业	注册时间	注册地	注册资金(亿元)
国银金融租赁有限公司	1984	深圳	74.85
华融金融租赁有限公司	1984	杭州	14.74
江苏金融租赁有限公司	1985	南京	5.0
外贸金融租赁有限公司	1986	北京	8.2
山西金融租赁有限公司	1993	太原	5.0
新疆金融租赁有限公司	1993	乌鲁木齐	15.19
河北金融租赁有限公司	1995	石家庄	5.0

注：国银金融租赁有限公司原为深圳金融租赁有限公司，华融金融租赁有限公司原为浙江金融租赁有限公司。

二、发展现状分析

为什么伴随改革开放而出现的大量融资租赁企业几乎都陷于困境？原因是

多方面的，根本原因在于，当时的中国缺乏融资租赁赖以形成和发展的最基本环境。为什么中国融资租赁业能再度复兴？原因在于中国加入 WTO 后，有发展融资租赁业的迫切需要，也开始优化融资租赁业发展环境。

（一）融资租赁业发展环境变化

首先是融资租赁的法律环境将进一步完善。2004 年商务部和国家税务总局发布《关于从事融资租赁业务有关问题的通知》；2005 年商务部颁布《外商投资租赁业管理办法》；2006 年商务部和国家税务总局发布《关于加强内资融资租赁试点监管工作的通知》，2007 年银监会出台《金融租赁公司管理办法》，2013 年 9 月商务部颁布了《融资租赁企业监督管理办法》，《合同法》《物权法》和《企业会计准则》相继实施，另外备受关注的《融资租赁法（征求意见稿）》经多次修改预计将很快正式出台。我国融资租赁行业的法律法规和规范制度体系的逐步完善，将为我国融资租赁企业提供规范有序的竞争环境。

其次，入世后，我国金融服务领域加快对外开放的步伐，更多的外国投资者、跨国公司开始介入我国融资租赁业，在为租赁业注入新的活力的同时，内资租赁业遇到了新的机遇和挑战。我国融资租赁行业经过了一个新老交替、优胜劣汰、资产重组、整顿发展的转折时期，吸取了教训，积累了经验，形成加速普遍开展之势。

再次，国家经济快速发展，经济转型、企业加速设备更新、技术改造，扩大市场份额的内在发展动力的极大推动。

综上可以看出，在国民经济整体发展水平不断提高，社会固定资产投资额持续增长，行业鼓励政策连续推出，竞争环境和行业秩序日趋优化，融资租赁观念逐步深入人心的大背景下，都为中国融资租赁的复兴创造了条件。

（二）中国融资租赁业重现生机

1. 全国融资租赁业务总量

据中国租赁联盟和天津滨海研究院统计，在 2006~2010 年的“十一五”期间，中国融资租赁业一直呈几何级数式增长。2010 年之后，依然保持每年约 50%左右的增长速度。总体测算，中国融资租赁业的业务总量由 2006 年约 80 亿元增至 2016 年底 53300 亿元，10 年增长了 666 倍。

表 13-3　2006~2016 年中国融资租赁业务总量（亿元）

年份	全国业务总量	其中金融租赁	其中内资租赁	其中外资租赁
2006	80	10	60	10
2007	240	90	100	50
2008	1550	420	630	500
2009	3700	1700	1300	700
2010	7000	3500	2200	1300
2011	9300	3900	3200	2200
2012	15500	6600	5400	3500
2013	21000	8600	6900	5500
2014	32000	13000	10000	9000
2015	44400	17300	13000	14100
2016	53300	20400	16200	16700

资料来源：中国租赁联盟、天津滨海融资租赁研究院。

2. 全国融资租赁企业数量

据中国租赁联盟和天津滨海融资租赁研究院测算，到 2016 年底，中国融资租赁企业总数是 2006 年底的 89 倍。

表 13-4　2006~2016 年中国融资租赁企业数量

年份	全国合计(家)	其中金融租赁(家)	其中内资租赁(家)	其中外资租赁(家)
2006	80	6	20	54
2007	109	11	25	73
2008	142	12	36	94
2009	170	12	44	114
2010	233	17	44	172
2011	369	20	66	283
2012	643	20	79	544

续表

年份	全国合计(家)	其中金融租赁(家)	其中内资租赁(家)	其中外资租赁(家)
2013	1106	23	123	960
2014	2202	30	152	2020
2015	4508	47	190	4271
2016	7120	59	204	6857

资料来源：中国租赁联盟、天津滨海融资租赁研究院。

3. 全国融资租赁企业注册资金

注册资金是行业实力的具体体现，也是企业业务拓展和风险防范的基础。2012 年，外商租赁企业的数量大幅增加，整个租赁企业、特别是大型重点租赁企业注册资金的持续不断追加，是行业实力和行业信心的一个重要表现。

据中国租赁联盟和天津滨海融资租赁研究院测算，2016 年底，中国融资租赁企业注册资金是 2006 年底的约 45 倍。

表 13-5　2006~2016 年中国融资租赁企业注册资金（亿元人民币）

年份	全国合计	其中金融租赁	其中内资租赁	其中外资租赁
2006	571	184	150	237
2007	1003	510	184	309
2008	1187	534	278	375
2009	1309	534	346	429
2010	1618	707	346	565
2011	1955	776	444	735
2012	2576	776	483	1317
2013	3060	769	551	1740
2014	6611	972	839	4800
2015	15165	1358	1027	12780
2016	25567	1686	1418	22463

资料来源：中国租赁联盟、天津滨海融资租赁研究院。

从以上对比可以看出，中国融资租赁业已进入快速发展期，增长速度发展很快，这对整个行业，乃至中国实体经济发展来讲是个积极信号。

第二节　中国融资租赁业面临的主要问题

中国融资租赁业也面临着一些必须引起高度重视的问题：

一、法律制度不健全

由于中国的融资租赁业起步较晚，相关的法律制度还不健全。至今仍没有统一的《融资租赁法》，在处理融资租赁业务纠纷时，经常会出现无法可依的情况。2011 年底，天津市在最高法院的支持配合下，出台了融资租赁资产登记的相关规定和司法认可，来对抗擅自出卖和购买融资租赁资产的“善意第三者”，有效地保障了出租人的合法权益。但在其他地区，同一设备重复融资、承租人擅自处分租赁物的现象时有发生，严重损害了出租人的合法权益。同时，市场准入、市场退出、租赁物收回等问题仍没有得到解决。多年来的发展实践证明，融资租赁业的发展急需有一个有效的司法保障。

另外，融资租赁行业的会计制度也不统一，因此会出现会计处理的不恰当、计量不准确等问题。虽然 2001 年出台了《企业会计准则——租赁》和之后陆续出台的相关制度起到一定的作用，但都没有从根本上解决问题，从而影响了我国融资租赁行业的规范发展。

二、多头监管

我国的三类融资租赁公司目前分属不同的监管机构。金融租赁公司属银监会的监管对象，外资租赁公司归属商务部监管，内资租赁公司则多属地方商务部门监管。各监管部门会依据不同的法律法规对融资租赁企业进行监管。金融租赁公司受《融资租赁公司管理办法》监管，外资融资租赁公司受《外商投资租赁行业管理办法》，内资融资租赁公司受《公司法》的监管。多头监管之下，难免会出现监管冲突和监管真空，影响融资租赁业的持续发展。

三、缺乏稳定的资金来源

欧美发达国家融资租赁业之所以能够快速发展，主要的原因是其有稳定的资金支持。我国融资租赁公司的资金主要来自自身的注册资本、商业银行贷款和信托等。融资租赁企业要想不断扩大发展，仅依靠注册资本是远远不够的；使用银行信贷资金会有资金错配的问题，导致贷款出现闲置期，会增加资金成本；利用信托计划筹集资金，其资金成本要比银行贷款高，会削弱融资租赁公司的竞争优势；由于我国对企业发行债券融资的信用级别要求较高，因此，通过发行企业债券融资对于一般的融资租赁企业也不现实。因此，由于融资渠道的限制，融资租赁企业无法获得稳定的资金来源，严重阻碍了其快速发展。

四、业务模式单一

融资租赁有多种经营模式，如直接租赁、杠杆租赁、转租赁、售后回租、联合租赁等。形式多样的融资租赁业务不仅能够有效地分散企业的经营风险，也能够显著提高其竞争力。目前中国的融资租赁公司的业务比较单一，主要集中在直接租赁和售后回租，对一些创新租赁形式涉足较少，不利于融资租赁企业的长远发展。

这样没有特色的同质化竞争格局使各家融资租赁公司陷入价格战，唯一能比的到最后只是谁的价格低，也就是谁家融资成本低，谁家股东要求的利润低。

五、风险意识较薄弱

中国融资租赁再度复兴后，一直在快速增长，从 2006 年至今已经历了 11 个年头。按照一般规律，一些违规或经营不善的企业，其潜在风险将会陆续暴露出来，整个行业经历着一次历史性考验。但国家有关监管部门的监管体制仍不健全。有的监管部门采取放任的方式，认为企业出现风险属企业行为，按规定退出市场即可。有的监管部门则采取严厉的惩处措施，平时对企业没有什么指导和检查，一旦出现风险则立即责令企业关闭整顿或清算破产。

许多租赁企业，特别是新组建的企业没有建立起有效的风险防范机制，有的企业规模较小，但业务推动很快，资本充足率甚至不足 1%。有的综合性租赁企业在所开展的业务中，售后回租所占比重过大。由于这一业务金额大、租期长，承担的风险相对较大。

历史的教训和现实的问题告诫人们，以上这些问题如得不到尽早解决，一些租赁企业乃至整个中国融资租赁业，有可能像 20 世纪 90 年代那样再度陷入危机。

六、专业人才匮乏

融资租赁业的发展必然要求高素质从业人员与其相适应。近年来，中国融资租赁业在迅速发展的过程中，人才紧缺问题开始显现，目前已成制约行业发展的一个十分突出问题。

由于融资租赁企业是涵盖金融、经济、贸易、财会、法律、工程和管理等综合性的非银行金融机构，是典型的人才密集型行业，从业人员应进行正规的学习和培训才能上岗。但问题在于，目前全国只有极少所高校设立融资租赁专业，学习的学生人数很有限，虽各地组织一些短期培训，也只能是权宜之计。业内一致认为，人才的匮乏必然阻碍行业的发展。加快人才培育，从基础上提高从业人员的综合素质和专业水平，既是行业形成的当务之急，也是行业健康发展的根本保证。

第三节　中国融资租赁业发展的推进措施

中国融资租赁业要实现健康稳定的发展，需采取一系列推进措施，就当前而言，最主要的应是：

一、提升社会认知

要从理论和实践的结合上继续宣传融资租赁的功能作用，同时，还要注意纠正当前社会上对融资租赁的一些误解和偏见，使行业相关管理部门和广大消费者逐渐认识并实际看到：

（一）融资租赁不是银行信贷的有限补充，而是重要的资金供应渠道

应使我们整个社会、特别是经济实体了解：在欧美经济发达国家，整个社会的资金供应主要来自三个渠道，一是银行信贷，大约占 50%；二是融资租赁，大约占 30%；三是包括股票、债券、基金、信托等在内的证券融资，大约占 20%。在这些国家，银行信贷也和中国一样，既是国家最主要的资金供应渠道，也是政府进行宏观经济调控的重要手段，波动性很大。但由于另外两个渠道的缓冲，国家仍保有一个稳定的资金供应体系，企业仍可有稳定的资金来源，这种作用在金融危机中表现得尤为明显。

“十三五”期间，中国要保持经济社会快速稳定发展的良好势头，需要采取一系列强有力的战略举措，其中最重要的一个举措，就是在国内外经济环境不断变化的背景下，构筑和形成一个包括银行信贷、融资租赁和证券融资有机衔

接、科学稳定的资金供给体系，这是不以人们意志为转移的必然趋势，也是实现持续发展的战略之举。

（二）融资租赁不是反对拥有，而是强调使用

通过融资租赁引进装备和通过银行信贷购买设备的一个重要区别是，融资租赁实行的是使用权和所有权相分离，而银行信贷则实现了所有权与使用权的相一致。对此，社会仍普遍愿意接受银行贷款而不愿接受融资租赁，购买并取得所有权后才能安心使用，一些理论工作者也认为这是融资租赁的一个弊端。其实融资租赁不是反对拥有，而是强调使用。因为拥有并不创造价值，使用才会创造价值。从这一角度讲，融资租赁不仅是一种新的融资方式，也是生产观念、流通观念和消费观念的重大变革。

（三）融资租赁不会增大货币供应，只是改变现有资金使用结构

为防止货币供应增大，人民银行开始对金融租赁企业实行规模控制。其实这也是一个误区。融资租赁公司与银行不一样，它不是货币的创造者和供应者，因为融资租赁公司不能吸收存款也就不能发放贷款创造新的货币，融资租赁公司只是改变了货币的存在形态和使用结构。在控制货币增长、管理通胀预期的情况下，人民银行更应支持发展股票、债券、信托、基金和融资租赁这样一些非银行金融机构，这应是通过市场配置金融资源从而调整经济结构的一个重要举措。

二、推进法规建设

（一）国家法规系统建设

《融资租赁法》的研究和立法工作应重新启动，银监会应对原来的管理办法抓紧修订，商务部对开展内资租赁的试点企业应及时“转正”，并制定和修正内外资租赁企业的管理办法。司法系统应尽快形成一部较完备的融资租赁纠纷司法解释。

（二）地方法规系统建设

在融资租赁尚处于起步阶段的地区，要制定扶持租赁业发展的意见或办法，形成一个适于行业发展的小气候。在融资租赁发展较快的地区，应通过出台管理意见或办法，并适时推出实施细则，使行业发展保持健康稳定的势头。一些有条件的地区应选择有专业实力的法律、会计、税务、产权登记、资产交易等服务机构，建立“租赁业法规服务中心”，推动租赁业与相关服务业的合作，逐步形成一个高效的融资租赁法规服务体系。

（三）行业法规系统建设

建设行业法规、加强行业自律，应是各类各级租赁组织的一项长期的重要工作。但当前还没有一个全国性租赁组织，地方协会的组建大多时间较短，作用发挥有限。业内一方面应继续推进中国租赁协会的筹建，另一方面要加强现有租赁组织的合作，争取在行业法规建设方面不停地取得进展。

三、构筑风险防范体系

中国融资租赁业在经历了 20 世纪 80 年代和 90 年代由兴到衰的沮丧和“十一五”由衰到兴的激情后，应回归理性和稳健，租赁企业在努力推动行业发展的同时，所有企业都应积极构筑风险防范体系，将自己的发展建立在扎实稳健的基础之上，防止再度陷入危机。

每个企业都应根据国家有关规定和自己的实际，建立和形成一个明确具体的风险防范指标体系，其中包括：资本充足率、资产负债率、股东业务所占比重不得超过其股本金总额等这样一些重要警戒指标。

根据国内外已有经验教训，企业应建立风险准备金制度，这是防范风险、保持公司健康运行的必要手段。国家税务总局等部门应就此达成共识，支持企业建立风险准备金制度，明确准备金在税前提取。

四、调整行业发展战略

把握好融资租赁业面临的政策利好和业务总量即将超越美国成为世界第一租赁大国的机遇，调整融资租赁业发展战略，将打造中国最大融资租赁业集聚地，调整为建设中国和世界最大融资租赁聚集地。

五、明确行业发展具体目标

预计在整个“十三五”期间，全国融资租赁业仍可保持 30%左右的增长速度，到“十三五”期末的 2020 年，全国业务总量可望超过 12 万亿人民币。若措施到位，应将这一措施列入行业发展规划。

六、尽早建成融资租赁资产登记、公示和交易系统

按照国务院的批示，要尽早着手建立融资租赁资产登记、公示和流转系统，在此基础上，形成一个开展以租赁债权、租赁股权为主的产权交易市场，以二手装备拍卖、维护、拆卸和转让为主的实物交易市场。

七、组建“融资租赁同业拆借市场”

对现代融资租赁企业来说，保持一定比例的储备资金来应付不时之需，防止在经营环境突变时导致资金断裂，是关乎生存和发展的大事。目前，由银监会审批和监管的金融租赁公司大都获准进入人民银行的拆借中心，而大批由商务部审批和监管的内资、外资融资租赁公司却不能进入。内资和外资融资租赁公司和金融租赁公司一样，都属于非银行金融机构，都进行同质业务，中国人民银行应支持它们也能进入资金拆借中心。同时建议组建一个行业内自主性、服务各类租赁企业的“融资租赁同业拆借市场”，为租赁企业解决短期资金的需求，防止和减少租赁企业因资金链断裂而出现的经营风险。

八、倡导组建“亚洲基础设施租赁基金”

由我国倡导的亚洲基础设施投资银行（简称亚投行）取得重大进展。在此基础上，应倡导和组建一个配套的投资机构“亚洲基础设施租赁基金”（简称亚租金，英文缩写 AILF）。这是因为，在国际上，铁路、公路、海运、空港、管道等基础设施以及所需的建筑机械、港口装备、飞机、船舶、车辆、集装箱、管线等，60%以上是通过融资租赁方式实现的。

组建“亚租金”可以在以下三个方面发挥作用：一是通过亚租金直接租赁或由亚租金成员联合租赁的方式，承接亚投行具体建设项目；二是运用融资租赁方式为亚投行重点项目进行资金配套，通过融资租赁方式对这些项目进行后期管理；三是运用售后回租等方式，盘活亚投行投出的资金。

九、支持企业多元化经营

根据已有经验，建议凡在自贸区、海关特殊监管区注册的租赁企业，除可经营保理业务和设立子公司外，还应允许开展融资租赁项下的贸易业务，包括内贸和外贸；开展融资租赁项下的投资，包括境内和境外；开展融资租赁项下的经营性租赁，其中融资租赁企业开展的经营性租赁业务，亦实行差额纳税。这样，即将融资租赁项下的保理、商贸、投资、经营性租赁和设立子公司实行“六合一”的牌照管理，从而实现租赁企业的多元化经营。

十、倡导政府采购引进租赁机制

应进一步总结已有经验，试行由租赁公司运作、财政支付租金的租赁采购机制。对一次性使用的设备、车辆、市政配套项目等固定资产，可采用租赁的方式引进、财政支付租金的方式；对长期私用的大型固定资产可采用融资租赁引进、财政贴息的方式，从而达到降低成本，放大财政资金杠杆，为市政建设和各项事业发展提供新的动力。

十一、逐渐实现统一审批和监管

目前，我国融资租赁企业仍由商务部和银监会两个部门分别审批和监管。这种体制不可能在短期有根本性变化，但可否做到，一是从自贸区、海关特殊监管区和国家级开发区三个领域开始，逐步统一内资租赁、外资租赁和金融租赁三个板块的入门标准和审批流程。对于国内外的投资者，凡符合入门条件的，都能尽快获得资质。二是相关监管部门建立一个行业联席办公会议制度，定期召开和及时解决行业发展面临的共性问题，促使融资租赁行业健康协调发展，创造条件，逐步实现行业的统一监管。

十二、建立中国融资租赁业创新服务基地

应建立各地区的融资租赁业创新服务基地，要从市场准入、市场运营、市场拓展、市场预警和市场退出等主要环节，形成一个创新型的融资租赁服务市场体系。其中服务事项包括，要及时了解和发布行业动态信息；要协助中小租赁企业解决人才、资金和项目来源问题，将企业空置率降到15%以下；要成为租赁企业孵化基地；要加强政策研究，及时向有关管理部门提出可操作的政策建议和运作方案；要与高等院校持续开展人才培养合作，满足租赁企业用人需要。为融资租赁业健康快速发展提供一站式服务。

参考文献

1. 李鲁阳，张雪松主编. 融资租赁的监管. 北京：当代中国出版社，2007.

2. 李鲁阳，张雪松，石包峰. 融资租赁若干问题研究和借鉴. 北京：当代中国出版社，2007.

3. 曲延凯. 如何投资和经营融资租赁公司. 北京：当代中国出版社，2007.

4. [美] 苏迪尔·阿曼波（Sudhir P. Amembal）主编. 国际租赁完全指南. 李命志，张雪松，石宝峰译. 北京：北京大学出版社，2007.

5. 谭向东. 基础设施融资租赁. 北京：中信出版社，2011

6. 奚晓明. 最高人民法院关于融资租赁合同司法解释理解与适用. 北京：人民法院出版社，2014.

7. 曾庆学. 现代租赁管理与会计实务. 成都：西南财经大学出版社，2012.

8. 张巨光，沙泉. 工程机械融资租赁实务与风险管理. 北京：机械工业出版社，2011.

9. 张宇峰. 融资租赁实务. 北京：当代中国出版社，2008.

10. 张稚萍. 融资租赁法律手册. 北京：当代中国出版社，2010.

11. 史燕平. 融资租赁原理与实务. 北京：对外经济贸易大学出版社，2005.

12. 史树林，乐沸涛. 融资租赁制度概论. 北京：中信出版社，2012.

13. 姜仲勤. 融资租赁在中国问题与解答（第二版）. 北京：当代中国出版社，2011.

14. 高圣平，钱晓晨. 中国融资租赁现状与发展战略. 北京：中信出版社，2012.

15 国家税务总局编. 中华人民共和国税收基本法规（2013 年版）. 北京：中国税务出版社，2013.

16. 秦国勇主编. 融资租赁法律实务. 北京：法律出版社，2011.

17. 丁贵英主编. 金融信托与租赁实物. 北京：电子工业出版社，2009.

18. 赵静. 中小企业融资租赁的四个关键点. 财会通讯，2011（5）.

19. 高艺铭. 当前经济形势下的融资租赁分析. 金融市场，2011（3）.

20. 张红云. 融资租赁价值浅探. 财会通讯，2011（5）.

21. 齐晓华. 对中小企业开展融资租赁必要性的探讨. 科技信息，2011（9）.

22. 中华人民共和国合同法.

23. 中华人民共和国物权法.

24. 中华人民共和国担保法.

25. 中华人民共和国航空法.

26. 中华人民共和国海商法.

27. 财政部. 企业会计准则第 21 号——租赁，（财会〔2006〕3 号）. 2006 年 2 月 15 日.

28. 财政部. 《企业会计准则第 21 号——租赁》应用指南，（财会〔2006〕18 号）. 2006 年 10 月 30 日.

29. 中国银行业监督管理委员会. 金融租赁公司管理办法（中国银监会令 2014 年第 3 号）. 2014 年 3 月 13 日.

后 记

本书由天津财经大学金融学李漫云教授、南开大学经济学博士杨波编著。

本书是我们根据多年的深入了解和研究，于2015年9月编写出《融资租赁学》书稿。2015年该书稿作为天津商业大学宝德学院金融学专业融资租赁方向开设的《融资租赁学原理》课的课程讲义，在授课中使用。在授课的基础上，结合深入的学习和融资租赁交易的实际发展，于2016年丰富完善，形成《融资租赁学》第二版修改本，并于2016年再次作为天津商业大学宝德学院金融学专业融资租赁方向开设的《融资租赁学原理》课的课程讲义使用。在经过多次修改、多次本科课堂讲授实践的基础上，《融资租赁学》最终成型，并得以出版。

在这里，感谢山西经济出版社给予的大力支持。感谢天津商业大学宝德学院各级领导，他们开拓进取，勇于创新，在金融学专业设立融资租赁方向，为《融资租赁学》的编著提供了一个教学实践平台。感谢天津商业大学宝德学院金融学专业的魏海丽、杭晓渝、刘畅、杨丽丽等各位教师的帮助，特别是刘畅对本书中的第十一章给予的修改意见，在此尤表诚挚谢意。

虽然本书在编著中经过多次修改，但由于笔者水平有限，书中存在的缺憾在所难免，恳切希望广大读者批评指正。

作 者

2017年5月

图书在版编目（CIP）数据

融资租赁学 / 李漫云，杨波编著. —太原：山西经济出版社，2017.6（2024.2 重印）

ISBN 978-7-5577-0218-2

Ⅰ. ①融… Ⅱ. ①李… ②杨… Ⅲ. ①融资租赁—教材 Ⅳ. ①F830.8

中国版本图书馆 CIP 数据核字(2017)第 141165 号

融资租赁学

编　　著：李漫云　杨　波
出 版 人：孙志勇
责任编辑：曹恒轩
装帧设计：赵　娜

出 版 者：山西出版传媒集团·山西经济出版社
地　　址：山西省太原市建设南路 21 号
邮　　编：030012
电　　话：0351－4922133（发行中心）
　　　　　0351－4922085（总编室）
E－mail：scb@sxjjcb.com（市场部）
　　　　　zbs@sxjjcb.com（总编室）

经 销 者：山西出版传媒集团·山西经济出版社
承 印 者：山西出版传媒集团·山西人民印刷有限责任公司

开　　本：787mm × 1092mm　1/16
印　　张：19.25
字　　数：338 千字
印　　数：1001–3000 册
版　　次：2017 年 6 月 第 1 版
印　　次：2024 年 2 月 第 2 次印刷
书　　号：ISBN 978-7-5577-0218-2
定　　价：49.80 元